C·H·Beck

PAPERBACK

Christoph Türcke

Digitale Gefolgschaft

Auf dem Weg in eine neue Stammesgesellschaft

C.H.Beck

Originalausgabe

© Verlag C.H.Beck oHG, München 2019
Satz: C.H.Beck.Media.Solutions, Nördlingen
Druck und Bindung: Druckerei C.H.Beck, Nördlingen
Umschlaggestaltung: Kunst oder Reklame, München
Umschlagabbildungen: © Shutterstock
Gedruckt auf säurefreiem, alterungsbeständigem Papier
(hergestellt aus chlorfrei gebleichtem Zellstoff)
Printed in Germany
ISBN 978 3 406 73181 5

www.chbeck.de

Inhalt

Einleitung   7

1. Der High-Tech-Dschungel   15
Taylorismus 17 – Informeller Sektor und Jobless Growth 22 – Arpanet – Internet 28 – Suchmaschine 32 – «Gefällt mir» 36 – Neue und alte Informalität 40 – Deregulierung 47 – Dekolonisierung 53 – Neue Lernkultur 59

2. Die Auflösung der Öffentlichkeit   73
Brechts Rundfunk 73 – Uröffentlichkeit und Agora 77 – Öffentlichkeitsparadox 82 – Öffentlichkeit und Andacht 87 – Unterbrechungslogik 95 – Aufmerksamkeitsdefizit 100 – Iconic Turn 105 – Sein ist Wahrgenommenwerden 110 – Filterlose Öffentlichkeit 112 – Ende der Repräsentation 116 – Öffentlichkeit als Furie 120 – Dauerranking 125 – Mengen-Credo 129 – Lichtblicke 134 – Gegenöffentlichkeit 141 – Digitaler Schwarmsog 149

3. Digitale Gefolgschaft   157
Vernetzte Wertschöpfungssysteme 157 – Markt als Plan 161 – Plattform-Staatsgeschäfte 166 – Bitcoin – Blockchain 170 – Netz-Fragmentierung 178 – Follower 181 – Netz-Fundamentalismus 185 – Politikverdrossenheit 188 – Tribalistischer Nationalismus 193 – Deregulierung 2.0 204 – Dataismus 210

4. Ausblick   219
3-D-Druck 219 – Personal Producer 223 – Kapitalistische Endzeit 227 – Verstaatlichung vs. Vergesellschaftung 230 – Reruralisierung 235 – Revision der Utopie 239

Literatur   245

Einleitung

Die frühen Menschen waren so gut wie nie allein. Ihre Wahrnehmungs- und Gefühlsweise, ihre Sitten und Gewohnheiten bildeten sie gemeinschaftlich aus. Bei fast allem, was sie taten oder erlitten, waren sie von Stammesgenossen umgeben, mit denen sie sich direkt und unkompliziert durch Gesten und vor allem durch Laute verständigten. Die archaische Stammeswelt war akustisch dominiert. Eines Tages aber wurde eine Erfindung gemacht, die zur Auflösung der Stammesverbände führte: die Schrift. Sie erweiterte zwar den Wirkungskreis der Sprache. Texte sind auch dort lesbar, wo man ihren Autor nicht sprechen hört. Aber in Ruhe schreiben und lesen kann jeder nur für sich. Schrift isoliert die Menschen gegeneinander und richtet sich ausschließlich ans Auge. Alphabet und Buchdruck haben dafür gesorgt, daß die optische Wahrnehmung sich von der akustischen abspaltete und allmählich die Herrschaft über das ganze Sensorium antrat.

Doch die Epoche der Schrift geht zu Ende. Telekommunikation und Television haben das Zeitalter einer neuen Gemeinschaftlichkeit eröffnet. Sie potenzieren nicht nur die Reichweite einzelner Organleistungen – wie Fernrohre das Sehen oder Räder das Laufen. Sie dimensionieren den ganzen menschlichen Organismus neu. Sie haben nämlich «das Zentralnervensystem zu einem weltumspannenden Netz ausgeweitet und damit, soweit es unseren Planeten betrifft, Raum und Zeit aufgehoben». Dank ihrer verbindenden Kraft kann man sich nun auf höchstem Kulturniveau und über den ganzen Globus hinweg wieder so direkt und unkompliziert verständigen wie einst im Stammesverband der Frühzeit.

«Die Familie der Menschheit wird wieder zu einem großen Stamm.»[1]

So legte sich in den 1960er Jahren der Medientheoretiker Marshall McLuhan den Gang der Menschheitsgeschichte zurecht – ultramodern, und doch ganz im Trott jenes altehrwürdigen Drei-Phasen-Schemas, das die biblische Tradition tief ins abendländische Denken eingesenkt hat: Es war einmal ein guter Urzustand naturwüchsiger Zusammengehörigkeit (Paradies); dann wurde er durch abweichendes Verhalten verspielt (Sündenfall); doch auf höherem Niveau, angereichert durch alle zivilisatorischen Errungenschaften, die die ausgedehnte Epoche der Trennung mit sich gebracht hat, wird er demnächst wiederhergestellt werden (Rettung). Dies Drei-Phasen-Schema ist derart elementar, daß selbst die beiden radikalsten Kritiker des christlichen Europas im 19. Jahrhundert davon nicht ganz loskamen. Der «höhere» Kommunismus, auf den Karl Marx hinarbeitete, sollte, wie einst der «naturwüchsige» Kommunismus des primitiven Stammesverbands, ohne jedes Privateigentum an Produktionsmitteln funktionieren, aber selbstverständlich auf dem kulturellen Niveau, das in den Jahrtausenden der räuberischen privaten Aneignung gemeinschaftlichen Gutes durchaus erreicht worden war.[2] Der höhere Menschentypus, der Friedrich Nietzsche vorschwebte, sollte wieder so stark und souverän sein wie einst die raubtierhaften Frühmenschen, aber zugleich vollgesogen mit allem kulturellen Raffinement, das die lange Zeit der Dekadenz der Menschheit immerhin beschert hatte.[3] McLuhan bietet von dieser Denkfigur nur noch eine medientheoretische Flachversion: Wie die ursprüngliche Einmütigkeit der archaischen

---

1 McLuhan 1992 [1964], 11 und 201
2 Marx 1976 [1875], 21; Marx 1977 [1894], 849
3 Nietzsche 1988 [1887], 322 f.; Nietzsche 1988 [1889], 264

Stammesgesellschaften durch die Trennkraft der Schrift zersetzt worden sei, so werde die telekommunikative Bindekraft einen neuen, höheren Einklang herstellen und die ganze Menschheit «zu einem großen Stamm» machen.

Doch schon die Einteilung der Medien in verbindende und trennende ist schief. *Alle* Medien verbinden, seien sie nun Träger, Leitungen, Kanäle oder Frequenzen. Stets sind sie durch die Fähigkeit definiert, bestimmte Informationen – Schriftzeichen, Bilder, Töne oder sonstige Konfigurationen von Sinnesreizen – über beträchtliche Entfernungen hinweg zu transportieren. Daß das Medium Schrift die alten Stammesverbände aufgelöst habe, ist Unfug. Umgekehrt: Stammesverbände hatten sich längst zu größeren städtischen Gemeinwesen mit einem höfischen Machtapparat, vielen Untergebenen und Tributpflichtigen ausdifferenziert, als gegen Ende des vierten vorchristlichen Jahrtausends in Mesopotamien die ersten profanen Schrifttäfelchen aufkamen. Auf ihnen waren Bildzeichen für Naturalienmengen eingeritzt, die an den Königshof abzuliefern waren: soundsoviele Rinder, Scheffel Gerste, Krüge Bier etc. Diese Zeichen hatten Vertragscharakter. Sie hielten Abgesprochenes sichtbar fest, gewissermaßen auf tönernen Schuldscheinen, weil auf mündliche Vereinbarungen in Zeiten unübersichtlich anwachsender Gemeinwesen anscheinend nicht mehr genügend Verlaß war. Schriftzeichen sollten die locker gewordene Verbindlichkeit zwischen Tributpflichtigen und Herrschenden wieder festigen.[4]

Wie alle Medien verbinden, haben freilich auch alle etwas Trennendes. Schrift löst Worte von ihrer konkreten Sprechsituation ab und transportiert sie in erstarrter Form in andere Gegenden und Kontexte. Aber auch Ton- oder Bildsequenzen werden nur telekommunikativ übertragbar, indem sie von ih-

4 Türcke 2005, 15 ff.

rem Entstehungsort abgelöst und, zerlegt in Impulse, durch Leitungen geschickt werden. Ihre Empfänger können sie nicht wahrnehmen, ohne ihrerseits von ihrer unmittelbaren Umgebung abgezogen zu werden. Schon das alte Telefon riß mit seinem penetranten Klingeln den Angerufenen aus seiner jeweiligen Beschäftigung heraus. Und noch das nahezu lautlose Anschalten eines Fernsehers oder Computerspiels, das Chekken von E-Mails oder Facebook-Nachrichten hört nicht auf, unterbrechend auf alles zu wirken, was sonst gerade an Ort und Stelle geschieht.

Zwar erschien es in der Frühzeit des Telefons wie ein Wunder, ferne Stimmen durch eine Leitung als nah zu erleben. Und immer noch macht es staunen, daß Leute, die sich physisch in ganz verschiedenen Erdteilen befinden, per Skype konferieren können, als säßen sie im selben Raum. Faszinierend die Perspektive, nicht nur Konferenzen, sondern womöglich auch medizinische Operationen telekommunikativ durchzuführen. Tröstlich die Vorstellung, mit den Angehörigen auch auf der Reise oder der Flucht in Verbindung zu bleiben. Inspirierend die Aussicht, über Mobiltelefone in kürzester Zeit Massendemonstrationen organisieren und sie so lenken zu können, daß sie nicht sogleich in die Fallen von Polizei oder Militär tappen. Welch eine Ersparnis an Reisen, welch eine Bündelung von Kompetenzen, welch eine Trostspendung, Freundschaftspflege und Gemeinschaftsbildung ermöglicht doch mediale Verbindung! Allerdings nur, indem sie Leitungen für einzelne, voneinander isolierte Sinnesorgane legt und dabei punktuell raumzeitliche Ferne überbrückt. Die Nähe, die so entsteht, ist immer bloß eine sporadische, die sich ein- und ausschalten läßt, aber nicht jene umfassende der wechselseitigen Teilnahme und Einfühlung, die sich nur allmählich in längerem Zusammenleben und -erleben bildet und am dringendsten benötigt, was die neue Technologie am meisten einsparen will: Zeit.

So steht sich die Telekommunikation selbst im Weg. Sie verhindert, was sie verheißt: die Zusammenführung der «Familie der Menschheit» «zu einem großen Stamm». Das mochte der Teleromantiker McLuhan nicht wahrhaben. Dennoch hat er, wie ein blinder Seher, mit seiner Assoziation von Telekommunikation und Stammesgesellschaft einen Geistesblitz gezündet, dessen Relevanz erst allmählich wahrnehmbar wird – seit die große Medieneuphorie des 20. Jahrhunderts verdampft ist und die Mikroelektronik sich zum globalen Alltag ernüchtert hat. Seither ist klar: Die Menschheit wird nicht solidarischer und glücklicher durch Telekommunikation, aber die Telekommunikation wird ständig mächtiger durch die sie entwickelnden Menschen. Sie stiftet keine umfassende menschliche Nähe. Allenfalls trägt sie zu deren Erhaltung über räumliche Trennung hinweg bei. Desto mehr gewinnt sie das Ansehen eines unentrinnbaren Schicksals. Wer sie nicht nutzen möchte, ist verloren. Sie schließt die wenigen, die nicht mitmachen wollen, gnadenlos aus, weil sie darauf angelegt ist, alle einzuschließen.

«Inklusion» ist das Zauberwort. Niemand soll «zurückgelassen» werden. Prominent wurde dieser Gedanke durch die Behindertenrechtskonvention der Vereinten Nationen. Allen Menschen, so heißt es dort, auch denen mit schwersten körperlichen und geistigen Behinderungen, soll «die volle und wirksame Teilhabe [englisch: *participation*] an der Gesellschaft und Einbeziehung [englisch: *inclusion*] in die Gesellschaft»[5] zuteil werden. Das klingt unendlich barmherzig, heißt im Klartext aber: Auch die Versehrtesten und Behindertsten sollen vorbehaltlos an allem teilhaben, was die real existierende Gesellschaft ausmacht, auch an sämtlichen ihrer Anforderungen und Zwänge. Wer denen nicht gewachsen ist, dem bietet

5 Vereinte Nationen 2008, Artikel 24, 1

die Inklusion nirgends mehr einen Schonraum. Wozu auch? Was kann es Besseres geben als ausnahmslos alle in jeder Hinsicht einzubeziehen? Schon wird Inklusion als «Menschenrecht» gehandelt – ohne jede Erinnerung an die Grundbedeutung des lateinischen Wortes *inclusio*. Im alten Rom hieß es Einschluß – aber nicht in die sanften Arme der Philanthropie, sondern in den Kerker: Einsperrung.

Der Sturm auf die Bastille geschah im Namen der Freiheit. Sie galt, flankiert von Gleichheit und Brüderlichkeit (heute sagt man mit guten Gründen Geschwisterlichkeit), als das vornehmste Menschenrecht. Was hingegen geht in Köpfen vor, die «Einschluß» zu einem Menschenrecht erklären, als ob Gleichberechtigung nur existiere, wenn alle eingeschlossen sind?[6] Da wird bereits in den Koordinaten der Digitalisierung gedacht. Von der aus gesehen ist nämlich jeder, der nicht an ihr teilhat, eigentlich kein Mensch mehr. Also soll jeder ein Recht auf sie haben: in sie eingeschlossen werden. Und wenn jemand diesen Einschluß gar nicht will – das angebliche Menschenrecht als Nötigung empfindet? Dann schließt er sich selbst von der Menschheit aus. Abgehängt von allen digitalen Verbindungen ist über kurz oder lang niemand mehr überlebensfähig. Die Zugehörigkeit zur digitalen Welt wird ebenso unausweichlich, wie es einst die Zugehörigkeit zu einem Stamm war. Es bahnt sich tatsächlich eine globale digitale Stammesgesellschaft an – allerdings nicht so, daß die ganze Menschheit dank Mikroelektronik zu vertraulich-solidarischer Nähe zusammenrückt. «Zu einem großen Stamm» wird sie vielmehr durch Einschluß in eine gemeinsame Hochtechnologie, die zugleich allen Menschen ihre eigenen Vernetzungswege über-

---

6 «Jeder Mensch hat ein Recht auf ‹Inklusion›, also darauf, ein gleichberechtigter Teil der Gesellschaft zu sein», www.inklusion-als-menschenrecht.de, 29.01.2018.

lassen soll. Noch nie gab es so viel individuelle Wahlmöglichkeiten wie innerhalb des digitalen Labyrinths, aber nirgends zeigt sich ein Ariadnefaden, der hinausführt. Nie gab es so viel Vereinzelung wie im digitalen Stammesgehäuse, aber nie trafen sich so viele einzelne wie auf digitalen Plattformen. Plattformen sind die neuen sozialen Magneten: die Clanbildner im digitalen Stamm. Sie ziehen die herkömmlichen sozialen Bindungskräfte, die vorläufig noch Familien, Institutionen, Parteien, Verbände und Staaten zusammenhalten, in ein neues Kraftfeld globaler elektronischer Trennungs- und Ballungskräfte hinein. Dies Kraftfeld existiert erst wenige Jahrzehnte, aber seine Wirksamkeit ist bereits ungeheuerlich. Es läßt neuartige, um digitale Plattformen wimmelnde Kollektive entstehen, die sich wie Schwärme ausnehmen. Schwärme entstehen, wenn jeder einzelne sich dorthin bewegt, wo es die andern hintreibt. Sie bilden sich in kürzester Zeit, sind aber auch extrem labil. Eine einzige Störung kann dafür sorgen, daß sie wieder auseinanderstieben. Kein Zufall, daß Staaten und Großunternehmen gegenwärtig hohe Summen in die Erforschung von «Schwarmintelligenz» stecken – in der Hoffnung, sie werde sich als die Elementarform jeglicher Intelligenz erweisen und digitalisieren lassen.

Tatsächlich können zu Plattformkonditionen Menschenmassen nicht mehr zu differenzierten Gemeinschaften oder Gesellschaften zusammenwachsen. Sie bleiben ähnlich unterkomplex wie Schwärme oder Horden. Ohne eine Entdifferenzierung der Verständigungsformen, ohne deren tendenzielle Reduktion auf Telegrammstil, auf Zustimmung und Ablehnung, auf «Gefällt mir» und «Gefällt mir nicht» können solche Zusammenballungen gar keinen Bestand mehr haben. Die tonangebenden sozialen Medien (Facebook, Twitter etc.) exerzieren das nicht nur vor; sie zeigen auch an, wie Kollektivbildung im digitalen Zeitalter generell zu verlaufen verspricht: unstet und flüchtig, immer auf dem Sprung und dabei zurückverwiesen auf verkürzte Mitteilungs- und vergröberte Verhaltensweisen, in denen unversehens Züge aus der Frühzeit menschlicher Kollektivbildung wiederkehren, als Hominidenhorden sich zu menschlichen Stämmen und Clans allererst zu formieren begannen und komplexere Gesellschaften noch gar nicht existierten. Gerade die neueste Technologie rührt Ältestes wieder auf. Die Stammesgesellschaft ist nicht nur Vergangenheit; sie droht auch zur Zukunft zu werden. Niemand vermag zwar das Kommende genau vorauszusagen. Aber daß bestimmte Gegenwartspraktiken auf eine bestimmte Zukunft hinauslaufen, wenn sie nicht daran gehindert werden, leidet keinen Zweifel. Wer an dem Ast, auf dem er sitzt, munter weitersägt, wird fallen. Umweltverschmutzung und Erderwärmung werden bei ungebremster Fortsetzung zu einem ökologischen Kollaps führen. Ebenso wird eine digitale Stammesgesellschaft kommen, wenn die Digitalisierung ihre aktuelle Dynamik beibehält. Deren treibende Kräfte heißen Formalisierung und Informalisierung. Sie waren schon längst vor der Digitalisierung wirksam, haben aber durch sie einen epochalen Intensitätsschub bekommen. Seither wuchern sie wie ein Dschungel.

1. Der High-Tech-Dschungel

Wenn ich «zu einem informellen Abendessen» eingeladen werde, so bedeutet das: Es wird an diesem Abend kein Galamenü geben, keine feste Sitzordnung, weder Tischkarten, Reden noch Vorführungen. Ich darf leger gekleidet erscheinen und mich auf lockere Gespräche mit den Gastgebern und einer überschaubaren Zahl anderer Gäste einstellen. «Informell» heißt so viel wie ungeplant und ungezwungen. Das Wort hat sich umgangssprachlich mit Freizeit und Muße verbunden, jener Sphäre, wo man unbehelligt von beruflich-geschäftlichen Regeln und Förmlichkeiten die Seele baumeln lassen kann.

Das ist freilich nicht sein einziger Bedeutungsraum. Da lief zum Beispiel 1951 in Paris eine vielbeachtete Kunstausstellung. Ihr Titel – *Signifikanten des Informellen (Signifiants de l'informel)* – gab alsbald einer ganzen Kunstrichtung den Namen: *Informel*. Gezeigt wurden Arbeiten junger Maler, die sich als neue Vorhut der Avantgardekunst verstanden. Weg von der Abbildung der Gegenstandswelt, die man besser der Fotografie überläßt, hin zu freier, abstrakter Form- und Farbgestaltung: das war zwar auch schon eine Generation früher die Parole gewesen, als die Avantgardekunst entstand. Doch hatten ihre Pioniere damit je ernst gemacht? Hatten sie nicht an die Stelle von gegenständlichen Formen lediglich abstrakte gesetzt, vornehmlich geometrische? Drohte das strenge Markieren solcher Formen nicht genauso leer und starr zu werden wie die Abbildung gegenständlicher Sujets? Dagegen begehrten die jungen Radikalen auf: in Bildern, denen man die innere und äußere Bewegung des Malers, seine Erregung, seinen Kampf mit dem Material direkt ansehen sollte. Der Bildwerdungsprozeß mit all seinen Unvorhersehbarkeiten sollte sicht-

und spürbar werden. Form war dabei nur noch als Gerinnungsmittel von Bewegung geduldet, nicht mehr als Rahmen, Struktur oder Behälter von Inhalten.

Die Befreiung der Avantgarde von Geometrie und Tüftelei durch den direkten Niederschlag lebendiger Bewegung im Bild: das war nicht nur ein ästhetisches, sondern auch ein politisches Programm. Das *Informel* verstand sich nicht etwa als Rückzugsbewegung in den gepflegten Privatraum informeller Geselligkeit, sondern als öffentliche Parteinahme für freie Entfaltung in allen Lebenslagen. Erst Menschen, die nicht mehr in Formen gepreßt, auf Formeln gebracht, unter Regeln gefaßt werden, können sich ungegängelt entwickeln. Das war die Kernbotschaft des *Informel*.[1] Seine Bilder versuchten, Energie umzusetzen, sie sowohl als Lebensspender wie als Sprengkraft aller verfestigten Formen sichtbar, tastbar, riechbar werden zu lassen. Um die Mitte des 20. Jahrhunderts wirkte das einigermaßen verstörend. Die energiegeladene Abstraktheit dieser Bilder war ebenso zudringlich wie ungreifbar. Das Informelle als Kehrseite, Hinterhof oder Zubehör von Förmlichem, Formalisiertem, Geregeltem: das kannte man. Nun aber kam es als eine eigene Macht daher und kündete von der Auflösung aller Formstrenge. Das war neu und unheimlich. Würde es wirklich zur freien Entfaltung der Individuen führen oder lediglich zum Zusammenbruch aller Strukturen, Maßstäbe und Orientierungen? Waren die Bilder des *Informel* vielleicht klüger als ihre Maler, nämlich Vorboten eines Verfalls, den letztere gar nicht sehen wollten? Zumindest waren sie energetische, schockierende, vielfältig deutbare Orakel – eines der letzten großen Ärgernisse der Kunstgeschichte.

Doch davon war noch nicht die Rede, als das Adjektiv «in-

---

1 Der gemeinsame Nenner so heterogener Künstler wie Wols, Jean Fautrier, Hans Hartung, Carl Buchheister oder Jackson Pollock.

formell» aufkam. Es kursierte zunächst, etwa seit den 1920er Jahren, denkbar fern von aller bildenden Kunst, in der Industriesoziologie. Auch dort aber bezeichnete es ein Ärgernis. Zwar hatte die Ingenieurskunst enorme Fortschritte gemacht. Sie konstruierte ständig neue Maschinen, die bestimmte menschliche Bewegungsabläufe mechanisch imitierten und sie ohne Ermüdung, ohne Fehler, viel dauerhafter und effizienter ausführten, als Menschen das je vermochten. Nur mußten sie weiterhin von Menschen bedient werden. Deren Arbeitsweise glich sich wohl oder übel der Bewegungsweise der Maschinen an. Aber hatte sich je jemand darum gekümmert, sie genauso zu berechnen, zu planen, zu formalisieren wie die Maschinenbewegungen selbst?

Taylorismus

Darauf kam erst der amerikanische Ingenieur Frederick Winslow Taylor. Um die Wende zum 20. Jahrhundert entwickelte er seine arbeitswissenschaftliche Methode: das exakte Messen der Herstellungszeit industrieller Produkte mit der Stoppuhr; die Zerlegung von Arbeitsvorgängen in einzelne Handgriffe; die Kombination solcher Handgriffe zu optimal beschleunigten Gruppenprozessen ohne jeglichen Leerlauf bei Arbeitern und Maschinen; und großzügige Entlohnung für diejenigen, die diesem Zeit- und Bewegungsmanagement willig folgten oder gar zu seiner Verbesserung beitrugen.[2] Um so bemerkenswerter, daß Taylors Effizienzsteigerungsprogramm keineswegs zu maximalem Erfolg führte. Woran lag das? Offenbar halten Menschen es nicht lange aus, wenn nicht nur einzelne Handgriffe, sondern ihr gesamtes Arbeitsleben im Zeit- und

2 Taylor 1911

Bewegungsschema von Maschinen verlaufen soll. Sie lassen nach, machen Fehler, werden krank, sträuben sich, streiken. Eine aufwendige industriesoziologische Langzeitstudie, die ebenso akribisch Arbeitsstrukturen und Räume großer Fabriken untersuchte wie Beschäftigte befragte, kam zu Ergebnissen, an denen seither keine Arbeitswissenschaft mehr ganz vorbeisehen kann:[3] Wer versucht, sämtliche Arbeitsabläufe maximal zu formalisieren, verkennt die informellen Faktoren, mit denen jeder Arbeitsprozeß durchsetzt ist. Das Arbeitsklima eines Betriebs zum Beispiel läßt sich mathematisch schlecht berechnen. Aber es muß gut sein, wenn Arbeitsgruppen gut kooperieren sollen. Kollegen, die einander mögen, treten auch eher spontan füreinander ein und helfen sich wechselseitig mit Kleinigkeiten aus. Informelles Gruppenverhalten – wie und mit wem man zusammenarbeitet, die Arbeitspausen verbringt, seinen Arbeitsplatz gestaltet, mit betriebsinternen Konflikten umgeht – hat erhebliche Auswirkungen auf die kollektive Arbeitsleistung. Alle Arbeitsverläufe formalisieren wollen, ist nicht nur vergeblich, sondern auch kontraproduktiv. Das bloße Starren auf Effizienz führt zu einer Menge Ineffizienz.

Das war das Ärgernis. Der Versuch, die gesamte Arbeitssphäre mit mathematischer Präzision zu formalisieren, brachte die Dimension des Informellen nicht nur nicht weg; er ließ sie überhaupt erst deutlich hervortreten. In den USA geschah das geradezu musterhaft. Sie waren nicht nur die Wiege der Arbeitswissenschaft und bereits führend in der Entwicklung nüchtern-technisierter Produktions- und Verwaltungsformen; sie waren auch ein Sammelbecken von Einwanderern verschiedenster Länder, die viele ihrer aus der alten Heimat mitgebrachten Statussymbole, Gebräuche und Umgangsformen

3 Roethlisberger/Dickson 1939, 558 ff.

abstreifen mußten, wenn sie in der neuen Umgebung Fuß fassen wollten. Stärker als in Europa traten hier herkömmliche Höflichkeitsformen zurück, verschwanden Ergebenheitsfloskeln aus dem Briefverkehr und Titel aus der Anrede, wurden Kleidung und Redeweise freizügiger – nicht nur in Firmen und Behörden, sondern im gesamten öffentlichen Verkehr. Auf diese um sich greifende «Informalisierung»[4] hatte sich jede Betriebsführung einzustellen. Sie mußte einschätzen lernen, in welchem Maße ihr Geschäftserfolg dadurch beeinträchtigt oder gefördert würde, und wie sie den nicht planbaren menschlichen Faktor, die *Human Relations*, gleichwohl einplanen könnte. So oder so aber war von nun an klar: Man hatte mit dem Informellen als einer unvermeidlichen Begleiterscheinung zu rechnen, die der fortschreitenden technischen Formalisierung aller Lebensverhältnisse ebenso anhaftet wie der Schatten dem Licht.

Früh schon erwies sich das Informelle nicht nur als ein betriebswirtschaftliches, sondern als ein gesamtgesellschaftliches Problem. Besonders heftig drückte es die junge Sowjetunion. Ihr erster Führer, Wladimir Iljitsch Lenin, hatte, als er noch im Schweizer Exil lebte, die Methoden Taylors als Mittel schamloser kapitalistischer Ausbeutung verworfen. Nach der Revolution, 1918, als er zur Macht gekommen war, schwenkte er um und sprach sich für ein Dekret zur Arbeitsdisziplin aus. «In dem Dekret müssen wir unbedingt über die Einführung des Taylor-Systems sprechen, mit andern Worten, über die Nutzung aller wissenschaftlichen Arbeitsmethoden, die dieses System vorantreibt. Ohne es wird es unmöglich sein, die Produktivität zu steigern, und ohne es werden wir nicht in den Sozialismus eintreten.»[5] Ein Zentrales Arbeitsinstitut wurde

4 Elias ²1969, 257; Wouters 1977, 284 ff.
5 Vladimir Iljitsch Lenin, zitiert nach Bailes 1977, 376

eingerichtet. Sein Leiter, Alexei Gastev, galt als der «Ovid der Ingenieure, Bergleute und Metallarbeiter». In überschwenglichen Prosagedichten hatte er, noch vor der Revolution, das neue industrielle Rußland mit seinen pfeifenden Fabriken und glühenden Hochöfen besungen und über einen neuen Menschentypus mit «Nerven aus Stahl» und «Muskeln wie Eisenschienen» phantasiert. Er war ein offener Anhänger Taylors und hätte sich ohne Lenins Unterstützung nicht halten können. Sein Institut geriet nämlich alsbald in den Sturm heftiger Debatten. Sollten die Arbeitsabläufe wie in den USA allein von Ingenieuren geplant oder sollten sie nicht vielmehr von der Basis aus «kameradschaftlich» organisiert werden? Sollte die Formalisierung den gesamten Arbeitsprozeß umfassen oder auch Raum für die Gestaltung seiner informellen Dimension durch die Betroffenen lassen? Gastev wollte hier keine Gegensätze erkennen. Woran konnte sich echte sozialistische Kameradschaft besser bewähren als an der Maximierung der Arbeitseffizienz beim gemeinsamen Aufbau der neuen Gesellschaft?

In den kapitalistischen USA gab es immerhin eine klare Konfliktlinie: hier ein privatwirtschaftliches Arbeitsmanagement, dort Gewerkschaften, die dagegen opponierten. In der Sowjetunion waren die Gewerkschaften genauso Staatsorgane wie das Management und hatten nur die Aufgabe, das Management zu «verbessern». Als sich die Partei 1924 auf allgemeine arbeitsorganisatorische Richtlinien verständigte, kam es zu einem Kompromiß, bei dem sich die tayloristischen Vorstellungen Gastevs weitgehend durchsetzten. Die Industrialisierung der Sowjetunion sollte sich an den in den USA entwickelten arbeitswissenschaftlichen Standards orientieren, aber «im Klasseninteresse des Proletariats»[6] erfolgen.

Faktisch blieb die Sowjetunion weit hinter den Taylor-Stan-

6 Bailes 1977, 373 f.; 390

dards zurück. Doch selbst wenn sie flächendeckend umgesetzt worden wären: Die betriebsinterne Arbeitsplanung war ja nur ein kleiner Teilaspekt bei der Planung der gesamtgesellschaftlichen Produktion. Es genügte nicht, daß die Bewegungen von Arbeitern und Maschinen störungsfrei ineinander übergingen. Die Betriebe, die landwirtschaftlichen ebenso wie die industriellen, mußten mit Rohstoffen und Geräten beliefert und ihre Produkte dorthin weitergeleitet werden, wo Bedarf für sie war. Hier half keine Arbeitswissenschaft, sondern nur Anordnung von höchster Stelle. Zunächst wurde die bäuerliche Bevölkerung angewiesen, alle Lebensmittel über das Existenzminimum hinaus abzuliefern. Im Gegenzug sollte sie aus den städtischen Betrieben Landmaschinen und nützliche Massengebrauchsgüter erhalten. Landesweite Verteilung nach Bedarf statt Kauf und Verkauf nach Geldvermögen: das war das Konzept des Kriegskommunismus. Als es nicht so griff, wie vorgesehen, wurde es verschärft. Im Januar 1919 erging das Dekret: «Die Gesamtmenge an Brot- und Futtergetreide, die zur Befriedigung der staatlichen Bedürfnisse nötig ist, wird durch Beschlagnahmung bei der Bevölkerung der getreideproduzierenden Gouvernements aufgebracht.»[7] Furchtbares Elend war die Folge. Bauern verhungerten auf ihrer eigenen Scholle, während die beschlagnahmten Naturalien nicht wunschgemäß an ihren städtischen Zielorten ankamen. Ein landesweiter Kampf ums Allernötigste begann. Kleider, Möbel, Schmuck – nichts war zu kostbar, um im Bekanntenkreis oder auf dem Schwarzmarkt gegen Lebensmittel getauscht zu werden. Selbst strengste staatliche Überwachung brachte den Schwarzmarkt, der als letztes Residuum kapitalistischer Umtriebe gebrandmarkt wurde, nicht zum Erliegen.

So steuerte die Staatsführung schon 1921 um. Statt den Bau-

7 Altrichter/Haumann, 1987, 86

ern alle Lebensmittel wegzunehmen, die den örtlichen Funktionären nicht als zum Existenzminimum gehörig erschienen, wurde eine «Naturalsteuer» eingeführt. Nach ihrer Entrichtung blieb den Bauern noch ein beträchtliches Quantum an Naturalien zurück. Es stand ihnen nun «in vollem Umfang zur Verfügung» – zum Konsum, zum Verkauf, zur Hortung. Das nannte Lenin *Neue Ökonomische Politik*.[8] Faktisch war es die Wiederzulassung von Kleinbetrieben, Privateigentum und Markt – also all dessen, was sich einer vollständigen staatlichen Planung entzieht, oder anders gesagt: was zur informellen Dimension im Wirtschaftsleben gehört. Die gesamte Planwirtschaft der Ära Stalins und darüber hinaus fußte stillschweigend auf den Konzessionen der *Neuen Ökonomischen Politik*. Ebensowenig wie Geld und Kleinhandel verschwand der Schwarzmarkt mit Gütern aus Lagerbeständen oder aus dem Westen. Und der Freundes- und Bekanntenkreis war ohnehin immer auch Naturalientauschbörse. Man half sich wechselseitig aus.

Informeller Sektor und Jobless Growth

Im Westen feixte man, daß alle sozialistischen Überwachungs- und Erziehungsmaßnahmen den Schwarzmarkt nicht zu beseitigen vermochten. Er blieb der dunkle Fleck der Planwirtschaft. Nur ist die Marktwirtschaft alles andere als fleckenfrei. Schwarzarbeit, Waffenschieberei und Drogenhandel gehören zu ihren Muttermalen. In einigen Weltgegenden ist Massenarmut ihre Grundfarbe. In Afrika, Lateinamerika, Südostasien sind Millionen von Menschen durch die Einführung der kapitalistischen Produktionsweise aus vormodernen Familien-

---

8 Altrichter/Haumann, 1987, 136 ff.

und Stammesverbänden gerissen, als Arbeitskräfte auf den Markt geworfen und dort liegen gelassen worden. Sie durchsuchen den Müll nach Verwertbarem, schlagen sich als Schuhputzer, Autowäscher, Parkplatzwächter, Kleinhändler oder Kleinkriminelle durch, bringen es günstigstenfalls zu einem kleinen Laden oder zur Besetzung und Bearbeitung eines Stücks Land, ohne irgend in rechtlich geregelten Arbeits- oder Vertragsverhältnissen zu stehen. Als sich um 1970 abzeichnete, daß solche Verhältnisse durch Verstärkung kapitalistischer Industrialisierung nicht verschwinden, sondern ihr als strukturelle Mitgift hartnäckig anhaften, kam ein origineller Name für sie auf: «informelle Einkommensverhältnisse»[9]. «Informell» stand hier nicht mehr nur für ungeplante Gruppen-, Arbeits- und Verteilungsprozesse, sondern für die Elendszonen, die um die neuen Industriezentren herum ungeregelt wucherten – ohne jede realistische Aussicht, durch staatliche Eingriffe oder Selbstregulierungskräfte des Marktes zu verschwinden.

Elendszonen als «informelle Einkommensverhältnisse» (oder «informellen Sektor») zu etikettieren ist eine schwer erträgliche Soziologenbeschönigung. Sie war aber gar nicht böse gemeint, sondern stand für einen geradezu empathischen entwicklungspolitischen Neuansatz: Nicht länger auf profitable industrielle Großprojekte setzen und hoffen, daß von ihrem Wirtschaftswachstum nach und nach einiges bis in die unteren Bevölkerungsschichten «durchsickert», wie die Wirtschaftsliberalen um Friedrich von Hayek suggerierten. Statt dessen ganz unten beginnen, an die Überlebensstrategien der Armen anknüpfen, sie entkriminalisieren und so weit fördern, daß sie wenigstens zur Deckung des Grundbedarfs an Nahrung, Kleidung und Wohnung führen.

9 Hart 1971, 61 ff.

Das Wort «informeller Sektor» ging im Nu in die Fachterminologie ein. Während aber wohlmeinende Hilfsorganisationen damit begannen, die Entwicklungsmöglichkeiten dieses Sektors zu testen und herauszubekommen, ob es ihm überhaupt gut tut, wenn fördernde Institutionen in ihn eingreifen, oder ob er dabei nicht in einen Verwaltungssog gerät, der seinen bescheidenen Entwicklungsspielraum eher verkleinert als vergrößert, da bahnten sich zeitgleich am entgegengesetzten Ende der Welt «informelle Verhältnisse» ganz anderer Art an. Das kalifornische Silicon Valley war die Wiege der mikroelektronischen Hochtechnologie. Um 1970 gelangten die dort entwickelten Computer zur Serienreife. Sie begannen das ganze Arbeitsleben zu durchdringen. Was Taylor einst mit Zeit- und Bewegungsmessung vergleichsweise dilettantisch initiiert hatte, das leisteten Programmierer nun ungleich professioneller. Zahllose Arbeitsabläufe in Produktion, Verwaltung, Dienstleistung und Finanzierung wurden formalisiert und ließen sich durch Computer weitaus besser und schneller erledigen als durch Menschen. Eine Welle von Arbeitslosigkeit überkam die hochtechnisierten Länder, die in der Wiederaufbauphase nach dem Zweiten Weltkrieg einen sicheren Weg zu industrieller Vollbeschäftigung eingeschlagen zu haben schienen und nun, fast am Ziel, vor einem neuen Phänomen standen, das in keinen der herkömmlichen Wirtschaftstheorien, weder den marxistischen noch den «bürgerlichen», vorgesehen war: *jobless growth* (Wachstum ohne Jobs).

Wenn bisher Firmen Arbeitskräfte entlassen mußten, so waren sie in der Krise. Der Absatz stockte, die Aktien fielen. Nun entließen Großfirmen massenweise Beschäftigte, und ihre Gewinne und Aktienkurse stiegen rasant. Computer ersparten ihnen hohe Lohn- und Lohnnebenkosten, und während sie nie gekannte Gewinne machten, begann die Zeit, wo auch die wohlhabendsten Staaten von drastischen Lohnsteuereinbrüchen heimgesucht wurden und versuchten, sie durch erhöhte Kreditaufnahmen auszugleichen. Um so drängender wurden die Effizienzstandards der Mikroelektronik. Wenn intelligente Software zahllose Arbeitsgänge in Produktion und Verwaltung zu beschleunigen und präzisieren und zugleich die Lohnkosten zu senken vermochte, warum sollten dann staatliche Infrastrukturleistungen wie Post, Telefon, öffentlicher Verkehr, Bildung, medizinische Versorgung steuerlich hoch subventioniert werden und nicht genauso wirtschaftlich arbeiten wie General Motors oder IBM?

Staatliche Dienstleistungen, die keinen Gewinn erbrachten, erschienen erstmals als Vergeudung von Gemeingut, gewissermaßen als Überbleibsel sozialistischer Mißwirtschaft. Die Devise war daher: Organisieren wir doch den gesamten Dienstleistungssektor privatwirtschaftlich-gewinnorientiert – mit immer mehr intelligenten Maschinen und weniger Arbeitskräften. Und wenn die Steuereinkünfte dabei weiter abnehmen? Nun, dann erhöhen wir für die Übergangszeit, bis die Umstellung greift, einfach die Staatsverschuldung. Diese Übergangzeit freilich dauert unabsehbar an. Auch die wohlhabenden Industrieländer Europas und Nordamerikas haben sich in eine Schuldenfalle manövriert. Eine Staatsverschuldung von 60 bis 100 Prozent der Wirtschaftsleistung ist bei ihnen ganz normal geworden. Selbst das reiche Deutschland ist völlig außerstande, seine 2,5 Billionen Euro Schulden zu begleichen, und tilgt nur so viel, daß es bei den internationalen Finanzmärkten gute Kreditkonditionen behält.

Die Mikroelektronik setzte einen nie gekannten Formalisierungsschub in Gang, damit aber auch eine nie gekannte Informalisierung. Sie hat nicht nur Umgangsformen, Arbeits- und Verteilungsprozesse erfaßt, sondern die gesamte Grundstruktur der sogenannten westlichen Welt. Diese Welt hatte sich zu Beginn der Neuzeit durch die Trennung von Wohn- und Arbeitsraum formiert. Mit ihr ging die Trennung von Arbeitern und ihren Arbeitsmitteln einher. Zuvor, im europäischen Mittelalter, war die bäuerliche Bevölkerung zwar abhängig von Grundherren gewesen und das Handwerk eingezwängt in eine hierarchische Zunftordnung. Aber Bauern und Handwerker verfügten immerhin selbst über ihre Werkzeuge und Geräte. Und vor allem: Sie waren dort tätig, wo sie wohnten. Wohn- und Arbeitsraum gingen ineinander über. Nun aber wurde ein großer Teil der Landbevölkerung von der Scholle vertrieben und in die Städte gedrängt. Dort entstanden Manufakturen, in denen sich viele Entwurzelte und Mittellose als Arbeiter kasernieren ließen und bei der Massenherstellung von militärischem Gerät für die Herrscherhäuser und Luxusgütern für Adel und Großbürgertum weit effizienter zusammenwirken konnten als herkömmliche Handwerkstätten.

Die Manufaktur war die Vorform der Fabrik und die Fabrik der Prototyp des modernen Arbeitsraums: strikt getrennt vom Wohnraum und bestückt mit Maschinen, an denen eine Vielzahl von Arbeitskräften für maximalen Output zu sorgen hatte. Auch das Büro formierte sich nach diesem Muster. Verwaltung funktionierte am besten, wenn die Bearbeitung von Anträgen, Aufträgen und Verträgen an einem vom Wohnraum getrennten Ort konzentriert und dort, unterstützt von modernsten Geräten, von vielen gleichzeitig geleistet wurde – ähnlich arbeitsteilig wie Fabrikarbeit. Und auch das Schulwesen zog mit. Unterricht wurde in vom Wohnraum getrennten Schulräumen erteilt, in höheren Schulen zudem ebenfalls arbeitsteilig – durch Fachlehrer.

Nicht einmal die sozialistische Revolution tastete diese Struktur an. Im Gegenteil: Der Inbegriff des sozialistischen Betriebs war der von der Privatsphäre strikt abgesonderte Großbetrieb. Die umfassende Einbeziehung der Frauen ins Arbeitsleben, die frühzeitige Trennung der Mütter von den Kindern und deren Versorgung in großen Krippen gehörte zu den Grundpfeilern des sozialistischen Aufbaus. Und dann kamen aus Amerika jene Maschinen, die auf der genial einfachen Idee beruhen, alles Mitzuteilende auf zwei Einstellungen zu reduzieren (eins–null, ja–nein, go–stop), und alles ausführen können, was sich zu einer Abfolge dieser zwei Einstellungen formalisieren läßt. Und als sie handlich genug geworden waren, um an jedem Arbeitsplatz zu stehen, begann eine neue Ära. Computer ersetzten in Druck-, Metall- und Elektroindustrie, in Dienstleistung und Verwaltung ganze Berufssparten. Sie ermöglichten wirtschaftliches Wachstum bei gleichzeitigen Massenentlassungen. Vor allem aber lösten sie die traditionelle Gestalt der Firma auf.

High-Tech-Firmen sind in der Regel funktionsfähig, wenn ihre Beschäftigten elektronisch miteinander verbunden sind. Sie müssen nicht mehr an einem Ort gemeinsam arbeiten. Das erspart den Firmen Arbeitsplatzausstattung und Werkskantinen. Aber auch ihre Beteiligung an Alters- und Krankenversorgung, die Lohnfortzahlung während des Erholungsurlaubs und im Krankheitsfall – all die Zugeständnisse, die ihnen erst nach und nach durch Arbeitervertretungen abgerungen worden waren – stehen wieder zur Disposition, seit Computer in jede Akten- oder Hosentasche passen und in einer Privatwohnung genauso funktionieren wie in einem Firmengebäude. Wohn- und Arbeitsraum, Privat- und Berufssphäre, Freizeit und Arbeitszeit gehen wieder ineinander über. Warum soll man Leute fest einstellen, wenn man sie auch als selbständige Lieferanten einzelner Arbeitsleistungen bezahlen und ihnen ihre Infrastruktur- und Versicherungskosten selbst überlassen kann?

Es gibt zwar Betriebe, in denen das Zusammenwirken vieler an einem bestimmten Ort weiterhin unerläßlich ist (Krankenhäuser, Pflegeheime, Transportmittelproduzenten, Baufirmen etc.), aber auch sie stehen unter dem Druck, möglichst alle Arbeitsleistungen auszulagern, die sich auf Lieferbasis in Anspruch nehmen lassen, und nur noch ein Minimum an operativem Geschäft und Verwaltung in Eigenregie zu behalten. Das können auch kleine Unternehmen, wenn sie geschickt sind. Ein deutsches Musterbeispiel ist die Elektrorasiererfirma Braun, ein mittelständisches Unternehmen mit globaler Reichweite. Firmensitz ist Kronberg, ein Städtchen im Taunus. Dort werden die Rasierer natürlich nicht gebaut. Schon um die Jahrtausendwende kamen alle Einzelteile aus dem Ausland: Motorkontakte aus Tschechien, Qualitätsklingen aus Schweden, Transistoren aus Marokko, Netzstecker aus China. Jedes Jahr allerdings werden die Aufträge durch ein spezielles Computerprogramm neu versteigert. Jeder Zulieferer ist austauschbar, konstant lediglich die kleine Zentrale in Kronberg, wo geplant, entschieden und verwaltet wird – und das Produktionszentrum, die Kleinstadt Walldürn im Odenwald, wo die aus aller Welt gelieferten Teile zusammenmontiert werden und jedes fertige Gerät das Gütesiegel *Made in Germany* aufgedrückt bekommt.[10] Doch selbst diese beiden konstanten Posten wären, wenn erforderlich, mit wenig Aufwand an rentablere Standorte verlegbar.

Arpanet – Internet

Flexibilisierung und Verschlankung gehörten von Anfang an zu den Zauberworten der mikroelektronischen Revolution. Doch erst seit kurzem läßt sich präzise sagen, wann eine Firma optimal schlank ist: dann, wenn sie bloß noch eine Internetplattform darstellt. Solche Plattformen sind sowohl unüberbietbar weltoffen als auch Brutstätten höchst mysteriöser Kräfte – wie das Internet generell. Dessen Vorform, das Arpanet (ARPA = Advanced Research Projects Agency), war, wie

10 Sussebach/Willeke 2005, 15 ff.

gern vergessen wird, das ganze Gegenteil eines weltweit offenen Kommunikationsmediums. Es hütete Staatsgeheimnisse und verband lediglich einige wenige Großcomputer, denen die amerikanische Regierung für den atomaren Ernstfall alle militärischen Steuerungsinformationen eingegeben hatte. Jeder dieser Computer war so mit den andern vernetzt, daß keiner mehr zentral war. Fiel einer aus, so liefen die Nachrichten über die anderen weiter, womit es der Sowjetunion unmöglich wurde, bei einem Atomangriff auf einen Schlag die gesamte Steuerungszentrale lahmzulegen.[11] Den befürchteten sowjetischen Angriff hat das Arpanet nie auffangen müssen. Um so überwältigender war sein Erfolg, als es kurz nach dem Zusammenbruch der Sowjetunion in zivile Nutzung überführt wurde. Eine Schlüsselrolle dabei spielte die Hypertext Markup Language (HTML). Ihr Erfinder, Tim Berners-Lee, verzichtete darauf, sie zu patentieren. Sie sollte ein allgemein zugängliches Verständigungsmedium sein. Auf ihr fußt das World Wide Web, das 1993 am Kernforschungszentrum Cern in Genf geöffnet wurde. Damit ging eine militärische Defensivmaßnahme in eine gesamtgesellschaftliche Offensive über. Über alle Staatsgrenzen hinweg entstand mit atemberaubender Geschwindigkeit eine dezentrale mediale Weltmacht.

Der Ausbau des Internets war ein Formalisierungsunternehmen sondergleichen. In wenigen Jahren wurden weltweit, zumeist in staatlichem Auftrag, Leitungen gelegt, die zwischen allen vorhandenen Computern Nachrichten übertragen können und unzählige weitere Verbindungen ermöglichen. Herausgekommen ist dabei ein maximal informelles Gebilde. Es kann uferlos expandieren. Staaten können zwar rechtlich geregelte Zonen darin einrichten, Server und Zugänge von unerwünschten Oppositionellen, kriminellen Organisationen,

11 Hafner/Lyon 2008 [1996], 50 ff.

Haßpredigern, Pornographie- und Gewaltsendern sperren, aber nicht das Internet als ganzes regulieren – und schon gar nicht auf es verzichten. Damit ist eine neue Form von Nichtregierbarkeit in die Welt getreten. Das Informelle ist nicht mehr nur «Sektor» wie die Elendszonen, in die staatliche Maßnahmen nicht vordringen; es ist nicht mehr nur Begleiterscheinung und Kehrseite laufender Formalisierungsprozesse; es ist ein durch Formalisierung erzeugter High-Tech-Dschungel. Jede neue Verlinkung, jedes neue digitale Format kann nur noch innerhalb dieses Dschungels entstehen – und verzweigt und verdichtet ihn ein bißchen mehr.

Dieser Dschungel wird «virtuelle Realität» genannt. Soll heißen: Er ist nicht die physische Realität, in die wir hineingeboren wurden, wohl aber ihr umfassendster Abzug: alles, was von ihr in 0-1-Kombinationen übersetzt wird. Dieser Übersetzungsprozeß läuft erst wenige Jahrzehnte, hat aber bereits einen virtuellen Raum gigantischen Ausmaßes erzeugt. Dieser Raum ist gespenstisch. Dabei besteht er lediglich aus glasfaserkabel- und halbleitergestützten Algorithmenkonfigurationen. Doch wenn die erst einmal durch mathematische Tüftelintelligenz verknüpft und «ins Netz gestellt» sind, gewinnen sie unversehens ein Eigenleben, als schwebten sie frei umher und seien überall. Zwar müssen sie irgendwo eine Bodenstation haben, aber alle Rechner der Welt, die über einen Zugangscode zu ihnen verfügen, können gleichzeitig an ihnen teilhaben. Und jene Konfigurationen, die so intelligent gestaltet sind, daß sie für die Weltgemeinde der Computernutzer, also tendenziell für die ganze Menschheit, attraktive Dienstleistungen zu erbringen vermögen: das sind Plattformen. Man kann von überallher auf sie zugreifen, aber man bekommt immer nur ihre Dienstleistungen zu fassen, nie sie selbst.

Die 1990er Jahre waren der Honeymoon des Internets. Seine Nichtregierbarkeit faszinierte eine neue Generation unkonventioneller Informatiker. Noch inspiriert von der Protest-

und Hippiebewegung der 1960er Jahre, sahen sie ein neues Reich der Freiheit entstehen, das sie der ganzen Menschheit urbar machen wollten. Einerseits waren sie Teleromantiker vom Schlage McLuhans. Andrerseits hielten sie sich für die ultrasubversiven Pioniere einer neuen Menschheit. «Regierungen der industriellen Welt, Ihr müden Giganten aus Fleisch und Stahl, ich komme aus dem Cyberspace, der neuen Heimat des Geistes. Im Namen der Zukunft bitte ich Euch, Vertreter einer vergangenen Zeit: Laßt uns in Ruhe! Ihr seid bei uns nicht willkommen. Wo wir uns versammeln, habt Ihr keine Macht mehr.» So John Perry Barlow in seiner berühmten *Unabhängigkeitserklärung des Cyberspace*. «Wir erschaffen eine Welt, in der jeder Einzelne an jedem Ort seine oder ihre Überzeugungen ausdrücken darf, wie individuell sie auch sind, ohne Angst davor, im Schweigen der Konformität aufgehen zu müssen. Eure Rechtsvorstellungen von Eigentum, Redefreiheit, Persönlichkeit, Freizügigkeit und Kontext treffen auf uns nicht zu. Sie alle basieren auf der Gegenständlichkeit der materiellen Welt. Es gibt im Cyberspace keine Materie.»[12] So abstrus das war – es wurde nicht etwa an irgendeiner Ecke im Hydepark vorgetragen, sondern auf dem Weltwirtschaftsforum in Davos. Die dort versammelten Topmanager verstanden schnell, daß der hier überschwenglich gepriesene Freiraum zwar nicht kommerziell gedacht war, aber kommerziell bestens nutzbar sein würde. Was damals noch niemand wissen konnte: In den nächsten Jahren würden ein paar wenige dieser jungen Subversiven, Informatikstudenten von Anfang zwanzig, an den meisten der in Davos Versammelten vorbeiziehen und aus der Utopie des freien Austauschs aller Daten ein Geschäftsmodell hervortreiben, das alle bisherigen in den Schatten stellen sollte.

12 Barlow 1996, 85 ff.

Der Ansatzpunkt dafür war die Datenfülle. Sie wuchs schon in der Frühzeit des Internets allen Nutzern über den Kopf. Ein intelligenter Suchmechanismus mußte her. Der Wettlauf um die beste Version prägte die 90er Jahre. Die Gründer von Google, Larry Page und Sergey Brin, gewannen ihn nicht zuletzt deshalb, weil sie sich nicht scheuten, ihre Suchidee an eine gewisse menschliche Schwäche zu knüpfen: Eitelkeit. Einige ihrer Professoren hatten es nötig, sich ständig die eigene Wichtigkeit zu beweisen, indem sie pedantisch nachzählten, wie oft sie in den Publikationen anderer zitiert wurden. Diese Marotte stand Page bei der Entwicklung seines Suchsystems Pate. Es bot nicht nur, wie die andern, ein Maximum an Fundstellen, sondern eine genial einfache Ordnung, nämlich nach «Relevanz». Je öfter ein Fund auch von andern gesucht, gefunden, zitiert worden ist, desto mehr «Stimmen» hat er, desto «relevanter» ist er. Die Stimmenmehrheit entscheidet, in welcher Reihenfolge die Ergebnisse erscheinen. Ranking nach dem Mehrheitsprinzip: das war «PageRank», eine Serviceleistung, die, wie Page betonte, lediglich «die klare demokratische Struktur des Webs» nutze und frei von allen kommerziellen Interessen sei: «Je besser die Suchmaschine, desto weniger Werbung ist nötig, damit der Konsument findet, wonach er sucht.»[13]

Und dann kam der millionenfache Run auf Google. Schnell erlagen seine Erfinder der Versuchung, Großfirmen für teures Geld eine globale Werbeplattform zu bieten, und etablierten etwas, was es so noch nie gegeben hatte: eine kostenlose globale Dienstleistung, die gleichwohl Milliarden einbrachte.

---

13 Pariser 2012 [2011], 39

Und erst mit dem Geschäftserfolg kam der in die Suchmaschine eingebaute Rückkopplungsmechanismus voll zum Tragen. Jede Google-Suche löst nämlich nicht nur eine automatische Stimmenauszählung aus. Sie ist auch selbst ein Votum. Die Nutzung der Suchmaschine ist ein ständiges Plebiszit. Mit jeder Anfrage ändern sich zugleich die Stimmenverhältnisse. Eine neue radikale Form von Basisdemokratie findet statt. Man wählt nicht mehr Vermittler des eigenen Willens, sondern direkt das, was man will; nicht mehr Parteien oder Repräsentanten, sondern das, was einen persönlich interessiert. Die Wahl läuft und läuft und ist an keinem Punkt mehr zu stoppen. Nirgends mehr eine Zäsur, etwa eine förmlich festgehaltene gemeinsame Willensbekundung mit verbindlichen Aufträgen an irgendwelche Repräsentanten. Gemeinsam ist an der Willensbekundung nur noch die Suchmaschine. Durch sie sucht jeder informell das Seine, was immer das sei. Praktiziert wird unablässige Basisdemokratie ohne *res publica* (öffentliche gemeinsame Angelegenheit) – ein Dauerplebiszit, das stattfindet, um weiterzulaufen und jedem einzelnen ständig bessere Suchoptionen zu liefern. Was unter «besser» zu verstehen sei, definieren allerdings die Betreiber der Suchmaschine. Sie verlangen von jedem Nutzer die Einwilligung, sämtliche seiner Voten speichern zu dürfen. Diese Speicherung ergibt ein Mosaik seiner Person. Wonach jemand sucht, läßt erkennen, was ihm wichtig ist. Je mehr jemand sucht, desto detaillierter das Datenmosaik, das er von sich selbst herstellt.

Das erwies sich alsbald als Googles eigentliche Goldgrube. Jede kostenlose Nutzung der Suchmaschine lieferte ihr kostenlos Daten zu einem Persönlichkeitsprofil. Solche Profile sind ebenso interessant für Firmen, die gezielt Werbung landen wollen, wie für Geheimdienste beim Ausspähen von Verdächtigen. Google ist in beide Richtungen offen. Das Beliefern von Firmen mit Nutzerdaten ist ohnehin offizielles Geschäftsmodell. Daraus kommen ja die riesigen Werbeeinnahmen. Das Beliefern von Geheimdiensten wiederum hat eingestandenermaßen längst stattgefunden[14] und ist so lange nicht wirksam zu unterbinden, wie private Firmen privat sind, das heißt Betriebsgeheimnisse haben dürfen – und Staaten nicht ohne Geheimdienste existieren mögen. Welche Gesetzgebung könnte je kontrollieren, wie Google mit seiner ungeheuren Datenfülle umgeht? Selbst deren Verstaatlichung – etwa durch die USA – würde lediglich aus einem Betriebsgeheimnis ein Staatsgeheimnis machen und Googles Datenspeicher nur näher an die Geheimdienste heranbringen. Das von Google gesammelte Datenmaterial ist und bleibt bis auf weiteres Ausspähmaterial.

Dabei ist Ausspähung, Überwachung, Indiskretion gar nicht Googles eigentliches Ziel, vielmehr nur eine Begleiterscheinung seiner universalen Nutzerfreundlichkeit. Schlechterdings alle, die kostenlosen Nutzer ebenso wie die Kunden (die offiziellen, die ersichtlich für Werbung zahlen, und die verdeckten, die geheime Zwecke verfolgen), sollen wunschgemäß bedient werden. Die «personalisierte Suche für alle», die Google seit 2009 betreibt, ist lediglich der Gipfel dieser Dienstbarkeit: eine Rückkopplung der Rückkopplung. Wenn die erste Rückkopplung darin bestand, die Nutzer mit jeder Suche auch eine Selbstbeschreibung, einen weiteren Mosaikstein in ihrem Persönlichkeitsprofil liefern zu lassen, so ist die Pointe der zweiten Rückkopplung, jedem Persönlichkeitsprofil selbst die Suche nach den Informationen zu übertragen, die zu ihm «passen». Man bekommt, wenn man einen Suchbegriff eingibt, die Ergebnisse nicht mehr nach «Relevanz» sortiert dargeboten, sondern danach, was das eigene Profil als relevant erscheinen läßt. Geben etwa erklärte Umweltschützer die Öl-

14 Greenwald 2014

firma BP ein, so kommen Meldungen über von BP verursachte Ölkatastrophen. Politisch unauffälligere Nutzer erhalten Hinweise auf BP-Aktien. Jeder bekommt «seine» Informationen. Exponierte Befürworter des Brexit, der Vereinigten Staaten von Europa, der Stammzellenforschung oder der Abtreibung gelangen zu anderen Suchergebnissen als exponierte Gegner.

Sobald das Persönlichkeitsprofil Züge einer Weltsicht anzunehmen beginnt – und dazu genügen relativ wenige Klicks –, bedient jede weitere Google-Suche diese Weltsicht. Was sie bestärkt, steht im Ranking obenan; was sie stört, verschwindet. Googles Anfangsimpuls, die Formalisierung von Professoreneitelkeit, kehrt, durch doppelte Rückkopplung ins Riesenhafte potenziert, wieder. Die maximale Nutzerfreundlichkeit für alle läuft auf maximale Bedienung der Eitelkeit eines jeden hinaus. Ihm die Suchergebnisse liefern, die ihm gut tun, seine Sicht bestätigen, sein Weltbild festigen und alles davon Abweichende nach und nach ausblenden, und zwar durch eine schleichende, sich unmerklich selbst verstärkende Filterung: das ist die Erzeugung von «Filterblasen», die in die «personalisierte Suche für alle» strukturell eingebaut ist. Eine «Blase» ist eine digital erzeugte Eigenwelt, deren Insassen in ihren Wunschbildern befangen sind wie Narziß in seinem Spiegelbild. Alles, was stören könnte, wird erst gar nicht mehr angeklickt.[15]

15 Wie aktuell Freuds Narzißmus-Beschreibung für die Filterblase ist, zeigen Saroldi/Santoro 2017.

«Gefällt mir»

Solch strukturellen Narzißmus befördert auch Facebook, das große Gegenstück zu Google. Auch hier war der Anfangsimpuls für den kometenhaften Aufstieg eine menschliche Schwäche: Voyeurismus. Der Informatikstudent Mark Zuckerberg stellte Fotos von Studentinnen ohne deren Erlaubnis ins Netz und forderte dazu auf, man möge von jeweils zwei Schnappschüssen den auswählen, der einem besser gefalle. Die überwältigende Beteiligung an diesem nicht ganz koscheren Spiel offenbarte ihm eine gigantische Marktlücke. Über andere ein Urteil abgeben zu dürfen, das breit wahrgenommen wird, ohne begründet werden zu müssen und den Urteilenden für einen Augenblick zum unangefochtenen Mitglied einer netzöffentlichen Schönheitsjury macht: das hob das Selbstgefühl, zumal das männliche, in so unerwarteter Weise, daß Zuckerberg zu seiner Pflege alsbald jene Selbstdarstellungsplattform einrichtete, die unter dem Namen Facebook im Handstreich Weltrang gewann. Auf ihr können einzelne, Gruppen, Institutionen und Firmen aller Art sich kostenlos präsentieren. Jeder kann mit der ganzen Breitenwirkung des Netzes bekunden, was er treibt und was ihm gefällt. Er kann sich zur Verfolgung gemeinsamer Vorlieben und Interessen mit anderen zu Freundeskreisen zusammentun – und bekommt auch noch laufend Nachrichten geliefert, die dem Milieu seiner Selbstdarstellung und Interessenbekundung entsprechen. Das alles verbindende Element ist der *Like*-Button, der auch schon bei den Studentinnenfotos ausschlaggebend war: I like this one. Facebooks Erfolgsrezept war, weltweit alle zu vernetzen, die einander oder gemeinsam irgend etwas «mögen». Je mehr jemand sein Sozialleben über Facebook führt, desto mehr umgibt er sich mit Meinungen, Einstellungen, Geschmäcken, Informationen, die er «mag», desto weniger nimmt er andere noch wahr, desto eher schließt er sich in eine narzißtische Blase ein.

Der *Like*-Button gibt Interessen und Vorlieben viel freimütiger preis als Google-Suchanfragen. Aber die Art, Daten zu sammeln, zu verkaufen und Blasen zu bilden, ist bei Facebook und Google ähnlich. Auch sind beide auf die gleiche Kundschaft angewiesen, so daß sie, je mehr sie expandieren, auch immer mehr zu Konkurrenten werden. Daß beide langfristig nebeneinander bestehen werden, ist nicht sehr wahrscheinlich. Vorerst aber repräsentieren sie gemeinsam den Idealtypus der Plattform, die nichts tut, als Daten zu vermitteln. Diese Vermittlung gelingt zwar nur dank der ungeheuren Formalisierungsleistung einiger genialer Informatiker. Aber die von ihnen ausgetüftelten Algorithmen sind lediglich Datenleitungen: Medien. Die Datengenerierung und -verwendung hingegen ist Sache der Nutzer und Kunden. Wer wie welche Daten erzeugt und wer was mit welchen Daten macht, darüber verfügt die Plattform keineswegs, obwohl die persönlichen Interessensbekundungen der Nutzer überhaupt erst durch Eingabe in Algorithmen zu Daten werden, wie auch deren Weiterverwendung häufig wieder über Algorithmen läuft. Das müssen nicht immer die von Facebook und Google sein. Auch diese beiden Riesenplattformen *sind* nicht das Internet. Sie haben zwar ungeheure Kapazitäten entwickelt, um es zu durchsuchen und ihre Funde algorithmisch zu ordnen, aber damit schaffen sie immer nur Inseln der Formalisierung in einem informellen Meer, das sich zudem mit jeder Datenspeicherung, die sie vornehmen, weiter vergrößert. Sie sind in der Lage, tief ins Internet einzugreifen, aber sie haben es nicht im Griff. Niemand hat das. Es ist unregierbar.

«Wenn man Google mit einem Wort beschreiben könnte, dann mit dem Ausdruck ‹absolut›», meint die Informatikerin Shoshana Zuboff; denn es sei Absolutismus, wenn «die herrschende Macht keiner geregelten Kontrolle durch irgendeine andere Instanz unterworfen ist».[16] Nun ist Google zwar unkontrollierbar und unverschämt mächtig, aber nicht «die herrschende Macht», sondern nur *eine* der herrschenden Mächte. Und solange ihre Nutzer auf sie geradezu fliegen, ist der Vergleich mit einem absolutistischen Herrscher, der im Namen einer bestimmten Ideologie unbehelligt von parlamentarischer Kontrolle und gestützt auf ein stehendes Heer seine Untertanen aussaugt, wenig einleuchtend. Google-Nutzer sind nicht einfach Untertanen. Google unterdrückt sie nicht. Vielmehr sind *sie* diejenigen, die Google füttern: mit ihren Suchanfragen, Wünschen, Interessen. Google konfiguriert daraus lediglich ihr Profil und verwaltet es für sie. Jedes einzelne Profil ist ein digitales Wunschbild. Es registriert alle Wünsche, die Nutzer X bis zum jetzigen Augenblick in die Suchmaschine eingegeben hat. Es zeigt aber nicht bloß den Kontostand der bisher geäußerten an, sondern gibt damit zugleich ein Leitbild für alle künftigen. Als algorithmisch ermittelter Inbegriff des individuellen Wunschlebens hat das digitale Wunschbild den einzelnen, oft unstet-diffusen Wunschregungen etwas Entscheidendes voraus: eine Struktur. Es wirkt als höhere, orientierende Instanz, verblüffend ähnlich wie das, was Sigmund Freud «Über-Ich» genannt hat. Nur daß letzteres aus den verinnerlichten Regeln und Normen der Familie und Gesellschaft besteht, die das individuelle Trieb- und Wunschleben eindämmen und sozialverträglich machen sollen.[17] Das digitale Wunschbild hingegen veräußerlicht und verstärkt dies Wunschleben. Es ist «Wunsch-Ich», narzißtisches Spiegelbild – allerdings nur in dem Maße, wie es algorithmisch darstellbar und kommerzialisierbar ist. Die Suchmaschine bedient es. Die Suchergebnisse, die sie dem Nutzer wie eine

16 Zuboff 2014, 9
17 Freud 1975 [1923], 296 ff.

fremde höhere Instanz präsentiert, bereiten lediglich seine Wünsche, seinen Willen in mathematisierter, marktfähiger Form auf und lullen ihn in seine Blase ein. Die Menschen, so die Überzeugung des Google-Chefs Eric Schmidt, «erwarten von Google, dass es ihnen sagt, was sie als Nächstes tun sollen. Die Technologie ist so gut, dass es sehr schwierig für die Leute wird, irgendetwas anzusehen oder zu konsumieren, das nicht passgenau auf sie zugeschnitten ist.»[18]

Nur in der Rolle des dienstbaren Geistes vermag Google zu herrschen. Seine Nutzer sind nicht seine Untertanen, sondern erteilen ihm Suchbefehle. *Ihr* Wille geschieht. *Sie* sind die Herren. Andrerseits sind sie in extremem Maße Knechte. Sie hängen am Tropf der Suchmaschine wie Alkoholiker an der Flasche. Anfangs in dem Hochgefühl, im Nu über Unmengen von Daten zu verfügen; doch bald schon in Abhängigkeit von der Maschine. Je mehr sie ihnen ihre Suchwünsche erfüllt, desto mehr ist sie es, die «ihnen sagt, was sie als Nächstes tun sollen». Die Nutzer werden weder politisch, religiös oder ökonomisch indoktriniert. Google interessiert sich nicht für Inhalte. Es wirbt nicht für diese Produktpalette oder jene Weltsicht.[19] Es bietet jedem seiner Nutzer lediglich die Produkte und Ansichten, die so sehr «seine» sind, daß er sich kaum mehr eigens für sie entscheiden muß.

Den Machtverhältnissen, die hier entstehen, kommt man mit herkömmlichen politischen Begriffen von Herrschaft und Unterdrückung kaum mehr bei. Plattformen wie Google und

18 Keese 2014, 226
19 Daß Google sich selbst von seinem Ranking ausnimmt und die Funde der ihm gehörenden Suchdienste wie Blog Search, Book Search, Health, Images, Maps etc. immer als erste anzeigt (Keese 2014, 214), ändert an dieser Haltung wenig. Es ist die Ausnahme, die die Regel bestätigt.

Facebook knechten ihre Nutzer nicht. Sie saugen sie an. Doch damit machen sie sie abhängiger als jede politisch-militärische Gewalt. Sie beschneiden ihr Wunschleben nicht. Sie entfesseln es algorithmisch in einer bestimmten Richtung. Die Nutzer entstammen Familien, Gemeinden und Staaten. Sie gehören Institutionen, Firmen, Vereinen, Religionsgemeinschaften an. Aber im Sog der Plattform treten all diese Zugehörigkeiten zurück. Hier ist jeder nur noch Nutzer. Es zählt, was er gerade sucht und wählt. Dabei wird er stark davon beeinflußt, was viele andere gewählt haben, und beeinflußt wiederum andere. Die Nutzer stehen in engster Wechselwirkung. Doch die wenigsten haben persönlich miteinander zu tun. Die Freundeskreise oder Interessengruppen, die über die Plattform zusammenfinden, sind nur verschwindende Partikel in der Gesamtheit der Nutzer. Die aber bildet einen diffusen, informellen Schwarm. Jeder kann jederzeit aus ihm ausscheren. Keine Loyalität, Satzung oder Staatsbürgerschaft hindert ihn daran. Und wenn die allermeisten dennoch bleiben, so sind es ganz primitive vorpolitische Kräfte, die sie an die Plattform binden: Schwarmverhalten, Bequemlichkeit, aufschublose Wunscherfüllung.

Neue und alte Informalität

Mit Google und Facebook ist die Plattform zum ökonomischen Paradigma aufgestiegen. Wo immer es gelingt, herkömmliche Firmen wie Plattformen zu organisieren, winkt riesiger Geschäftserfolg. Da war zum Beispiel jemandem aufgefallen, daß ca. 80 Prozent der Arbeitszeit von Taxifahrern in Warten auf Kundschaft besteht. Warum dieser Leerlauf? Warum sollte man nicht jedem gewöhnlichen Führerscheininhaber und Autobesitzer, der einen Job sucht, die Gelegenheit geben, Personen und Dinge in seiner Umgebung zu transportieren? Er braucht nur ein gutes Smartphone mit einer Navigations- und Kontrollfunktion, die gewährleistet, daß er Kunden und Fracht auf dem besten Weg ans gewünschte Ziel bringt, dann kann er für jede Fahrt, die man ihm vermittelt, seinen Anteil kassieren, ohne daß man ihn einstellen oder ihm gar ein Auto beschaffen müßte. Das war die Geschäftsidee von Uber: einer Plattform, die auf Taxiniveau Transporte vermittelt, aber ohne die laufenden Kosten von Taxiunternehmen – und daher deutlich preisgünstiger.[20]

Wer für Uber fährt, arbeitet extrem flexibel, kann zwischendurch seine Kinder betreuen, andern Jobs nachgehen, studieren, verreisen, was auch immer. Gleiches gilt für Privatleute, die durch Vermittlung der Plattform Airbnb ungenutzte Zimmer ihrer Wohnung vermieten. Sie wirken an einem digital gesteuerten Hotelbetrieb ohne laufende Hotelkosten mit. Digitale Datenverwaltung und Entwicklung von Softwareprogrammen werden ohnehin mehr und mehr in Heimarbeit ausgelagert. Die Zahl der Jobs, die man von zu Hause aus erledigen kann, wächst rapide. Dies alles sind informelle Arbeitsformen, die erst dank Mikroelektronik möglich wurden. Ihre Anlaufstelle ist das Smartphone. Die große Mehrzahl aller Erwachsenen besitzt heutzutage ein solches Gerät, selbst die der Flüchtlinge, die unter größten Entbehrungen aus Nordafrika oder Westasien nach Mitteleuropa gelangen. Je

20 Der Europäische Gerichtshof hat Uber nun allerdings als Taxiunternehmen eingestuft. Jedoch: «Das Urteil bedeutet kein unmittelbares Verbot von Ubers Privatfahrdiensten. Es erlaubt aber den Mitgliedstaaten, den Dienst zu regulieren.» Doch es zwingt sie nicht dazu. Und Ökonomen haben sogleich davor gewarnt, an der «antiquierten und verbraucherfeindlichen Regulierung des Taxigewerbes festzuhalten», «mit der Folge, dass digitale Geschäftsmodelle rund um die Welt Einzug halten, nur nicht in Europa» (Frankfurter Allgemeine Zeitung, 21. Dezember 2017, 17).

erschwinglicher es wird, desto unentbehrlicher. Wenn alle andern ein Smartphone haben, muß ich auch eines haben. Sein Besitz wird zum «Menschenrecht».

Als die derzeit kleinste, am meisten verdichtete Gestalt des PC bringt das Smartphone die gegenwärtige Weltlage auf ihren neuralgischen Punkt, nämlich den Indifferenzpunkt von Arbeits- und Freizeit, Arbeits- und Wohnraum, Öffentlichkeit und Privatsphäre. Zum einen ist das Smartphone heute das Arbeitsmittel *par excellence*. Es gehört den allermeisten Beschäftigten ebenso signifikant an wie einst dem Bauern Pflug und Hacke oder dem Schmied Hammer und Amboß. Und wer in der eigenen Wohnung für eine Firma Daten verwaltet oder Software entwickelt, verrichtet wieder Heimarbeit, wie es Weber und Uhrmacher taten, als sie noch nicht in Manufakturen, sondern zu Hause saßen und für größere Auftraggeber, sogenannte Verleger, produzierten. Auf High-Tech-Niveau kehren früh-, ja nahezu vorkapitalistische Verhältnisse zurück.

Andrerseits ist das Smartphone ungleich mehr als nur ein Arbeitsmittel. Es ist aus der gesamten Lebensführung nicht mehr wegzudenken – von der Informationsbeschaffung über die Freizeitgestaltung bis zur Kontaktpflege. Vom eigenen Smartphone getrennt zu werden ist wie eine Amputation. Wehe, man hat es irgendwo verlegt oder liegen gelassen. Jähe Angstausbrüche, hektische Suchaktionen sind die Folge: typische Entzugserscheinungen. Lehrer, die für die Zeit des Unterrichts die Handys ihrer Schüler einkassieren, riskieren, des Eingriffs in Persönlichkeitsrechte beschuldigt zu werden. Das Smartphone ist der digitale Identitäts- und Sammelpunkt, um den die Triebregungen, Wünsche und Interessen einer Person ebenso schwärmen wie die Wünsche und Interessen von Nutzern um eine Plattform. Insofern ist das Smartphone das individuelle Gegenstück zur Plattform. Zudem sichert es den ständigen Zugang zu ihr. Man kann es stets bei sich führen.

Und dann ist es auch noch die Vorform der Plattform. Privatpersonen, die sich dank PC oder Smartphone einen Blog einrichten, etablieren eine Mikroplattform. Große Plattformen wiederum sind Makroblogs und haben oft ganz klein begonnen. Für die Anfänge von Facebook genügte ein PC.

Die Wiederbelebung vormoderner Arbeitsverhältnisse, aber ohne die festen Strukturen, in die sie eingebunden waren: das ist die Bewegungsform mikroelektronischer Informalisierung. Jeder ihrer rasanten Fortschritte vollzieht auch einen «Rückgang in den Grund».[21] Die wesentlichen Arbeitsmittel fallen wieder den Arbeitenden zu und verbinden sich nicht minder innig mit ihnen als einst die Schwerter mit den Rittern. Aber zu gewandelten Konditionen. Smartphones sind nicht mehr Spezialwerkzeuge bevorzugter Berufsstände, sondern Universalgeräte. Die permanente Verfügung über sie generiert einen neuen Stand von Selbständigen. Das sind überwiegend kleine Subunternehmer, Manager ihrer eigenen Arbeitskraft[22] – Leute, die nicht mehr fest eingestellt, sondern auf Lieferbasis beschäftigt werden, von Termin zu Termin arbeiten, meist unter Zeitdruck, aber völlig frei darin, sich ihre Zeit selbst einzuteilen. Sie sind kaum besser dran als früher Industriearbeiter und kleine Angestellte – und selbständig vor allem darin, daß sie unablässig selbst für die soziale und mediale Präsenz sorgen müssen, die ihnen Aufträge verschafft. Das schönste Smartphone liegt als Arbeitsmittel brach, solange ihm geldwerte Arbeitsaufträge fehlen.

---

21 Hegel 1970 [1834], 70. Diese gleichzeitige Vorwärts- und Rückwärtsbewegung hat Georg Wilhelm Friedrich Hegel bereits wesentlich klarer erfaßt als der 150 Jahre spätere Postmodernediskurs, der für die Wiederkehr des Vormodernen in dem, was er als nachmodern identifizierte, weitgehend blind war.

22 Bröckling 2007

Die Elendszonen, die in Afrika, Asien und Südamerika nicht aufhören, den Rand und das Hinterland gigantischer Städte zu bilden und nach wie vor informeller Sektor heißen, sind in mehrfachem Sinn Rückstände kapitalistischer Industrialisierung: von ihr verursacht, von ihren Errungenschaften weitgehend ausgeschlossen und oft rückständig bis zum Fehlen von Strom und Kanalisation. Ganz anders die informellen Verhältnisse unter High-Tech-Bedingungen. Sie sind die Vorhut der Menschheit – verdanken sich einer mikroelektronischen Revolution, die mit der flächendeckenden Verbreitung von PCs ja erst begonnen hat. Ihr nächster Schub war der Übergang vom Tischcomputer zum Smartphone. Nun steht das «Internet der Dinge» an: sich selbst steuernde Transportmittel, Fabriken, Datenerhebungen, Diagnoseverfahren etc. Von ihnen aus gesehen erscheinen bereits Firmen als rückständig, die sich eine große konstante Belegschaft halten, oder Staaten, die für Verwaltung, Erziehung, Bildung, Forschung und Lehre unbefristet Leute einstellen oder sich gar eine teure Polizei leisten, statt private Sicherheitsdienste zu beauftragen.

Auch diese neue Art der Rückständigkeit ist nicht im Handstreich zu beseitigen. Mit dem Vordringen von Uber etwa verschwinden nicht sogleich die herkömmlichen Taxiunternehmen. Aber sie sind in der Defensive, seit erwiesen ist, daß für Personentransport im Prinzip eine Internetplattform genügt. Das nagt die festen Taxifahrerverträge an. Und so geht es in nahezu allen Arbeitsbereichen. Der Sog der Digitalisierung setzt ständig neues Informalisierungspotential frei. In feste Arbeits- und Lieferverträge lassen sich stets Lockerungen – kleine Einkommenseinbußen hier, kleine Zusatzauflagen dort – einbauen. Selbst in europäischen Staaten mit hoher Wirtschaftsleistung und guter Sozialversorgung, von denen Flüchtlinge aus Nigeria oder dem Senegal sich magnetisch angezogen fühlen, blühen zwischen unbefristeten Teilzeit-

und befristeten Vollzeitverträgen zahllose Varianten. Universitäten sind längst dazu übergegangen, einen großen Teil von Forschung und Lehre auf Lieferbasis erledigen zu lassen. Die Mehrzahl hochqualifizierter Nachwuchswissenschaftler bewegt sich von Forschungsprojekt zu Forschungsprojekt, von Lehrauftrag zu Lehrauftrag, mit geringer Aussicht, daß ihr Engagement irgendwann einmal mit einer der wenigen festen Stellen belohnt wird.

Der informelle Sektor alter Art und die informelle Vorhut einer neuen Zeit sind äußerste Gegensätze. Aber längst haben sie begonnen, einander zu durchdringen. Für die Gemeinsamkeit, die dabei entsteht, läuft ein Wort um, das ungefähr so alt ist wie das Smartphone: Prekariat. Daß hungernde Müllsammler und Straßenhändler ein prekäres Dasein führen, liegt auf der Hand. Im Vergleich dazu lebt man im universitären Bereich auch ohne Festanstellung immer noch hoch komfortabel. Doch die Globalisierung treibt zur Angleichung dieser Gegensätze. Smartphones dringen in die Slums ein und eröffnen auch dort neue Möglichkeiten des Lebensunterhalts, während an altehrwürdigen Universitäten nicht fest angestellte Wissenschaftler sich neben sporadischen Forschungs- und Lehraufträgen zunehmend mit Clickworking, Touristenführung, Nachhilfeunterricht, Taxifahren etc. durchschlagen müssen. In vielen Firmen (allen voran Sicherheitsdiensten) gehört es zur «Kultur», daß sich die Mitarbeiter in relativ kurzen Abständen neu auf ihre Stellen bewerben müssen und, um sie zu behalten, auch ungünstigere Konditionen in Kauf nehmen. Wenn das Personal von Kaufhäusern oder Supermärkten unbefristete Verträge bekommt, dann vorzugsweise für eine Mindeststundenzahl – mit der Auflage, je nach Bedarf bis zum Doppelten dieser Stundenzahl verfügbar zu sein, während die Sozialleistungen natürlich nur auf die Mindeststundenzahl berechnet sind. Hinter der Fassade von mehrheitlich kontinuierlichen oder gar unbefristeten Arbeitsverträgen, die den deutschen Arbeitsmarkt weltweit beispielhaft dastehen lassen und statistisch zu beweisen scheinen, daß die Digitalisierung die Beschäftigungslage zwar verändert, aber nicht notwendig verschlechtert, schreitet die Prekarisierung der Arbeitsverhältnisse unablässig voran. Nirgends wirkt juristischer Scharfsinn derzeit erfinderischer als bei der legalen Informalisierung von Arbeitsverträgen.[23]

In jedem einzelnen Fall handelt es sich bloß um eine kleine Lockerung, die durchaus auch Vorteile für die Betroffenen haben kann. Aber am Einzelfall ist nicht ablesbar, wie tief die Gesamtdynamik greift. Als der Taylorismus die Formalisierung industrieller Arbeits- und Lebensprozesse schubartig vorantrieb, da war die neue Art der Informalisierung, die er *nolens volens* hervorbrachte, immer bloß Begleiterscheinung, Kehrseite, Rückstand der Formalisierung. Philosophisch gesprochen: Sie war ein Hinzukommendes (Akzidens), aber nicht das Wesentliche. Die mikroelektronische Revolution hat dieses Verhältnis umgestülpt. Die Informalisierung ist nicht mehr bloß etwas, was man nicht wegbekommt und einkalkulieren muß. Sie ist nun selbst der Motor der Entwicklung: das gesellschaftlich Wesentliche. Der Formalisierungsprozeß der Software- und Algorithmenentwicklung ist zum Treibstoff dieses Motors geworden und wird von ihm mitgerissen, während die herkömmlichen, fest strukturierten Arbeits- und Lebensverhältnisse den Charakter von Begleiterscheinungen, Überbleibseln, Rückständen annehmen, die man nicht einfach wegbekommt, die aber von nun an unter permanentem Auflösungsdruck stehen, der sie porös werden, erodieren, sich neu

---

23 Viele von ihnen enthalten Abwärtsspiralen, denen sich kaum noch zu entziehen vermag, wer einmal hineingeraten ist. Oliver Nachtwey ist diesen Mechanismen unter dem Titel «Abstiegsgesellschaft» detailliert nachgegangen (Nachtwey 2016).

verbinden läßt und sie wie eine Gärungsmasse in steter Bewegung hält.

Staaten fühlen sich um so sicherer, je mehr sie am technischen Fortschritt teilhaben. Der informelle Sektor alter Art kümmert sie daher wenig. Solange er still hält, überlassen sie ihn weitgehend sich selbst. Um so interessierter sind sie an der mikroelektronischen Informalisierung. An deren Beginn knüpften sich gar höchste politische Ambitionen. Die Computertechnologie, die sich in den 1970er Jahren vom Silicon Valley aus über die USA verbreitete und schon in ihrem Frühstadium erkennen ließ, daß sie alsbald zahllose Arbeitskräfte in Produktion, Verwaltung und Dienstleistung durch ungleich leistungsfähigere Maschinen ersetzen würde, wurde von der Regierung Carter als finale Wunderwaffe im Kalten Krieg erachtet. Diesen Vorsprung würde die Sowjetunion nicht mehr aufholen und verkraften. Die Rechnung ging auf. Während die USA flächendeckend staatliche Infrastrukturleistungen privatisierten, arbeiteten sie zugleich an der Implosion der Sowjetunion mit. Nie waren sie so sehr Weltmacht Nummer eins wie um 1990, als die Glasnost-Kampagne vergeblich versuchte, den Zusammenbruch des Ostblocks aufzuhalten.

Deregulierung

Das amerikanische Erfolgsrezept, das alsbald auf die ganze westliche Welt übergriff, nannte sich Deregulierung. Darunter ist zunächst einmal ein juristischer Vorgang zu verstehen: die Beseitigung von Gesetzen, die den freien Warenverkehr hemmen. Nur glaube man nicht, daß dabei verwaltungsfreie Räume ohne Regelungsbedarf entstehen. Das Gegenteil ist der Fall. Ein kurzer historischer Rückblick hilft das verstehen. Die Deregulierung kam nämlich nicht erst in den USA der

1970er Jahre auf. Sie wurde schon eineinhalb Jahrhunderte früher praktiziert; nur hieß sie damals noch nicht so. Als die ersten Web- und Spinnmaschinen in England eine ganze Woll- und Baumwollindustrie entfacht hatten, wendeten sich dort in den 1820er Jahren Fabrikanten und Kaufleute gegen überkommene Gesetze, die ihnen die Einfuhr der Rohstoffe und die Ausfuhr der fertigen Produkte erschwerten oder verboten – Gesetze, die einst zum Schutz des nationalen Binnenhandels erlassen worden waren, nun aber die wirtschaftliche Expansion behinderten. Freihandel war die Parole. «Frei» wurde der Handel aber nicht durch Rückzug des Staates aus einem nunmehr sich selbst überlassenen rechtsfreien Wirtschaftsraum, sondern durch rechtliche Neudefinitionen der Wirtschaftssphäre. Es galt, die neue Industrie durch differenzierte Schutzzölle, Exportprämien, Steuersenkungen, Lohnsubventionen gezielt zu fördern. Das ging nur durch mehr staatlich-juristisches Engagement. Einfache gesetzliche Regelungen mit klaren, scharfen Grenzverläufen waren durch flexiblere mit Teilerlaubnissen und Sonderkonditionen zu ersetzen. Das verlangte juristische Feinjustierung, erhöhten Verwaltungsaufwand und führte zu einer komplizierteren Gesetzeslage. Der Nachtwächterstaat, der sich auf eine minimale Aufseherfunktion zurückzieht und ansonsten den Handel zum Wohle aller frei gewähren läßt *(Laissez-faire)*, ist nie mehr als ein Märchen des Wirtschaftsliberalismus gewesen.[24]

Deregulierung ist immer auch Reregulierung. Das gilt erst recht für die Zeit nach 1970, als die führenden westlichen Staaten für die Zulassung privater Post-, Telefon-, Radio- und Fernseh-, Transport- und Gesundheitsdienste einen ganzen

24 Das hat Karl Polanyi akribisch nachgewiesen. Eine sich selbst regulierende Wirtschaft gibt es nicht (cf. Polanyi 1978 [1944], 187 ff.)

Teppich neuer gesetzlicher Regelungen woben. Die Regierungen fühlten sich dabei in einer Position der Stärke. Die Deregulierung, die gerade den Sieg des Westens über den sozialistischen Osten besiegelte, mutete wie ein souveräner Staatsakt an. Und in der Tat, die westlichen Staaten reagierten nicht bloß auf den qualitativ neuen Informalisierungsdruck, den die mikroelektronische Revolution auszuüben begann; sie gaben ihm nicht nur eine rechtliche Fassung, sondern öffneten ihm alle Schleusen – ohne klare Vorstellung davon, in welchem Maße sie von dieser Öffnung selbst mit fortgerissen würden, vor allem aber, welche neue Form von Nichtregierbarkeit sie mit ihrem fieberhaften Ausbau des Internets sich selbst bescheren würden.

Die Staaten mit der besten Netzausstattung sind zwar Magneten für die ambitioniertesten Firmen, Plattformen und Banken. Aber genauso wie die staatliche Regulierung des Bankensektors nur die Firnisschicht aller großen Geldbewegungen erfaßt, nämlich die der Geschäftsbanken, nicht aber den weltweit unüberschaubar wuchernden Finanzmarkt privater Fonds, der ein Vielfaches an Geld bewegt, so geht es auch mit allen großen, international agierenden Firmen und Plattformen. Die Versuche, sie zu bändigen, haben etwas Hilfloses. Die ungeheure Kontrollwut, die etwa die großen staatlichen Geheimdienste (allen voran die NSA) genau in jenen Jahren entwickelt haben, als Google und Facebook ihre gigantischen Datensammlungen anlegten, ist in erster Linie Wut auf die Nichtregierbarkeit der Sphäre, die da kontrolliert werden soll. Die Plattformen sind immer schon im Vorteil. Die Persönlichkeitsprofile liefern ihnen die Nutzer freiwillig selbst. Es lassen sich daraus bequem marktrelevante Wünsche, Interessen, Vorlieben entnehmen und mit entsprechenden Angeboten bedienen und lenken. Aber politisch relevante Informationen daraus zu lesen (ist der Nutzer ein potentieller Gefährder, Gegner, Bündnispartner, nützlicher Idiot etc.) ist ungleich schwerer. Maschinen können hierfür nach vorgegebenen Kriterien Daten sammeln und vorsortieren. Aber ohne intensive Auswertung durch informatisch wie politisch geschultes Fachpersonal entstehen daraus keine relevanten Profile. Und wo sollen die Sicherheits- und Geheimdienste die Manpower herbekommen, um aus ihren Datensammlungen flächendeckend solche Profile zu erstellen? Es wird doch gerade wegen der exponentiellen Datenspeicherung überall Personal eingespart!

Das ist der Unterschied zu George Orwells großartigem Roman *1984*. So wie Big Brother direkt in alle Winkel und Ecken eines jeden Raumes zu schauen und sofort jede Abweichung vom gewünschten Untertanenverhalten zu erkennen: das vermag Big Data nicht. Daten lassen sich zwar maschinell in verblüffend hohem Maße vorsortieren. Aber in letzter Instanz interpretieren sie sich nicht selbst. Und Interpretation braucht Zeit. Je weniger Zeit ihr die schwindelerregenden Mengen maschinell gesammelter Daten lassen, desto fehlbarer wird sie. Kein Sicherheitsdienst hat beanstandet, daß der Journalist Michael Wolff im Weißen Haus ein und aus ging und munter die Informationen sammelte, die er zu einem ätzenden Buch über Donald Trumps erstes Präsidentenjahr verarbeitete, obwohl er schon mit einem wenig schmeichelhaften Buch über Trumps Freund Rupert Murdoch Aufsehen erregt hatte.[25] Kein Geheimdienst hat verhindert, daß der IS-Aktivist Anis Amri auf dem Berliner Weihnachtsmarkt ein Blutbad anrichtete, obwohl er in mehreren deutschen Bundesländern als akuter Gefährder aktenkundig war. Solche Pannen werden durch mehr Datenerhebung und -austausch nicht verschwinden. Mit jedem weiteren Datenzuwachs wächst auch das Miß-

---

25 Auch eine «Warnung von Murdoch an Trump ist komischerweise nie ausgesprochen worden. Obwohl die beiden regelmäßig miteinander telefonieren» (Wolff 2018, 3).

verhältnis von Datenmenge und Auswertungskraft. Diese Lücke läßt sich durch keinen technischen Fortschritt schließen. Sie bleibt eine ständige Gefahrenquelle – nicht nur für menschliches Versagen bei der Datenauswertung, sondern auch für Sabotage wie im Fall Edward Snowdens, der seinen ganzen Mut zusammennahm, um seinen Einblick in die Abgründe der NSA-Spionagepraktiken zu veröffentlichen.[26] Andrerseits ist die Gefahrenquelle auch die Erfolgsquelle. Wenn es gelingt, Terroranschläge aus Datenbewegungen im Internet vorauszusehen und zu unterbinden, dann stets dank personalintensiver Arbeit und nie ohne ein Quentchen Intuition und Glück.

Mit dem schier unfaßbaren Zuwachs an Datenmengen wächst auch das Kontroll- und Ausspähmaterial entsprechend – und wird dennoch nicht zu einer Totalüberwachung führen. Von jedem einzelnen Smartphonenutzer, der in den Lichtkegel von Geheimdiensten, Versicherungen oder aggressiven Kundenwerbern gerät, lassen sich sämtliche Netzkontakte, digital artikulierten Interessen, ja sogar alle physischen Aufenthaltsorte ermitteln. Aber nicht von allen Nutzern zugleich. So skandalös es ist, daß die NSA jahrelang das Handy der deutschen Bundeskanzlerin überwachte – es handelte sich lediglich um eine Stichprobe. Selbst wenn die NSA die Handys aller Regierungen der Welt anzapfen und obendrein per Zufallsgenerator von Millionen unbescholtener Smartphonenutzer sämtliche aufspürbaren Daten verfolgen würde, so hätte sie, bei aller Ungeheuerlichkeit eines solchen Vorgangs, dennoch bloß eine eklektische Erhebung veranstaltet, die von einer flächendeckenden Gesamtüberwachung der Bevölkerung weit entfernt wäre.

Dafür sorgt die Dialektik von Formalisierung und Informa-

26 Greenwald 2014

lisierung, die sich, ins Politische übersetzt, als Dialektik von Kontrolle und Nichtregierbarkeit darstellt. Algorithmische Formalisierung vermag die Kontrollmöglichkeiten weiterhin exponentiell zu erweitern; mit jeder Erweiterung wächst aber auch die Unübersichtlichkeit des Internets. In High-Tech-Montur kehrt hier unversehens ein altes philosophisches Paradox wieder: das der unendlichen Teilbarkeit der Materie.[27] Ja, sie ist unendlich teilbar, sagen die einen. Es gibt keine kleinsten Teilchen. Alle Teilchen haben eine Ausdehnung, sonst wären sie keine Teilchen mehr, und wo Ausdehnung ist, da ist Teilbarkeit. Es bedarf nur der geeigneten technischen Geräte, sie auch tatsächlich durchzuführen. Nein, sagen die andern; die Materie ist nicht unendlich teilbar. Es muß kleinste Teilchen geben, sonst gäbe es nichts, woraus die Welt zusammengesetzt ist. Selbst wenn Gott sie teilte – er müßte ständig weitermachen und hätte sie zu jedem Zeitpunkt immer nur endlich geteilt. Nicht zu reden von Menschen. Wann sollen sie je die ganze Materie geteilt bekommen, und wer teilt am Ende die Teiler? Entsprechendes gilt bei Kontrolldaten. Ja, deren Sammlung ist unendlich steigerbar und macht die Aufenthaltsorte, die Organfunktionen, die Wünsche eines jeden Individuums schließlich vollständig kontrollierbar. Nein, denn wer soll all die Kontrolldaten in die vollständige Kontrolle aller umsetzen? Es fehlt an Manpower. Wie die unendliche Teilbarkeit nicht unendliche Teilung ist, so ist die totale Kontrollierbarkeit nicht totale Kontrolle.

Auch die Deregulierung ist paradox. Sie wirkt als die juristische Vollzugsinstanz der mikroelektronischen Informalisierung: treibt sie voran, versucht sie aber zugleich auch handhabbar zu halten, ist sozusagen Peitsche und Zügel in einem, kann das Pferd hier und dort lenken, aber seinen Lauf nicht mehr

27 Kant 1968 [1781], 420 ff. (B 462 ff.)

stoppen. Es zieht den Staat wie eine Kutsche mit sich fort und gestattet den Regierungen – dem «Kutscher» – wohl vielfältige Maßnahmen der Beschleunigung, Bremsung, Abfederung, aber keine grundsätzliche Richtungsänderung.[28] Informalisierung ist etwas gespenstisch Vorwärtsdrängendes, aber greifbar wird sie nur in ihren Erscheinungsformen. Die Deregulierung ist ihre zivilisierteste. In ihr ist immerhin ein Staat am Werk, der in jeder Gesetzeslockerung Recht und Ordnung erhalten will. Es handelt sich um den in Europa entwickelten Typus des nationalen bürgerlichen Rechtsstaats mit freien Wahlen und Gewaltenteilung, dessen Grundmuster im Zuge der amerikanischen und französischen Revolution etabliert wurde.

Dekolonisierung

Doch diese Staatsform erkämpfen ist eines; sie als siegreiches Modell exportieren ein anderes. In Frankreich ging beides Hand in Hand. Die bürgerliche Revolution von 1789 hätte sich gegen König und Adel nicht ohne eine mächtige Volksarmee durchsetzen können. Im eigenen Land stärkte sie einem vielfältigen, wohlhabenden, hochkulturellen, gewinnorientierten Bürgertum die Stellung. Doch bald drang sie auch in andere Länder vor, wo diese Art des Bürgertums weniger oder kaum entwickelt war und als tragende Kraft des neuen Nationalstaatstypus noch gar nicht in Betracht kam. Dort mochte man diese Staatsform zwar einführen und eine bürgerliche

---

28 Das Wort «Politikwechsel», mit dem derzeit jede neue Regierung, ob links, ob rechts, antritt, versucht diesen Sachverhalt phrasenhaft zu kaschieren. Dennoch kann man mit verschiedenen Kutschern unterschiedlich gut fahren. Es ist keineswegs belanglos, wen man wählt.

Verfassung an die Stelle von feudalen Abhängigkeiten oder von Stammes-, Clan- und Familienloyalitäten setzen. Aber damit hauchte man den unterworfenen Völkern nicht den republikanischen Geist ein. Die bürgerliche Staatsform funktionierte vielmehr als effizientes Mittel imperialer Verwaltung. Besonders in den Kolonien. Die Engländer nutzten es bald ähnlich wie die Franzosen. Niederländer, Spanier, Portugiesen lernten davon. Und so unterschiedlich sie dieses Mittel auch anwandten – sei es zur Verwaltung klassischer Kolonien oder sogenannter Protektorate, in denen der autochthonen Bevölkerung ein gewisser Grad von Selbständigkeit gelassen wurde –, es geschah überwiegend respektlos und ignorant gegenüber der vormodernen Stammes- und Clanwelt; nicht nur in kultureller Hinsicht, sondern auch geographisch. Die Grenzen etwa, die Frankreich in seinen zentralafrikanischen Kolonialgebieten zwischen dem heutigen Uganda, Ruanda, Burundi und Tansania zog, verlaufen quer zu den Territorien der dort ansässigen Ethnien, gehen unter anderem mitten durch die herkömmlichen Gebiete der Tutsi und Hutu hindurch und haben zu dem furchtbaren Krieg zwischen diesen beiden Völkern in den 1990er Jahren nicht unerheblich beigetragen. Die Neuaufteilung des zerfallenen Osmanischen Reiches nach dem Ersten Weltkrieg unter der Regie der beiden größten Kolonialmächte, England und Frankreich, sorgte dafür, daß das Volk der Kurden heute auf die Türkei, Syrien, den Irak und den Iran verteilt ist und schon deshalb die ganze Region nicht aufhört, ein Unruheherd zu sein.

Doch das gehört fast schon zu den Hinterlassenschaften des Kolonialismus. Nach dem Ersten Weltkrieg war er bereits stark geschwächt. England und Frankreich lagen wirtschaftlich danieder. Deutschland war gar nicht mehr koloniefähig. Die USA und die Sowjetunion proklamierten das Selbstbestimmungsrecht der Völker und fanden damit in den Kolonialgebieten viel Widerhall. Und als nach dem Zweiten Weltkrieg der verwaltungstechnische und militärische Aufwand für die Aufrechterhaltung der Kolonien größer wurde als ihr wirtschaftlicher und politischer Gewinn, und die USA, die selbst keine Kolonien hatten, ihren mächtig expandierenden Wirtschaftsverkehr nicht mehr länger vor den Kolonialgebieten Halt machen lassen wollten, da setzte Ende der 1940er Jahre ein globaler Dekolonisierungsprozeß ein. Widerwillig und unter starkem Druck der USA zogen sich die alten Kolonialmächte aus der Verwaltung der nach europäischem Muster eingerichteten Kolonialstaaten zurück und betrieben deren Entlassung in die politische Selbständigkeit.

Es fällt nicht schwer, in dieser Dekolonisierung eine global-politische Vorform der Deregulierung zu erkennen. Wie man Arbeitskräfte, statt sie fest einzustellen, in die Selbständigkeit entlassen und nur noch auf Lieferbasis beschäftigen kann, so kann man in ähnlicher Weise auch ganze Weltgegenden aus kolonialer Vormundschaft entlassen, ihnen die europäische Nationalstaatsform, die man ihnen einst aufgedrückt hat, zur Selbstverwaltung überlassen und sie nur noch ökonomisch als Lieferanten an staatliche und private Auftraggeber in den High-Tech-Ländern binden. Mit dem Rückzug der Kolonialmächte begann auch die Bewährungsprobe der von ihnen eingerichteten Staaten. Was würde geschehen, wenn die ansässige Bevölkerung die Form des Nationalstaats, die ihren Vorfahren als Fremdkörper imperial aufgepfropft worden war, in Eigenregie übernähme? Würde diese Staatsform dann ihre Fremdheit verlieren? Das hielten die Befürworter der Dekolonisierung für ausgemachte Sache. Nach kurzer Gewöhnungszeit würden die betreffenden Völker selbst die Verwaltungsarbeit leisten, mit der sich früher die Kolonialmächte gemüht hatten – und ihnen als Rohstofflieferanten und Handelspartner um so bessere Dienste leisten. Doch nach einem halben Jahrhundert zeigt sich eine gegenteilige Tendenz, durch die überhaupt erst erahnbar wird, wie traumatisch die europäische Fremdheit bei ihrem Eindringen erlebt worden ist. Die Fremdheit ist geblieben, womöglich gestiegen. Die Nationalstaaten haben in den früheren Kolonialgebieten nicht wirklich Wurzeln geschlagen. Bis heute stehen sie vor der Alternative, entweder mit eiserner Faust weit unterhalb der demokratischen Standards ihrer europäischen Vorbilder regiert zu werden oder den Zerfall zu riskieren, der von Afghanistan bis Syrien, von Ruanda bis Libyen weite Teile Asiens und Afrikas ereilt hat.

Die Verwandlung von Kolonien in selbständige Staaten war ein Abwicklungsvorgang nach rechtlichen Standards, gemäß der Devise: Deregulierung ist Reregulierung. Wenn solche Staaten dann zerfallen, findet hingegen einfach bloß ein Schwund von Rechtsstaatlichkeit statt. Ältere, ungeschriebene, informelle Stammes- und Clanloyalitäten leben wieder auf, nicht selten in verwandelter Form, etwa wenn alte Stammesverbände hochgerüstete, mikroelektronisch durchsetzte Stammesmilizen unter der Führung von Warlords rekrutieren. Solche Milizen könnten sich ohne die Unterstützung oder zumindest Duldung einer verarmten, verzweifelten Bevölkerung nicht halten. Sie besetzen Räume in zerfallen(d)en Staaten, sind aber nicht in der Lage, selbst Staatsgebilde zu konstituieren: Taliban, Al Qaida, Islamischer Staat, Boko Haram, Peschmerga, Huthi etc. Selbst elementare Infrastrukturleistungen, für die der Nationalstaat europäischen Musters einstand – Transport, Kanalisation, medizinische Versorgung, Erziehung und Bildung – liegen in diesen Räumen weitgehend brach, wenn internationale Hilfsorganisationen oder örtliche Selbsthilfe nicht notdürftig einspringen.

Die neuen, informellen Nicht-mehr-Staatsmächte werden ihrerseits von Staaten unterstützt, die in ihnen willkommene Hilfstruppen für eigene strategisch-wirtschaftliche Interessen sehen. Im ölreichen Vorderen Orient ist dadurch eine völlig verfahrene Lage entstanden. Die Türkei etwa hat sich nicht gescheut, den Islamischen Staat zu unterstützen, sofern er gegen die Kurden im Nordirak kämpft, die sich um keinen Preis mit den Kurden in der Türkei vereinigen sollen. Die USA unterstützen die Milizen der nordirakischen Kurden, solange sie gegen den Islamischen Staat und das syrische Assad-Regime erfolgreich sind. Rußland stützt das Assad-Regime und bekämpft den Islamischen Staat ebenso wie die Freie Syrische Armee, die ihrerseits das Assad-Regime nicht minder bekämpft als den Islamischen Staat. Dieser agiert, wie auch Al Qaida, international und verübt Attentate in den Metropolen der westlichen Staatenwelt. Al Qaida und Islamischer Staat wiederum rivalisieren um den Rang des authentischen Repräsentanten des wahren Islam. In nicht klar definierbaren Räumen finden nicht erklärte Kriege statt, die immer weniger erkennen lassen, wer auf welcher Seite wofür kämpft. Dennoch haben sie eines gemein: Ihre Hauptherde sind ehemalige Kolonialgebiete europäischer Mächte.

In diesen Gebieten – Nord- und Zentralafrika, in West- und Mittelasien – verlieren ganze Landstriche ihre Bewohnbarkeit. Ein großer Teil ihrer Bevölkerung fühlt sich zur Flucht getrieben: wegen ständiger Kriegsdrohung, politischer Verfolgung, Hunger, Traumatisierung, vollständiger Perspektivlosigkeit – die Ursachen sind vielfältig und greifen ineinander. Kaum jemand, der seine angestammte Umgebung flieht, begibt sich allerdings weiter fort als nötig. Möglichst wenig Reisestrapazen auf sich nehmen, möglichst nahe an der Heimat bleiben, um bei Besserung der Verhältnisse schnell in sie zurückkehren zu können: das ist die erste Fluchtregel. Das nächste Fluchtziel ist denn auch oft bloß das nächste Staatengebilde mit einer halbwegs funktionierenden Infrastruktur. Die Minimalinfrastruktur für Flüchtlinge aber ist das Auffanglager – ein Provisorium, wo die Aufgenommenen nicht länger bleiben sollen als nötig und oft lange bleiben, weil sie nicht vor und nicht zurück können. Das Lagerleben ist häufig kaum besser als dasjenige, dem sie durch Flucht zu entkommen suchten.

Je mehr sich herumspricht, wie es an den nächsten Flucht-zielen aussieht, desto wirksamer werden die Bilder von fernen Zielen, die sich auf jedem Smartphone aufrufen lassen: na-mentlich Bilder von Europa, die eine intakte Infrastruktur, eine Fülle von Arbeits- und Verdienstmöglichkeiten samt ei-ner friedlichen Umgebung suggerieren und einen ungeheuren Magnetismus ausüben. Zwar kommt das Fernziel Europa nur für privilegierte Flüchtlinge in Frage. Die meisten können das Geld für Transport, Schlepper etc. nicht aufbringen. Manche Familien legen daher zusammen, um wenigstens einem ihrer Verwandten die Flucht in ein Land zu ermöglichen, in dem sich gut leben, aus dem sich Geld in die Heimat überweisen oder das gar Angehörige nachkommen läßt.[29] Es ist also kei-neswegs so, daß die gesamte fluchtwillige Bevölkerung der in-formalisierten Regionen Afrikas und Asiens, schätzungsweise ein bis zwei Milliarden Menschen, direkt nach Europa drängt. Aber selbst wenn nur ein Zwanzigstel auf dem Sprung dort-hin wäre, wäre mit fünfzig bis hundert Millionen zu rechnen, und wie die europäischen Infrastrukturen, die wahrlich nicht alle gleich stabil sind, einer solchen Menschenmenge gewach-sen sein sollen, weiß gegenwärtig niemand zu sagen.

Gleichwohl begreift man den Grad der Mitverantwortlich-keit Europas für diese Lage erst, wenn man die Nachwirkun-gen des republikanischen Kolonialismus darin erkennt. Es sind zerfallen(d)e europäisierte Nationalstaaten, aus denen sich Millionen Flüchtlinge ausgerechnet jenem Europa zu-wenden, aus dem diese Staatsform einst zu ihnen exportiert wurde. Als Exportgut war sie eine vergiftete Gabe, in ihren Ursprungsländern hingegen ein Segen – erkämpft und gefe-

---

29 Wehe, seine Flucht mißlingt und er muß zurück. Dann hat er nicht nur Furchtbares durchgemacht, sondern auch eine Investi-tion verschleudert (cf. Mühl 2017, 13).

stigt von einem breiten und vielfältigen Bürgertum. Davon zehrt bis heute die rechtsstaatlich grundierte Infrastruktur in Europa und Nordamerika.[30] An ihr möchten auch die Flüchtlinge teilhaben. Je mehr sie aber zur globalen Attraktion wird, desto mehr droht ihr ihre Attraktivität zum Verhängnis zu werden. Natürlich könnten wohlhabende Länder wie Deutschland aktuell durchaus mehr Flüchtlinge aufnehmen als sie faktisch einlassen. Aber wenn tatsächlich alle kämen, die es gern täten, dann würde die ersehnte Infrastruktur in Kürze zusammenbrechen, selbst bei drastischer Umverteilung der Sozialbeiträge zu Lasten der Reichen.

Neue Lernkultur

Während die Infrastruktur Europas und Nordamerikas in weiten Teilen Afrikas und Asiens die Anziehungskraft eines strahlenden Rettungsbilds gewinnt, ist sie von außen einem nie gekannten Flüchtlingsdruck ausgesetzt, gegen den sie sich so weit wie irgend möglich abzuschotten sucht, um in Feindosierung nur Leute hereinzulassen, die dem Arbeitsmarkt gut tun. Gleichzeitig setzt sich der innere Deregulierungsdruck fort. Er erreicht derzeit die letzte große Bastion, die von ihm noch verschont war: den Bildungssektor. Flüchtlings- und Bildungsmisere greifen auf eine Weise ineinander, die noch kaum öffentlich wahrgenommen wird. Wie die meisten

---

30 Die USA sind keine klassische Kolonialmacht, aber einer der größten Profiteure der Dekolonisierung: sozusagen die postume Kolonialmacht Nummer eins – und als Hauptschauplatz einer verfassungsbegründenden bürgerlichen Revolution der Hauptrepräsentant der europäischen Staatsform außerhalb Europas. Kanadas Entwicklung hat sich im Schatten der USA vollzogen.

Flüchtlinge, so verfügen auch die meisten Schüler heute über jenes Smartphone, das den Indifferenzpunkt von Arbeit und Freizeit, Arbeits- und Wohnraum, Öffentlichkeit und Privatsphäre markiert. Um so irritierender für sie, daß ihr Schulalltag noch längst nicht smartphonekonform gestaltet ist. Immer noch müssen sie ein von der Wohnung getrenntes Schulgebäude aufsuchen; immer noch gibt es feste gemeinsame Unterrichtsräume und -zeiten, homogene Unterrichtsgruppen mit festem Fächerkanon und einem pauschal für ganze Jahrgänge vorgegebenen Pensum.

Damit will die sogenannte «neue Lernkultur» Schluß machen.[31] Sie führt mustergültig vor, wie Formalisierung und Informalisierung gegenwärtig aufeinander einwirken. In den 1990er Jahren, als der weltweite Internetausbau auf Hochtouren kam, begann auch eine flächendeckende Formalisierung von Lehrplänen. Sie ging nicht mehr von dem Sachpensum aus, das durchgenommen werden muß, wenn bestimmte Qualifikationen und Schulabschlüsse erreicht werden sollen (etwa die Grundlagen der Algebra und Geometrie, der Wahrscheinlichkeits-, Integral- und Differentialrechnung; oder die Alphabetisierung und die literarischen Formen, die danach stufenweise lesend und schreibend einzuüben sind). Sie richtete sich vielmehr ganz darauf aus, was am Ende eines jeden Lernschritts stehen soll: eine bestimmte Kompetenz. Das schien hochplausibel. Was nützt der Verweis auf ausgiebig genossenen Mathematik- oder Sprachunterricht, wenn man danach doch bloß stümperhaft rechnen, lesen und schreiben kann?

---

31 Die folgenden Seiten geben einen Extrakt meines Buches *Lehrerdämmerung. Was die neue Lernkultur in den Schulen anrichtet* (Türcke 2016). Das dort Entwickelte rückt hier in den Gesamtzusammenhang, worin seine informalisierende Langzeitwirkung erst ganz hervortritt.

Effizient ist ein Lernschritt nur, wenn er zu einem vorzeigba-
ren Können führt – zu einer Qualifikation, wie man zunächst
sagte. Doch Kompetenz klingt schmeichelhafter. Dies Wort
setzte sich international durch.

Solange Kompetenz gleichbedeutend mit Sachverstand ist –
sich mit etwas auskennen, Erfahrung damit haben, es geschickt ausführen und verständig darüber reden –, kann niemand etwas dagegen haben. Doch bei der Formalisierung der
Bildungspläne blieb von solcher Kompetenz nur eine behavioristische Schrumpfform. Jegliches kindliche Verhalten, das
sich irgend als Können umschreiben läßt – mit dem Finger auf
ein Objekt zeigen, Mama und Papa unterscheiden, ein Bein
vors andere setzen, einen Buchstaben malen –, bekam nunmehr Kompetenzstatus attestiert. Säuglinge, Kleinkinder,
Schulanfänger mutierten zu Inhabern vielfältiger Kompetenzen. Es gibt seither *nur* noch kompetente Kinder. Die Kehrseite dieser Schmeichelei ist, daß sie auf Kompetenzbündel
reduziert werden. Ihre Lernprozesse kommen als Erfahrungs-
oder Reifungsprozesse gar nicht mehr in Betracht, sondern
nur noch als Generatoren abrufbaren Könnens, das wissen-
schaftlich genau umschreibbar, durch geeignete didaktische
Mittel jederzeit erzeugbar und durch validierte Qualitätskontrolle überprüfbar sein soll.

Es ist nicht schwer zu erkennen, daß die aufwendigen
Kompetenzmodellierungsprogramme für Schulen und Hoch-
schulen, in die etwa die Deutsche Forschungsgemeinschaft
Millionen investiert, sich mit bemerkenswerter historischer
Verspätung an der Taylorisierung des Bildungswesens versu-
chen.[32] Taylor trat mit der Stoppuhr an die Arbeitsplätze und

32 Wieweit den Initiatoren das bewußt ist, ist eine andere Frage.
   Gründe, sich nicht auf Taylor zu berufen, aber um so beherzter in
   seine Fußstapfen zu treten, gibt es jedenfalls genug.

maß die Herstellungszeit industrieller Produkte. Die Kompetenzvermesser haben den *Workload* eingeführt: die Berechnung der Arbeitszeit, die für die Erledigung bestimmter Aufgaben (verstehendes Lesen eines Textes, Lösung einer Gleichung, Anfertigung einer schriftlichen Arbeit etc.) ausreichen soll. Sachverhalten wird ein Zeitbudget zugeteilt. Was im Rahmen dieses Budgets nicht verstanden, durchdrungen, angeeignet wird, darf getrost beiseite gelegt werden. Sachverhalte sind selbst schuld, wenn sie nicht budgetkonform sind. Daß sie einen Eigensinn haben könnten, dessen Erschließung eine je eigene Zeit braucht; daß Sachverhalte ähnlich wie Personen mit Hingabe und Geduld umworben und erobert sein wollen, wenn sie denn dem eigenen Ich dauerhaft angehören sollen – das liegt jenseits des Horizonts von Workloadern.

Statt dessen übertragen sie Taylors Zerlegung von Arbeitsvorgängen in einzelne Handgriffe auf die Zerlegung von Wissens- und Fertigkeitszusammenhängen in einzelne Kompetenzen. Je enger eine Kompetenz gefaßt wird, desto präziser ist sie umschreibbar. «Bis drei zählen können»: das ist fast ideal genau. «Die Grundrechenarten beherrschen» hingegen enthält schon eine kleine Unschärfe. Zwar läßt sich genau sagen, was die Grundrechenarten sind. Aber wann «beherrscht» man sie? Erst wenn man stets direkt zum richtigen Ergebnis kommt, oder auch schon bei etwas längerer Rechendauer und einer Fehlerquote von zwei bis fünf Prozent? Kompetenzprofile kranken immer an Ungenauigkeit. Denn kompetent ist man nie an sich, sondern immer nur *für etwas*. Um eine Kompetenz haargenau zu beschreiben, müßte man jedes Mal das gesamte Sachgebiet darlegen, in dessen Durchdringung und Beherrschung sie besteht. Dazu kommt es nie. Dennoch haben Kompetenzprofile – früher sagte man nüchterner: Qualifikationsprofile – durchaus einen Sinn, wenn sie sich darauf beschränken, Orientierungsmarken zu setzen. «Wir suchen einen Experten für Halbleitertechnik»; «Biete profunde Kenntnis zeitgenössischer Belletristik und mehrjährige Verlagserfahrung»: solche Beschreibungen sind unerläßlich, wenn auf dem Arbeitsmarkt Angebot und Nachfrage zusammenkommen sollen. Doch wie gut sich der Bewerber in Halbleitertechnik oder Belletristik tatsächlich auskennt, zeigt sich erst, wenn er den Job angetreten hat.

Angesichts mikroelektronischer Programmierkunst, die die Tätigkeit ganzer Berufssparten so zu formalisieren vermag, daß Computer sie übernehmen können, mutet Taylors Methode, Arbeitsabläufe zu zerlegen, zu vermessen und neu zu kombinieren, einigermaßen dilettantisch an. Dennoch war sie bahnbrechend für etwas, was seither auf jedem neuen technischen Niveau erneut versucht wird: diejenigen menschlichen Bewegungsabläufe, die sich *nicht* in Maschinentätigkeit übersetzen lassen, gleichwohl maschineller Effizienz optimal anzugleichen. In der industriellen Arbeitswelt des frühen 20. Jahrhunderts kam Taylor damit ziemlich weit. Die nicht enden wollende Kompetenzmodellierung, die in weiten Teilen der westlichen Welt alle Schulen und Hochschulen durchdringt, hinkt ihrem tayloristischen Vorbild hingegen hoffnungslos hinterher, obwohl sie, im Gegensatz zu Taylor, Informatiker zu Zeitgenossen hat, die ständig vorexerzieren, was die einzig solide Kompetenzmodellierung ist: das Erstellen eines Programms. Das Programm, das ein Computer ausführt, definiert vollständig, worin seine Kompetenz besteht. Sie ist das, was er kann. Er ist Könner – und sonst nichts. Der Bildungstaylorismus hingegen modelliert menschliches Können nicht minder verbissen als die Informatik maschinelles; nur kommt er über gummihafte Ergebnisse nicht hinaus.

Taylor verhob sich dort, wo er nicht nur Handgriffe, sondern den gesamten Arbeitstag formalisieren wollte und die Relevanz der informellen Gruppenprozesse im Betrieb nicht einkalkulierte. Die Kompetenzmodellierung strandet hingegen schon bei der Formalisierung einzelner Kompetenzen, ignoriert aber zudem eine viel tiefer reichende informelle Dimension: den emotionalen Mutterboden frühkindlichen Lernens. Wie Kleinkinder von Erwachsenen (zunächst gewöhnlich ihren Eltern) auf Dinge hingewiesen werden, wie durch wechselseitiges Zeigen zwischen Eltern und Kind gemeinsame Sachverhalte aus einer diffusen Umgebung herausgemerkt und befestigt werden: davon hängt für die weitere kindliche Entwicklung Entscheidendes ab. Kinder lernen zunächst vornehmlich ihren Eltern zuliebe: am Leitfaden von deren Einstellungen, Vorlieben und Abneigungen. Sachverhalte treten nicht als neutrale Gebilde ins kindliche Wahrnehmungsfeld, sondern als Elternfortsätze. Erst allmählich verlieren sie die elterliche Färbung.

Doch auch die erste Schulzeit ist von einem Sachlichkeitsprimat noch weit entfernt. Sechsjährige sind außerstande, allein zu entscheiden, welche Sachverhalte ihnen zuträglich sind. Sie brauchen zeigende Fürsprecher. Sie lernen in hohem Maße ihren Lehrern zuliebe. Diese wiederum stehen vor der Aufgabe, die ihnen entgegengebrachte Zuneigung auf die im Unterricht verhandelten Sachverhalte umzulenken und die Kinder dabei von ihrer eigenen Person zunehmend unabhängig zu machen. Für Schüler wiederum ist jedes neu erworbene Wissen und Können zugleich ein Schritt aus dem Kraftfeld der Lehrerautorität hinaus. Ohne Autorität keine Orientierung, kein Halt, aber auch keine Befreiung. Bildungsprozesse sind immer auch Emanzipationsprozesse. Die Psychodynamik der Autoritätsbildung und -überwindung, ohne die kein Lehren und Lernen, kein Erwachsenwerden und keine Reifung stattfindet, läßt sich freilich nicht formalisieren und kommt daher in Bildungsstandards, die nur noch auf den Erwerb eng, aber schwammig gefaßter Kompetenzen ausgerichtet sind, gar nicht mehr vor.

Das Kompetenzmodell blendet aber nicht nur eine grundlegende informelle Dimension der Bildung aus. Es wirkt selbst rasant informalisierend, und zwar gerade durch die Feinjustierung, der es unablässig unterzogen wird. Das ist nämlich genau jene Art von Reregulierung, die wir als typische Kehrseite umfassender Deregulierung bereits kennengelernt haben. Sobald Bildungsziele nicht länger von Unterrichtsstoffen aus, sondern ausschließlich auf Kompetenzen hin entworfen werden, kann man förmlich zusehen, wie sich der Zusammenhang von Stoffen und Kompetenzen auflöst. Zwar wird man bei der Einführung des kleinen Einmaleins auch weiterhin um die ganzen Zahlen von eins bis hundert nicht herumkommen. Aber Textkompetenz – die Fähigkeit, Wörter und Sätze zu identifizieren und Fragen nach der vorliegenden Textsorte, den Schlüsselwörtern, den Hauptakteuren, dem Plot, der Botschaft zu beantworten – läßt sich genauso an Gebrauchsanleitungen, Reklameslogans oder Zeitungsartikeln erwerben wie an Fibeltexten, Märchen, Erzählungen oder Gedichten. Sie ist an ein bestimmtes hochsprachliches Niveau nicht mehr gebunden, sondern allein auf effizienten Umgang mit Informationen aus.

Von diesem Begriff der Textkompetenz aus ändert sich auch der der Sachkompetenz. Warum soll man sich ein Sachwissen, das bei Google jederzeit bereit liegt, mühevoll einprägen? Das Memorieren von Vokabeln, historischen Fakten, geographischen Lagen, chemischen Elementen, Nervenzellen gewinnt im Zeitalter des Smartphones das Ansehen von mechanischem Stumpfsinn. Statt dessen soll man lernen, wie man die Informationen, die man gerade braucht, am besten findet (mediale Kompetenz) und wie man sie anwenden, anschaulich und alltagsrelevant machen kann, etwa durch Bild- und Plakatgestaltung, kleine Events oder Umfragen in sozialen Medien (kommunikative Kompetenz). An die Stelle des Einprägens von Stoff tritt der kreative Umgang mit Information, weshalb in Prüfungen die Informationen, mit denen «umgegangen» werden soll, getrost mitgeliefert werden dürfen.[33]

Wenn aber verbindliche Stoffpläne ihre Berechtigung verlieren; und wenn Sachkompetenz nicht mehr durch Einübung in die Logik eines Sachgebiets erworben wird, sondern durch den Umgang mit den Informationen, die man sich selbst daraus zieht – warum dann überhaupt noch gemeinsames Unterrichten einer ganzen Klasse? Hat nicht jeder sein eigenes Tempo und eigene Vorlieben? Fortschrittliche Lehrer werden nicht länger einer ganzen Gruppe das gleiche Stoffpensum vorführen, sondern jedem Schüler Lernangebote machen, die ihm entgegenkommen, lästige Aufgaben weitgehend von ihm fernhalten, dadurch seine Interessen und Neigungen optimal fördern – und die Filterblase auch ins Klassenzimmer Einzug halten lassen. Dafür entfallen die herkömmlichen Zensuren samt Versetzung in die nächsthöhere Klasse. Wo es kein gemeinsames Klassenpensum mehr gibt, verschwindet auch jeglicher Vergleichsmaßstab zwischen Schülern. Jeder vergleicht sich vornehmlich mit sich selbst, kocht im eigenen Saft, hört von Pädagogen, die ihre Lektion gelernt haben, nur Ermunterung, weil Kritik ja lähmt, und soll innerhalb der Blase seines individuellen Kompetenzprofils zu einer ebenso realitätstüchtigen wie stabilen Selbsteinschätzung gelangen.

Entsprechend sehen die Unterrichtsräume aus. Daß ein

---

33 Berühmt geworden ist die Abiturarbeit Biologie über das Verhalten von Streifenhörnchen, die testweise einer neunten Klasse vorgelegt wurde und von ihr, obwohl ohne jedes Wissen von Streifenhörnchen, bequem bewältigt werden konnte, weil nichts verlangt war, als Informationen umzugruppieren, die allesamt vorgegeben waren (cf. Klein 2016, 15 ff.).

Lehrer einer ganzen Schulklasse bestimmte Sachverhalte eröffnet, die sie sich dann durch wiederholende und variierende Nachbearbeitung, mündlich oder schriftlich, im Plenum oder in einer Kleingruppe, in der Schule oder zu Hause allmählich aneignen: das ist in westlichen High-Tech-Staaten ein Auslaufmodell. Zeitgemäß ist, alle Leistungsniveaus einer Altersgruppe in einem Unterrichtsraum zu versammeln, wo ein kleines Team von Lernbegleitern jedem Kind individuell auf es abgestimmte Materialien und Aufgaben bereitstellt, Aufsicht führt und einzelne Schüler bei Bedarf berät. Jedes Kind, auch das mit schwersten körperlichen oder geistigen Behinderungen, ist in den gemeinsamen Raum eingeschlossen (Inklusion!). Lernschwache erledigen ihr Pensum ebenso individuell und eigenständig wie Überflieger. Im deregulierten Klassenraum ist niemand benachteiligt oder bevorzugt, und alle sind individuell betreut.

Traumhaft. Nur sieht der Alltag gewöhnlich so aus, daß jedes Kind seinen Stoß Arbeitsblätter (ersatzweise Bauklötze oder Knetmasse) zugeteilt bekommt und je nachdem, wie kompetent es damit umgeht – den nächsten Stoß. Arbeitsblätter sind fast immer Lückentexte. Um sie auszufüllen, muß man wenig lesen, nur noch rudimentär schreiben und überhaupt nicht mehr vor einer Gruppe zusammenhängend sprechen. Um zu überprüfen, ob das Ausgefüllte auch verstanden ist (wofür punktuell korrektes Ausfüllen noch keineswegs bürgt), oder um es durch weitere Versprachlichung in den mentalen Haushalt des Schülers fester einzubinden, fehlt in einem Raum, in dem simultan zwanzig bis dreißig verschiedene Lernverläufe stattfinden, jegliche Ruhe und Zeit. Der deregulierte Unterrichtsraum ist ein permanenter Unruheherd. Um ihn nervlich auszuhalten, haben manche Lehrer schwere sandgefüllte Westen eingeführt, die sie, wenn die Eltern einverstanden sind, besonders unruhigen Schülern umlegen (Beruhigungsmittel dürfen sie ja nicht verabreichen).[34] Hersteller didaktischer Hilfsmittel bieten preisgünstige Klassensätze von Ohrenschützern an, damit jeder Schüler sich auf seine Aufgaben konzentrieren kann.

Doch wo die Gefahr wächst, wächst das Rettende auch; steht doch die vollständige Digitalisierung der Schulen an. «Rechnen und das ABC, alles nur noch am PC», ist der Slogan des deutschen Bundesbildungsministeriums. In wenigen Jahren soll es soweit sein. Dann wird es keine papierenen Arbeitsblätter mehr geben, nur noch online gestellte, womit sich die Frage erhebt, warum Kinder und Jugendliche einen mühsamen Schulweg auf sich nehmen sollen, um in einem wuseligen Klassenraum zu tun, was sie genausogut zu Hause erledigen könnten. Warum soll der Staat noch für teure Schulgebäude aufkommen? Warum sollen nicht Lernbegleiter jeden Schüler an seinem Ort aufsuchen, um ihn in seiner vertrauten Umgebung viel intensiver zu fördern als je in der Schule? Damit wäre der Unruheherd des deregulierten Klassenraums auf denkbar elegante Weise stillgelegt – und die Suche nach neuen, intelligenteren Aufbewahrungsformen von Schulkindern eröffnet. Warum der Ausbau von Ganztagsschulen? In der Arbeitswelt läuft der Trend doch gerade in die Gegenrichtung: zurück in die Wohnungen! Warum die wachsende Menge digitaler Heimarbeiter nicht mit der Aufsicht über ihre ebenfalls digital arbeitenden Kinder betrauen und für die, deren Eltern außer Haus tätig sind, Lösungen in nächster Umgebung der Wohnung finden? Wenn Postfilialen in Supermärkten Platz finden, warum soll es dann nicht Schulfilialen in Firmen- und Verwaltungsgebäuden geben: Räume und Nischen, wo pädagogisches Hilfspersonal Aufsicht führt, Lernbegleiter zu gezielter individueller Beratung stundenweise hinzukommen

34 So zum Beispiel «an 14 von 56 Grund- und Stadtteilschulen in Hamburg» (Schmoll 2017, 2).

und die Verköstigung durch die Werkskantine mitübernommen wird?

Jedenfalls ist jetzt schon absehbar, worauf die flächendeckende Versorgung der Schulen mit Computern hinausläuft: die allmähliche Auflösung der Schule als eines geographischen Fixpunkts. Sie wird «virtuell». Damit dringt die Deregulierung bis ins Innerste des Bildungssektors vor. Wie der Fabrikraum seine Unerläßlichkeit verlor, als Firmen auch online funktionsfähig wurden, so verliert sie nun der Schulraum. Und wie schon in den 1970er Jahren staatliche Infrastrukturleistungen im Namen höherer Effizienz von Privatfirmen übernommen wurden, so stehen auch jetzt private Helfer bereit, um die drohende Ortlosigkeit der Schule durch eine Neuortung abzuwenden. «Das Hasso-Plattner-Institut (HPI) hat in Kooperation mit dem nationalen Excellence-Schulnetzwerk MINT-EC und gefördert vom Bundesministerium für Bildung und Forschung eine Schul-Cloud entwickelt. Software und Bildungsinhalte lassen sich laut HPI bequem über die Cloud beziehen. Um Konfiguration und Administration kümmern sich Experten. Die Schulen müssen sich nur noch aus dem bedienen, was ihnen externe Dienstleister liefern. Eine moderne Lehr- und Lerninfrastruktur, heißt es in einer Broschüre des HPI, sei ‹unabdingbar, um die digitale Transformation im Bildungssektor zum Erfolg zu führen […] Die Schul-Cloud wird dazu beitragen, einen prosperierenden Bildungsmarkt mit innovativen digitalen Bildungsprodukten zu etablieren. […] Die Angebote stehen allen Lehrkräften und Schülern zur Verfügung und müssen sich im Wettbewerb behaupten. Über integrierte Evaluationsmechanismen können die Lernprogramme bewertet und kommentiert werden, so dass diese ständig weiterentwickelt werden können.› […] Das gesamte Lernverhalten bis hin zu Emotionen, Einstellungen und sozialem Umfeld wird […] ‹in Echtzeit erfasst und im weiteren Verlauf berücksichtigt. Somit werden individuelle dynamische Curricula und Echtzeit-Feedback möglich.› In der Praxis werden Schüler dafür vollständig per Kamera und Mikrofon erfasst und alle Aktionen – jeder Mausklick, jede Eingabe und jede Korrektur von Eingaben – ausgewertet. In Forschungsprojekten werden zusätzlich Sensoren auf Arme und Kopfhaut geklebt, um Körperfunktionen und psychische Reaktionen wie Stress, Erschöpfung und Angst zu messen. Bedürfnisse der Schüler sollen frühzeitig erkannt und individuell behandelt werden.»[35]

So wird gewährleistet, daß Kinder unter permanentem Feedbackbeschuß überhaupt nicht mehr zur Besinnung kommen, nichts mehr sacken lassen können und bis ins Kleinste als die Reiz-Reaktions-Bündel behandelt werden, auf die der Behaviorismus, der *Spiritus rector* aller Kompetenzmodellierung, menschliche Wesen immer schon reduzierte. Nicht zu reden davon, was die privaten Cloud-Anbieter mit all den Daten, die ihnen die Schüler reichlich schenken, anfangen, wer ihre Dienstleistungen finanziert – und wie sie auf die weitere Entwicklung des Bildungswesens Einfluß nehmen, sobald sie sich für sein Funktionieren rundum unentbehrlich gemacht haben.[36]

Noch ist es nicht soweit. Noch gibt es Schulgebäude, Zeugnisse und Unterrichtsräume, in denen jeweils ein Lehrer agiert und erst einmal Sachverhalte eröffnet, ehe er sie in verschie-

---

35 Lankau 2018, N 4
36 Während das deutsche Bundesbildungsministerium auf die Einführung der Schul-Cloud hinarbeitet, hat der französische Präsident Macron ein Verbot von Mobiltelefonen für alle französischen Schulen auf den Weg gebracht. Es gibt also durchaus noch beträchtliche Spielräume im Umgang mit dem Informalisierungssog.

dener Weise weiterbearbeiten läßt, wie es auch weiterhin herkömmliche Hotels, Taxiunternehmen, produzierende Betriebe, Krankenhäuser, Altenheime gibt, die noch nicht Bestandteile von Plattformen sind und das Hand-in-Hand-Arbeiten vieler an einem Ort auf absehbare Zeit nicht aufgeben werden. Doch sie alle tragen, seit die Informalisierung als treibende Kraft des Gesellschaftsprozesses wirkt und nicht mehr bloß als Zubehör wissenschaftlich-technischen Fortschritts, das Stigma der Rückständigkeit. Aufs Ganze gesehen sind sie Überbleibsel einer vergangenen Zeit. Die neue Epoche schleppt sie mit wie eine Hypothek, die sich nur nach und nach und nie vollständig abtragen läßt – und dennoch so weit wie irgend möglich verschwinden soll. Die Dekomposition herkömmlicher Produktions- und Dienstleistungsbetriebe zu Plattformen; die weltweite Dekolonisierung; die neue Lernkultur: das sind drei Phänomene, die derzeit einen rasanten Synergieeffekt entwickeln. Wenn er sich fortsetzt, wird etwas, was gegenwärtig noch vielen als fest gefügte westliche Lebensform erscheint, bald am Ende sein: die demokratische Öffentlichkeit.

2. Die Auflösung der Öffentlichkeit

Brechts Rundfunk

Manche Zukunftsvisionen holt der technische Fortschritt schneller ein als gedacht. Wie kühn erschien 1932 der «Vorschlag zur Umfunktionierung des Rundfunks», mit dem Bertolt Brecht hervortrat! «Der Rundfunk ist aus einem Distributionsapparat in einen Kommunikationsapparat zu verwandeln. Der Rundfunk wäre der denkbar großartigste Kommunikationsapparat des öffentlichen Lebens, ein ungeheures Kanalsystem, das heißt, er wäre es, wenn er es verstünde, nicht nur auszusenden, sondern auch zu empfangen, also den Zuhörer nicht nur hören, sondern auch sprechen zu machen und ihn nicht zu isolieren, sondern ihn in Beziehung zu setzen. Der Rundfunk müßte demnach aus dem Lieferantentum herausgehen und den Hörer als Lieferanten organisieren. Deshalb sind alle Bestrebungen des Rundfunks, öffentlichen Angelegenheiten auch wirklich den Charakter der Öffentlichkeit zu verleihen, absolut positiv.»[1]

Sechs Jahrzehnte später gab es bereits das Internet. Heute gestattet es jedem, Texte, Bilder und Töne sowohl zu empfangen als auch zu senden und sich mit jedem anderen jederzeit auszutauschen. Es ist in einem Maße «Kommunikationsapparat», wie es Rundfunk und Fernsehen auch bei maximaler Einbeziehung ihrer Empfänger nie sein könnten. In technischer Hinsicht ist Brechts Vision überholt. Aber auch in gesellschaftstheoretischer? Brecht sieht den Rundfunk in ein

---

1 Brecht 1967 [1932], 129. Weitere Seitenzahlen im Text.

Dilemma verwickelt, das sich seit der Frühzeit der Industrialisierung auf allen Stufen des technischen Fortschritts wiederholt hat. Die Dampfmaschine war eine große Erfindung. Sie hatte das Potential, Menschen von stumpfsinnigen Handgriffen zu entlasten, ihre Arbeit zudem produktiver zu machen und sie obendrein in großen Räumen zu umfassender Kooperation zu vereinen. Doch solange Arbeitsräume und Maschinen Kapitalisten gehören, die sich die Produkte gemeinschaftlicher industrieller Arbeit privat aneignen, großen Gewinn daraus ziehen, den Arbeitern Hungerlöhne zahlen und sie Handgriffe verrichten lassen, die kaum weniger stumpf-mechanisch sind als die Bewegung der Maschinen, an denen sie tätig sind, sperrt sich die Eigentumsordnung dagegen, daß die technische Erfindung humane Wirkung entfaltet. Das ist, in der Terminologie von Marx, das Mißverhältnis zwischen den «Produktivkräften», die durch technischen Erfindungsgeist entfesselt werden, und den «Produktionsverhältnissen»,[2] also der herrschenden Sozialordnung, die gewaltsam verhindert, daß die neuen technischen Errungenschaften allen gemeinschaftlich zugute kommen.

So stellt sich das für Brecht auch beim Rundfunk dar. Da ist ein technischer Geniestreich zu einer Zeit erfolgt, «wo die Gesellschaft noch nicht so weit war, ihn aufzunehmen» (128). Solange der Rundfunk alles, was in der Ortspresse steht und alles, was in Opernhäusern, Theatern, Konzert- und Vortragssälen ohnehin zu hören ist, nun auch noch durch seine Kanäle überträgt, hat er sich selbst noch gar nicht gefunden. Dabei könnte er ein wunderbares Rechenschaftsmedium sein, etwa den Regierungschef regelmäßig verpflichten, «die Nation von seiner Tätigkeit und der Berechtigung seiner Tätigkeit zu unterrichten». Der Rundfunk hätte «die Einforderung von Be-

2 Marx 1985 [1859], 8 f.

richten zu organisieren, d. h. die Berichte der Regierenden in Antworten auf Fragen der Regierten zu verwandeln». Er könnte «die großen Gespräche der Branchen und Konsumenten über die Normungen der Gebrauchsgegenstände veranstalten, die Debatten über Erhöhungen der Brotpreise, die Dispute der Kommunen» (130). Als allgemeines Aufklärungsmedium wäre er zudem bestens in der Lage, in eigens für ihn gemachten Hörstücken «belehrenden Unternehmungen einen interessanten Charakter zu geben, also die Interessen interessant zu machen. Einen Teil, besonders den für die Jugend bestimmten Teil, kann er sogar künstlerisch gestalten. Diesem Bestreben des Rundfunks, Belehrendes künstlerisch zu gestalten, kämen Bestrebungen der modernen Kunst entgegen, welche der Kunst einen belehrenden Charakter verleihen wollen.» (131) Würde man sich das neue Medium einfach nur entwickeln lassen, dann, so Brecht, ergäbe sich dies alles nahezu von selbst. Doch das gestatten die kapitalistischen Produktionsverhältnisse nicht. Vorschläge zur Entfesselung der Eigendynamik des Rundfunks sind daher zugleich Anstiftungen zur Umwälzung. «Undurchführbar in dieser Gesellschaftsordnung, durchführbar in einer anderen, dienen die Vorschläge, welche doch nur eine natürliche Konsequenz der technischen Entwicklung bilden, der Propagierung und Formung dieser *anderen* Ordnung.» (134)

Was würden heutige Programmdirektionen von Rundfunk und Fernsehen dazu sagen? Das meiste von Brechts Vorschlägen haben wir längst übererfüllt! Wer zählt die täglichen Interviews mit Politikern und Experten, die Features mit O-Tönen aus dem Volk, die Diskussionsrunden und Talkshows, die Hörspiele und Fernsehfilme zu aktuellen Themen, die Umfragen zu Empfängerwünschen, die Auswertungen von Zuschriften und Einschaltquoten? Dazu mußte sich die Gesellschaftsordnung keineswegs ändern. Es genügte Demokratie auf kapitalistischer Grundlage. Nur das Wort «Belehrung» möchten wir nicht hören. Es klingt nach Bevormundung, Indoktrination und Staatssozialismus. Demokratische Medien sollen zwar ein Maximum an Information und Unterhaltung bieten, aber den Nutzern überlassen, wie sie damit umgehen. Vielfalt ist angesagt.

So stehen denn jedem Nutzer rund um die Uhr einige hundert Rundfunk- und Fernsehsender zur Auswahl. Hilft diese Vielfalt aber dem Entscheidenden voran, nämlich den von Brecht so hoch veranschlagten «Bestrebungen des Rundfunks, öffentlichen Angelegenheiten auch wirklich den Charakter der Öffentlichkeit zu verleihen»? Keineswegs. Die öffentlichen Angelegenheiten drohen sich vielmehr in der Menge der Sender und Sendungen zu verlieren. Dabei ist diese Menge klein, gemessen an den zahllosen Optionen, die das Internet bietet. Das neue Medium hat die alten längst überflügelt. Sosehr sich Rundfunk und Fernsehen auch um Einbeziehung ihres Publikums bemühen – strukturell bleiben sie, wie auch die Presse, eben doch Distributionsmedien mit vergleichsweise beschränkten Reaktions- und Vernetzungsmöglichkeiten für die Empfänger. Warum, so fragte kürzlich eine Volksinitiative in der Schweiz, sollen wir noch Gebühren für einen öffentlichen Rundfunk bezahlen, den wir gar nicht mehr nutzen, weil wir das Internet bevorzugen?[3] Als Kommunikationsmedium ist

3 Die Initiative «No Billag» (Billag heißt die Behörde, die die Gebühren einzieht) wurde am 4.3.2018 mit großer Mehrheit abgewiesen. Der öffentliche Rundfunk hat noch einmal gesiegt – ähnlich wie der Europäische Gerichtshof, als er der Plattform Uber den Status eines Taxiunternehmens aufdrückte. Aber genauso wie die herkömmlichen Taxibetriebe diesen Sieg als Mahnung auffassen, die laufenden Kosten so weit zu senken, daß sie auch den nächsten Vorstoß von Uber oder einem ähnlichen Modell überstehen, arbeitet der Schweizer Rundfunk seit dem Tag der gewonnenen Volksabstimmung an seiner Verschlankung, um sich

es vorerst unschlagbar. Dafür gehen in seinem Dschungel die öffentlichen Angelegenheiten schlicht unter. Man mag sie zwar genauso mit einem Mausklick auffinden wie Informationen über Dosenöffner oder Körperlotion. Aber sie haben keinen höheren Rang mehr. Was immer ins Netz gerät, ist öffentlich – vielleicht im Ranking ganz unten, vielleicht irgendwo versteckt, wo man es kaum findet, vielleicht durch eine private oder staatliche Instanz gesperrt, vielleicht wieder gelöscht (was nicht garantiert, daß es ganz verschwunden ist). Aber sofern es da ist, ist es prinzipiell gleichermaßen öffentlich wie alles andere im Netz. Das Internet hat ein zuvor unvorstellbares Maß an Öffentlichkeit hergestellt und dabei den Begriff der öffentlichen Angelegenheiten bis zur Konturlosigkeit verschwimmen lassen.

Uröffentlichkeit und Agora

Ganz klar war dieser Begriff allerdings nie. Am ehesten läßt er sich noch für die primitiven Kollektive der menschlichen Frühzeit bestimmen. Die (Opfer-)Rituale, die einem ganzen Stamm das Wohlwollen der höheren Mächte sichern sollten; die Erzählungen (Mythen), die der Festigung dieser Rituale dienten; die Regeln der Verteilung von Lebensmitteln und Beute, der Bildung von Familien und Clans; die Entscheidungen über Krieg und Frieden, über Weiterziehen und Dableiben; das Gericht über die Abweichler, die diese Rituale und Regeln mißachteten: sie gehörten auf jeden Fall zum Grundbestand dessen, was alle betraf. Und was alle betraf, verlangte

durch eine Gebührensenkung das Wohlwollen seines Publikums zu erhalten. Siege dieser Art sind nicht Auftakte zur Expansion, sondern zum geordneten Rückzug.

die Versammlung aller. Sie war die Urform von Öffentlichkeit – allein zuständig für die Verhandlung öffentlicher Angelegenheiten.

In dem griechischen Wort *agorá* hat sich die Urgeschichte der Öffentlichkeit auf signifikante Weise abgelagert. Meistens wird es mit «Marktplatz» übersetzt. Ursprünglich stand es für die Versammlung des ganzen Gemeinwesens; davon abgeleitet dann auch für die Beratschlagung der Versammelten sowie für den Versammlungs*platz*, der zunächst mit dem Kultplatz oder Heiligtum identisch war. Dort zog es alle hin, wenn es um Wohl und Wehe des Gemeinwesens ging. Dort sollten sich die höheren Mächte zu erkennen geben. Und deren Wohlwollen, das die gemeinsamen Kulthandlungen herbeiflehten, sollte selbstverständlich auf alles übergehen, was gemeinsam beraten und beschlossen wurde. Schwerlich allerdings dürften Kollektiventscheidungen, die im Bann von ritueller Schlachtung, Eingeweideschau und Opferfeuer getroffen wurden, sonderlich frei, gleichberechtigt und umsichtig ausgefallen sein. Die Uröffentlichkeit war priestergeleitete, mythenunterlaufene Notzusammenkunft zur Bewältigung von wenig durchschauten Schrecknissen und Gefahren, nicht eine Instanz besonnener Abwägung. Keineswegs ist sie das verlorene politische Gute. Wohl aber etwas Unwiederbringliches.

Als *agorá* die Bedeutung von Marktplatz annahm, hatten sich die griechischen Gemeinwesen längst zu differenzierten Stadtstaaten entwickelt, allen voran Athen, das mit Recht als demokratisches Urmuster gilt. Von ihm aus erschließt sich das Phänomen demokratischer Öffentlichkeit immer noch am besten. Es waren selbstverständlich Tempel, um die herum sich das athenische Gemeinwesen gebildet hatte. Aber sie waren umlagert von Händlern und umgeben von semiprofanen Versammlungsstätten wie den Theatern, wo die alten sakralen Opferrituale in der verwandelten Gestalt von Tragödien und deren Abkömmlingen vergegenwärtigt wurden, sowie von profanen Stätten für die Zusammenkünfte der Ratsversammlung *(bouleutérion)* und des Gerichts *(heliaía)*. Diese Umgebung des Tempels, durchaus noch in seinem Kraftfeld, aber seinem Regime nicht mehr direkt unterworfen: das war nun der öffentliche Raum – ein Raum des Sehens und Gesehenwerdens, des Geschäfts, der Meinungsbildung, des Klatsches und Gerüchts ohne scharfe Grenzen und strikte Regeln, wo Kaufleute ihre Waren feilboten, Bedienstete ihre Besorgungen erledigten, Handwerker und Handlanger Aufträge entgegennahmen. Hier trat auch die Volksversammlung *(ekklesía)* zusammen.[4]

Sie umfaßte allerdings nicht das ganze Volk, sondern nur die Männer, die das Privileg hatten, Waffen zu tragen, und die Pflicht, das Gemeinwesen zu schützen. Das waren außer dem alteingesessenen Adel allein diejenigen, die den Aufstieg zu Gebietern über ein privates Anwesen, ein «Haus» *(oikos)*, geschafft hatten, das sie durch Gesinde und Sklaven bewirtschaften ließen. Hausherrenstatus, Waffenrecht und Bürgerrecht waren eins. Sklaven, kleine Siedler, Handlanger und die Frauen aller sozialen Stände waren davon ausgenommen. Nur Bürger waren «das Volk» *(demos)*, aus dessen Versammlung die Mitglieder der Ratsversammlung und des Gerichts gewählt wurden. Von Volksherrschaft (Demokratie) in modernem Sinne kann keine Rede sein; wohl aber von einer demokratischen Keimzelle. Die konnte sich allerdings nur in einem kleinen, übersichtlichen Stadtstaat bilden: der Polis. Deren Angelegenheiten hießen fortan *tà politiká:* «das Politische».

Im alten Rom, wo sich so verblüffend polis-ähnliche Strukturen entwickelten, als wäre es eine griechische Gründung,

4 Rostovtzeff o. J. a, 227 ff.

hieß «das Politische» *res publica* (öffentliche Sache), die Agora hieß Forum, das Volk *populus*, und es kristallisierte sich, als die Bevölkerung der Stadt mächtig anwuchs, nur *eine* nennenswerte Besonderheit heraus, die in Athen nicht schon vorgeformt war. Es fügte sich nämlich, daß die Menge *(plebs)* der Nichtbürger, die zwar zum Kriegsdienst herangezogen wurden, aber nicht mitstimmen durften, ein Mitspracherecht bekam. Die Führer ihrer militärischen Einheiten, die Tribunen, wurden zu ihren öffentlichen Anwälten. Über das Gemeinwesen mitbeschließen durften sie nicht, wohl aber konnten sie Beschlüsse der Ratsversammlung durch ihr Veto («ich verbiete») im Namen der Plebs vereiteln und ihr eine das ganze Gemeinwesen durchdringende, allerdings nur negative Stimme verleihen.[5] Das ist die Urfigur des (nicht notwendigerweise gewählten) Fürsprechers derer, die im Gemeinwesen kein Stimmrecht haben.

Die demokratischen Keimzellen in Athen und Rom waren Hochkulturprodukte. Als sie entstanden, waren Kultgemeinde und politisches Gemeinwesen längst nicht mehr eins, und das, was alle betraf, wurde längst nicht mehr von der Versammlung aller geregelt. Die gewöhnlichen Herrschaftsformen waren Tyrannis oder Oligarchie. Unter ihrem Druck regte sich der demokratische Grundimpuls, oder, in Brechtscher Terminologie, die Bestrebung, den «öffentlichen Angelegenheiten auch wirklich den Charakter der Öffentlichkeit zu verleihen». Ohne eine vage, unwillkürliche Erinnerung daran, daß es vor langer Zeit schon einmal so gewesen ist, hätte sich dieser Impuls kaum artikulieren können.[6] Wie aber sollte das gehen:

5 Rostovtzeff o. J. b, 36 ff.
6 Das literarische Musterbild unwillkürlicher Erinnerung *(mémoire involontaire)* findet sich in Marcel Prousts *Suche nach der verlorenen Zeit*. Dort öffnet der Geruch eines bestimmten Ge-

wieder unbeschränkt öffentlich zu verhandeln wie im primitiven Stammesverband, aber zu Konditionen differenzierter antiker Hochkultur? Die Hochkultur konnte und wollte nicht zum primitiven Stammesverband regredieren. Dieser wiederum ließ sich nicht auf Hochkulturniveau liften. Die demokratische Keimzelle war daher von vornherein ein Kompromiß. Sie reklamierte die Mitwirkung «aller», verstand darunter aber nur alle, die sie zur Mitwirkung als qualifiziert erachtete: in diesem Fall die waffentragenden Männer, die im Kriegsfall für den Schutz des Gemeinwesens zuständig waren. Die Begriffe *demos* und *populus* stehen für die Gesamtheit des Kollektivs, umfassen sie aber nicht.[7] Es sind Repräsentationsbegriffe. Sie erinnern an etwas (*repraesentare* heißt wörtlich «wieder gegenwärtig machen»), das sie jedoch nur vertreten. Sie haben den Charakter einer Deckerinnerung: suggerieren die Wiederherstellung von etwas Ursprünglichem, setzen aber etwas anderes an seine Stelle.

bäcks dem Ich-Erzähler unversehens die Schleusen seiner gesamten Kindheitserinnerung (Proust 1979, 63 ff.). Er weiß zwar, daß er es ist, der sich erinnert, daß in ihm die Vergegenwärtigung von Vergangenem stattfindet. Und trotzdem wird er von seinen Erinnerungen überwältigt. Sie stoßen ihm zu. Erinnerung ist zwar eine große Ich-Leistung, aber nicht vollständig steuerbar. Das gilt für individuelle wie kollektive Erinnerung gleichermaßen. Gemeinsam erlittene Entbehrungen können unwillkürlich gemeinsame Erinnerungen wecken, von deren Existenz niemand der Beteiligten zuvor gewußt hat.

7 Auch das althochdeutsche *folc* umfaßt nicht die gesamte Bevölkerung. Es heißt Haufe, Kriegsschar.

Genau das aber ist die Verfahrensweise des Mythos. Mythen (wörtlich: Erzählungen) sind aus Not entstanden: als die Rituale, die das archaische Gemeinwesen zusammenhielten, ausfransten oder sich auflösten, weil die furchtbaren Anlässe, zu deren Bewältigung sie sich einst gebildet hatten, im kollektiven Gedächtnis bis zum Verschwinden verblaßt waren. Die Mythen suchen das Schwindende wiederzubeleben und die kriselnden Rituale neu zu festigen. Sie komponieren aus den Erinnerungsspuren, die dem Ritualvollzug noch anhaften, nachträglich Ritualgründungsgeschichten. So erinnern sie an den Ursprung und decken ihn zugleich zu. Das tut auf seine Weise auch der Begriff «Volk». Als Protagonist von Staatsgründungsgeschichten ist er genuin mythisch.[8] Zudem ver-

---

8 Man kann die neuzeitlichen Naturrechtslehren allesamt als Volksgründungsgeschichten lesen. Der Staat hat darin die Rolle, eine amorphe Vielzahl von vereinzelten Individuen überhaupt erst zu einem konkreten Volk zusammenzufügen. Hier nur drei prominente Beispiele. Nach Thomas Hobbes waren die Menschen im Naturzustand frei und unabhängig voneinander, folgten allein ihrer egoistischen Triebnatur und verhielten sich daher, wann immer sie einander trafen, derart feindselig («Krieg aller gegen alle»), daß nur ein Vertrag, durch den sie alle persönliche Gewalt an eine gesetzgebende Macht, den Staat, abtraten, Sicherheit und Frieden zwischen ihnen stiften konnte (Hobbes 1984 [1651], 94 ff.). Auch nach John Locke waren die Menschen ursprünglich frei und unabhängig, aber ihr Naturzustand war kein triebhafter; er hatte ein von Gott gegebenes Maß. Jeder verfügte nur über «so viel, wie ihm das Naturgesetz zur Erhaltung seiner selbst und der übrigen Menschen verlieh», und erst die Mißachtung dieses Maßes brachte Zwist und Krieg in die Welt und erzeugte dringenden

sucht die Bestrebung, die öffentlichen Angelegenheiten «dem Volk» wiederzugeben und ihnen so «wirklich den Charakter der Öffentlichkeit» zu verleihen, etwas Unmögliches: die verlorene Uröffentlichkeit zu den Konditionen eines ausdifferenzierten Gemeinwesens wiederzubeleben. Das ist nicht minder

Bedarf für eine gesetzgebende Versammlung, die im Namen des ganzen Volkes zusammentritt, diejenigen Gesetze erläßt, die die maximale Rückannäherung der Menschheit an den verlorenen Naturzustand gewährleisten sollen, und jede Regierung nur so weit legitimiert, wie sie der Ausführung dieses Vorhabens dient (Locke 1974 [1690], 103 ff.). Jean-Jacques Rousseau verstärkt den Freiheitssound. «Der Mensch ist frei geboren, und überall liegt er in Ketten.» Die Gesellschaft, die die Menschen durch naturwidrige Bestrebungen und Vereinbarungen versklavt hat, ist daher zu dem Ort zu machen, wo sie durch eine naturgemäße Vereinbarung ihre Freiheit wiedergewinnen; wo «jeder, indem er sich mit allen vereinigt, nur sich selbst gehorcht und genauso frei bleibt wie zuvor», was nach Rousseau nur gelingt, wenn «jeder von uns seine Person und seine ganze Kraft unter die oberste Richtschnur des Gemeinwillens *(volonté générale)*» stellt (Rousseau 1977 [1762], 6; 17 f.). Dieser Gemeinwille ist eine wolkige höhere Instanz. Volk, Volksversammlung und gesetzgebende Versammlung verschwimmen darin ebenso wie Freiheit und Unterwerfung der Individuen. Was legitime Repräsentation des Volkes heißt und was vernünftiges Zusammenwirken von Legislative und Exekutive, wird hier ebensowenig geklärt wie bei Locke und Hobbes. – Wie in der Geschichte des Homo sapiens tatsächlich aus Horden Stämme und aus Stämmen staatsähnliche Gemeinwesen wurden, damit haben die Volksgründungsgeschichten wenig zu tun. An die Stelle der Realgeschichte tritt ein Mythos. Entweder: ‹Wie das Volk wurde, was es ist› oder ‹wie es werden soll, was ihm von Natur aus zusteht›. Allerdings geschieht die Mythenbildung mit Aufklärungsgestus. Die Natur soll den Leitfaden für ein human und vernünftig eingerichtetes Staatswesen abgeben und die christlichen Staatsbegründungen ablösen.

paradox als das Bestreben von Marx, den «naturwüchsigen» Kommunismus des primitiven Stammesverbands, der ohne jedes Privateigentum an Produktionsmitteln auskam, zu re-aktualisieren, aber auf dem Niveau der Schwerindustrie des 19. Jahrhunderts.[9] Die radikaldemokratische Bestrebung laboriert auf ähnliche Weise am Öffentlichkeitsparadox wie die kommunistische Bewegung am Eigentumsparadox. Beide sind nicht so fein säuberlich voneinander ablösbar, wie viele bekennende Demokraten, die das Undemokratische am Privateigentum von Produktionsmitteln nicht sehen wollen, es gern hätten. Nicht von ungefähr ist vom Scheitern des kommunistischen Projekts auch das demokratische in Mitleidenschaft gezogen worden. Seine gleichzeitige Vorwärts- und Rückwärtsgewandtheit tritt nun greller hervor denn je. Es zeigt sich ebenso als «Suche nach der verlorenen Zeit» (Proust) wie als «unendliche Aufgabe» (Kant). Schon im alten Athen wurde es in Angriff genommen, hat aber auch nach zweieinhalb Jahrtausenden noch zu keinen Endergebnissen geführt. «Leben wir jetzt in einem aufgeklärten Zeitalter?» fragte Kant und antwortete: «Nein, aber wohl in einem Zeitalter der Aufklärung.»[10] Entsprechend gilt heute: Wir leben nicht im Zeitalter der Demokratie, sondern günstigstenfalls in einem der Demokratisierung.[11]

Die Grundbausteine der Demokratie finden sich aber alle

9 Siehe oben, S. 8

10 Kant 1968 [1784], 59

11 Wenn in Hinblick auf die Tatsache, daß westliche Regierungen und Parlamente im Kraftfeld der globalen Finanzmärkte immer mehr Entscheidungsspielraum verlieren, von «Postdemokratie» gesprochen wird, so schwingt ein nostalgischer Ton mit, als ob es im Westen eine rundum intakte Demokratie gegeben hätte, ehe sich diese Märkte in den 1970er Jahren auftaten. Genau genommen ist Demokratie jedoch nie mehr als «Prädemokratie» gewe-

schon im antiken Athen und Rom. «Alle Gewalt geht vom Volke aus», sagt das deutsche Grundgesetz. Das war auch damals schon so; nur daß der Begriff des Volkes nach modernen Maßstäben, zu denen bestimmte unveräußerliche Menschenrechte gehören, viel zu eng gefaßt war. Klar ist heute, daß Personen jeden Geschlechts, die in einem Land dauerhaft wohnen, ab einem Mindestalter zu diesem «Volk» gezählt werden müssen; unklar hingegen nach wie vor, wann das Mindestalter erreicht ist, was «dauerhaft wohnen» heißt und ab wann letzteres auch auf Migranten, Flüchtlinge, Asylanten zutrifft. Daß das Volk die Ratsversammlung (Legislative) wählt und diese die Amtsträger (Exekutive) und Richter (Judikative): auch das gab es im Prinzip schon in Athen und Rom, nur daß die Eindämmung und Kontrolle der Exekutive durch die Legislative noch ganz unzureichend war und die Judikative lediglich als allgemeine Gerichtsbarkeit verstanden wurde, als Wachinstanz über Exekutive und Legislative aber noch gar nicht in Betracht kam. Allgemeines Wahlrecht und Gewaltenteilung sind erst in der Neuzeit detailliert ausgearbeitet worden und seither demokratischer Mindeststandard. Doch das rechte Maß demokratischer Kontrolle ist immer noch nicht eindeutig bestimmt. Wann ist es zu groß und macht die Regierung handlungsunfähig, wann zu gering, so daß sie selbstherrlich wird? Diese Frage flammt an jedem Konfliktfall neu auf. Die *essentials* der Demokratie sind bis heute nicht ausdefiniert. Andrerseits waren sie in den Keimzellen der Demokratie alle schon enthalten. Selbst Minderheitenschutz und Volksbegehren sind im Volkstribunat bereits angelegt, und der kometenhafte Aufstieg des Tribunen-Veto an allen Minderheiten vorbei in den Sicherheitsrat der Vereinten Nationen zeigt, wie quickleben-

sen – nirgends weiter gekommen als der kapitalistische Weltmarkt es zuließ.

dig diese alte römische Erfindung immer noch ist – und wie gut zu mißbrauchen.

Die Demokratie laboriert also nach wie vor an ihren Grundlagen (ähnlich wie die Philosophie an ihren Grundfragen) – und findet sich derzeit auf eine Probe sondergleichen gestellt: durchs Internet. Zwar haben schon Fotografie und Film, Rundfunk und Fernsehen die massenmediale Öffentlichkeit erheblich verändert. Dennoch sind auch sie geblieben, was bereits Bücher und Zeitungen waren: Distributionsmedien. Nur Telefonleitungen waren von vornherein auf Wechselseitigkeit angelegt, aber auf Privatgespräche, nicht auf öffentliche Sendung. Durchs Internet hingegen kann man ganz legal Texte, Bilder und Musik so hin- und herschicken wie Worte durchs Telefon und sie dabei zugleich auch noch so senden wie durch Rundfunk und Fernsehen. Sofern keine staatliche Zensur dazwischenfunkt, genügen wenige Anschläge und Klicks, und schon ist ein Datensatz «ins Netz gestellt» oder «gepostet». Der Schritt in die Öffentlichkeit ist getan, die technische Hemmschwelle dorthin derart gering, der Übergang derart soft, daß das Epochale daran kaum kenntlich wird: wie sich hier zu High-Tech-Konditionen tatsächlich eine zuvor für schier unmöglich gehaltene Rückannäherung an die Uröffentlichkeit vollzieht. Nicht, daß sich das ganze Kollektiv wieder feierlich an kultplatzähnlicher Stätte versammelt. Es ist vielmehr ganz profan in eine riesige, amorphe Masse von Individuen zerstreut, die alle auf ihren eigenen mikroelektronischen Apparat gerichtet sind. Doch der ist das Zaubergerät, das jedem einzelnen der Milliarden von Menschen ermöglicht, sich direkt öffentlich zu artikulieren – vorbei an allem, was im Verlauf von vielen Jahrtausenden die Uröffentlichkeit zu einer bloß repräsentativen eingeschränkt hat: zu Volksvertretungen, Ratsversammlungen, Parlamenten, Regierungen, Verlagen, Zeitungen, Rundfunk- und Fernsehstationen. Intelligent verknüpfte Algorithmen machen möglich, was in zweieinhalb Jahrtausenden Demokratieentwicklung kein politischer Kampf vermochte: die Herstellung einer ungefilterten Öffentlichkeit – ohne jede Repräsentanten und Vormünder, die darüber entscheiden, ob das, was öffentlich artikuliert wird, auch öffentlichkeitswürdig ist. Erst die ungefilterte, direkte Öffentlichkeit ermöglicht unverkürzte Demokratie, behaupteten die Internet-Pioniere. Dreißig Jahre später nimmt der gegenteilige Verdacht überhand: Wenn jeder sich jederzeit öffentlich artikulieren kann, löst sich die Öffentlichkeit auf. Sie ist nichts Eigenes, Besonderes, aus dem Alltag Herausgehobenes mehr, sondern bloß noch dessen konturlose Verlängerung überallhin.

Öffentlichkeit und Andacht

Gerade das aber verträgt die Öffentlichkeit nicht. Schon ihre Urform, die Versammlung des archaischen Kollektivs am Kultplatz, war eine Unterbrechung des Alltags, vollzog sich nach festen Mustern und war von Opferriten begleitet, denen man, so abstoßend man sie heute finden mag, schlecht absprechen kann, daß sie mit großer Feierlichkeit vollzogen wurden. Öffentlichkeit braucht ein Mindestmaß an Feierlichkeit, um sich als das paradoxe Schwebephänomen, das sie ist, überhaupt halten zu können: als die besondere Dimension, in der das schlechterdings Allgemeine zur Verhandlung steht, das Wohl und Wehe des Ganzen. Wann immer das ganze Kollektiv oder sein repräsentativer Teil, das «Volk», auf dem zentralen Platz zusammentrat, sei es, daß es von Herrschern zusammengerufen wurde, sei es, daß es sich zur Artikulation eigener Anliegen zusammenfand – stets hob sich die Versammlung aus dem bloß Alltäglichen hervor. Das gilt selbst noch für die massenmediale Öffentlichkeit, die seit dem Buchdruck die Agora-Öffentlichkeit überwölbt hat und Menschen anders versammelt als durch physisches Zusammenkommen. Ihr Zustandekommen ist keineswegs bar jeder Feierlichkeit. Der Buchdruck war, als er im 15. Jahrhundert entstand, nicht bloß eine neue Technik, sondern ein Medium, das der *reformatio* (= Wiederherstellung) des mit sich zerfallenen, durch weltliche Gelüste des Klerus, durch Papst- und Gegenpapsttum zutiefst kompromittierten Christentums dienen sollte. Johannes Gutenberg hat nicht, wie oft unterstellt wird, einfach bloß eine neue Drucktechnik erfunden und sie dann an der Bibel ausprobiert. Umgekehrt: Er probierte, bis er eine Technik fand, die der Bibel würdig war. Holzdrucke von Andachtsbildern mit einem Gebetstext darunter waren zu seiner Zeit längst bekannt. Aber sie genügten ihm nicht. Er ersetzte die Holzbuchstaben, obwohl sie sich relativ einfach schneiden ließen, durch metallene und entwickelte dazu ein extrem umständliches Verfahren, bei dem Schriftkunst und Stempelschneiden, Gießer- und Druckerhandwerk so zusammenwirkten, daß jedes Mal optimal proportionierte Buchstaben mit gleicher Qualität aufs Papier kamen – gestaltet nach einem Ideal, das sich bei Gutenbergs bewundertem Zeitgenossen Leon Battista Alberti so formuliert findet: «Schönheit (concinnitas) ist eine Harmonie aller Teile, in welchem Gegenstand sie auch erscheint, zusammengefügt mit solcher Proportion und Verbindung, dass nichts hinzugetan, weggenommen oder verändert werden könnte, ohne es zu verschlechtern.»[12]

Damit reagierte Gutenberg ähnlich auf die Krise des Christentums wie die avancierte Malerei seiner Zeit, die gerade die Zentralperspektive entwickelte und dabei der durch kirchliche Korruption verdunkelten christlichen Lehre unversehens neue Leuchtkraft verlieh. Wenn Christus und die Heiligen auf der Malfläche dreidimensional erschienen und ans

---

12 Gieseke 1991, 141 f. Zitat Alberti aus *De re edificatori.*, Buch IX, 5.

Auge des Betrachters mit einer Direktheit herantraten, als wären sie tatsächlich aus Fleisch und Blut: konnten sie dann sein Herz nicht erneut gewinnen? Ähnlich wollte Gutenberg, daß die Heilige Schrift so ans Auge des Betrachters heranrückt und ihn wieder so fesselt, wie ihr Inhalt es verdient. Er druckte die lateinische Bibel, die er 1455 herausbrachte, nicht in kirchlichem Auftrag, sondern auf eigene Faust: in der Überzeugung, daß der vollkommenen Botschaft eine möglichst vollkommene ästhetische Gestalt gebührt. Was er ausgeheckt hatte, war eine «Schönschreibmaschine». Sie diente, wie die zentralperspektivische Malerei, der Wiederherstellung der Andacht.

Wie sich aber die zentralperspektivische Darstellung von Heiligenfiguren, wenn sie einmal erfunden ist, auf alle profanen Naturdinge ausdehnen läßt, so kann man mit einer Drucktechnik, die der Bibel kongenial ist, selbstverständlich auch jeden andern Text drucken. Dennoch hatte sich in der Schönschreibmaschine die Absicht sedimentiert, Auge und Herz zur andächtigen Betrachtung und Lektüre der Heiligen Schrift zurückführen, in jeder gedruckten Kopie gleich schön, gleich nah zu Gottes Wort zu sein und die Leser zu einer spirituellen Gemeinschaft zu vereinen, auch wenn jeder zu seiner Zeit an seinem Ort den Text aufschlug. Die Druckmaschine war nun einmal als Repräsentant der Allgegenwart Gottes entstanden. Und wenn sie alles mögliche andere druckt? Dann mag sie den Leser auf unfromme Wege führen, aber sie hört nicht auf, eine Technologie der Allgegenwart zu sein. Ein Schriftstück zu drucken, egal, welchen Inhalts, heißt, es an dieser Allgegenwart teilhaben zu lassen – es in einen höheren Zustand zu versetzen. Diesem Zustand muß es angemessen sein: in wohlgewählten, verständigen, mit Bedacht aneinandergereihten Worten etwas ausdrücken, was sich vom unfrisierten alltäglichen Reden und Schreiben unterscheidet.

Wie ein Gläubiger, ehe er den sakralen Raum zur kultischen

Handlung betritt, seine Haltung verändert, sich läutert, gleichsam den Staub der Profanität abschüttelt, so tut es auf seine Weise auch, wer für den Druck schreibt. Er tritt in eine Sphäre ein, wo mehr innere Sammlung, ein höheres Maß an Stimmigkeit, Glaubwürdigkeit, Witz, Überzeugungskraft verlangt sind als im direkten privaten Gedankenaustausch. Oft läutert sich der Eintretende dafür nicht genug. Zahllose gedruckte Texte sind der höheren Sphäre nicht angemessen. Aber jeder von ihnen kommt erst einmal als ihr zugehörig daher. Er reklamiert einen Respektvorschuß. Womöglich einen viel zu großen, weil der bloße Druckvorgang einen miesen Inhalt ja keinen Deut besser macht. Aber um das herauszubekommen, braucht man ein Mindestmaß von – Andacht. Man muß sich in einen Text versenken, seinen Worten folgen, nicht nur, wenn man ihm glauben, sondern auch, wenn man ihn kritisch prüfen möchte. In Worten von Nicolas Malebranche: «Die Aufmerksamkeit des Geistes ist ein natürliches Gebet, durch das uns zuteil wird, daß die Vernunft uns aufklärt.»[13] Ein verblüffender Satz: Ohne natürliches Gebet keine Aufklärung! Dies «Gebet» wird hier übrigens nicht für eine Naturreligion vereinnahmt, der alle Menschen immer schon zugehören. «Natürlich» heißt hier lediglich so viel wie «nicht sakral». Natürliches Gebet – man darf auch sagen: natürliche Andacht – hat keinen bestimmten Glaubensinhalt mehr, ist eine Haltung, die sich ursprünglich zwar an vermeinten Erscheinungsformen des Heiligen gebildet, dann aber ebenso davon abgelöst hat wie die Technologie der Allgegenwart von der geglaubten Allgegenwart Gottes.

Diese Haltung ist, wenn auch nicht ausschließlich, so doch in vorzüglicher Weise mit Schrift verbunden. Sich lesend in einen Text zu versenken bürgt zwar nicht für Einsicht. Lese-

---

13 Malebranche 1995 [1707], 105

andacht kann ein Vehikel distanzloser Leichtgläubigkeit sein. Aber auch die aufmerksame Lektüre eines Textes, die seine Sätze mit Argwohn aufnimmt, ist nie ganz ohne Andacht. Respektvoll folgt sie seiner Schriftform. Nur deshalb kann sie seinen Inhalt gründlich prüfen und dazu beitragen, «daß die Vernunft uns aufklärt». Und ihr primäres Biotop war jener neue Leseraum, den der Buchdruck geöffnet hatte. Er war kein Kirchen-, kein Bibliotheks-, kein Schulraum, auch nicht der öffentliche Raum des Marktes, sondern ein besonderer Raum im Inneren von Privathäusern – überwiegend Bürgerhäusern. Vornehmlich für diesen Raum war Luthers Bibelübersetzung gedacht. Auch Laien sollten sie lesen und so durch tägliche geistige Eigenarbeit ihren Glauben gegen alle Anfechtungen stärken. Doch wer die Bibel lesen konnte, konnte auch alles mögliche andere lesen. Der Leseraum, den der Buchdruck Privatleuten jeder Herkunft eröffnete, enthielt ein nie mehr ganz zu reglementierendes Freiheitspotential. Hier konnte unbeaufsichtigt gelesen und über das Gelesene nachgedacht werden. Die vielen kleinen, übers ganze Land verteilten Stuben und Kontore, in denen sich still jeder für sich in Gedrucktes versenkte, das er zugleich mit vielen anderen gemein hatte, wurden noch im 16. Jahrhundert zu den Knotenpunkten eines neuen Öffentlichkeitsnetzes, das sowohl die alte Marktöffentlichkeit als auch die darüber gelagerte christliche mit der Technologie medialer Allgegenwart zu durchdringen begann.

Die «zum Publikum versammelten Privatleute»,[14] die dieses Netz knüpften, waren vornehmlich gebildete Bürger, aber auch Adlige – und allesamt Leser. Und das Publikum war nicht identisch mit der *res publica*. Es hatte keine amtlichen Befugnisse. Zu den von oben verordneten feierlichen Ver-

14 Habermas 1990 [1962], 86

sammlungen wie Gottesdienst oder Huldigung der Obrigkeit bildete es geradezu einen Kontrapunkt. Es trat nie als Gesamtheit in Erscheinung, kam immer nur partiell, informell und dezentral zusammen, außerhalb von Kirchen und Rathäusern, in Privathäusern, auf dem Marktplatz, an Straßenecken, später in Kaffeehäusern, Salons und Tischgesellschaften. Seine Gespräche kreisten zumeist um zuvor Gelesenes. Versenkung in Texte und ihre freimütige Diskussion in kleinen Zirkeln: dies Wechselspiel machte das Publikum zu einem schwer greifbaren Unruheherd der Freigeisterei innerhalb der kirchlichen Hierarchien und der zumeist absolutistisch verfaßten Gemeinwesen der Frühen Neuzeit. Publikum und Aufklärung: diese beiden Begriffe wuchsen im 18. Jahrhundert zusammen. Für den Druck schreiben hieß sich der Urteilskraft aller Lesenden exponieren und sich entsprechend zusammennehmen. Die Leser wiederum schärften ihre eigene Urteilskraft an dem Geschriebenen, prüften, wie weit es standhielt, tauschten sich informell darüber aus, und einige von ihnen nahmen wiederum in gedruckter Form dazu Stellung. Bei solcher Wechselseitigkeit sei es über kurz oder lang «beinahe unausbleiblich», daß «ein Publikum sich selbst aufkläre», «wenn man ihm nur Freiheit läßt», meinte Kant. Er hoffte, der Öffentlichkeitsdruck werde die Gedanken der Schreiber und die Urteilskraft der Leser so lange läutern, bis der «Geist der Freiheit» sich allgemein ausbreite – bis hinauf in die Regierungen.[15]

Wie optimistisch das heute anmutet! Wer würde der Öffentlichkeit noch die Fähigkeit zur Läuterung der Vernunft zutrauen? Zumal sie nie nur Läuterungsmedium war. Von Anfang an haben Obrigkeiten den Buchdruck für amtliche Verlautbarungen, Einschüchterung und Propaganda genutzt. Von

15 Kant 1968 [1784], 54; 60 f.

Anfang an ist der Buchdruck von Zensur begleitet gewesen. Und von Anfang an war er industrielles Geschäft. Er publizierte Bibeln und theologische Traktate vor allem, weil sie gut verkäuflich waren – und verbreitete aus dem gleichen Grund alsbald auch fliegende Blätter mit ungeprüften Nachrichten über Kaiser und Papst, Schlachten und Feldzüge, Verträge und Friedensschlüsse, Wolkenbrüche und Überschwemmungen, Blitzschläge und Erdbeben, Heuschreckenschwärme und Mäuseplagen, Blutregen und Wundersonnen, Zwitterformen und Mißgeburten, Mordtaten und Hinrichtungen.[16] Fliegende Zeitungen, die vor allem auf den großen Jahrmärkten prosperierten, wirkten als unkontrollierte Herde einer großen sozialen Gerüchteküche. Heute würde man sie Sensationspresse nennen. Und als zu Beginn des 17. Jahrhunderts einige Unternehmer das Wagnis eingingen, Wochenzeitungen zu gründen, statt bloß gelegentlich fliegende Zeitungen zu drucken, waren sie zwar auf die Professionalisierung des Nachrichtenwesens aus – mit der festen Absicht, ausschließlich solide Recherchiertes zu publizieren. Doch sie gerieten sogleich in den Sog einer folgenreichen Umkehrung. Zwar hatten seit Menschengedenken bewegende Ereignisse stets einen starken Drang zur Mitteilung ausgelöst. Doch immer nur, wenn sie geschehen waren. Erst dann konnte man zu ihrer Verbreitung ausschwärmen, sie weitererzählen, Boten schicken oder schließlich auch fliegende Blätter drucken. Nun aber gab es Wirtschaftsunternehmen mit Dauerdrang nach bewegenden Ereignissen. Und würde Woche für Woche genügend Bewegendes geschehen, um einer Zeitung ihre Leser zu erhalten? Der Zweifel daran hat schon die ersten Wochenzeitungen begleitet. So viele Nachrichten, wie sie bräuchten, um ihre Blätter zu füllen, kann es gar nicht geben. Sie kommen überhaupt nicht umhin, so der

16 Schottenloher 1985 [1922], 161

Verdacht, ständig etwas aufzubauschen und zu erfinden. Einen «wöchentlichen Schwindel, um Geld zu machen», nennt sie Ben Jonson in seiner Komödie *The Staple of News* von 1625.[17]

Der Vorwurf der Lügenpresse ist so alt wie regelmäßig erscheinende Zeitungen. Als pauschaler ist er ungerechtfertigt. Zeitungsnachrichten sind zwar nie pure, sondern immer schon gefilterte, akzentuierte, arrangierte Fakten, genauso wie menschliche Vorstellungen stets aus gefilterten, verdichteten und verschobenen Sinnesreizen bestehen. Aber das macht sie noch nicht zu Lügen. Dennoch kommen Zeitungsunternehmen nicht umhin, eine durchaus zwiespältige menschliche Eigenschaft zu institutionalisieren: Neugier. Permanent auf Neuigkeiten lauern, individuelle Neugier befriedigen und anfachen – und sich von ihr wiederum anfachen lassen: das gehört zu ihrem Job. Und dabei überblenden sie den uralten Nachrichtengrundsatz ‹Mitzuteilen, weil wichtig› durch seine Umkehrung: ‹Wichtig, weil mitgeteilt›.

Diese wechselseitige Überblendung ist konstitutiv für die massenmediale Öffentlichkeit. Der Sachverhalt der «öffentlichen Angelegenheiten» hat dadurch eine neue Unschärfe bekommen. Klare Kontur hatte er ja allenfalls in seiner primitiven Urzeit, wo er lediglich das umfaßte, was zur Versammlung aller führte: die Zelebrierung der konstitutiven Riten, die Bestrafung derer, die dagegen verstießen, und einige Elementarentscheidungen: etwa über Verweilen oder Weiterziehen, Sich-Aufteilen oder Zusammenbleiben, über Krieg oder Frieden. Mit der Ausdifferenzierung der Gemeinwesen verzweigten sich selbstverständlich auch die öffentlichen Angelegenheiten. Was immer Aufsehen erregte, die Neugier kitzelte, prickelndes Staunen hervorrief, für eine Gänsehaut des Gru-

17 Jonson 1966 [1631], 325

selns sorgte oder den wohligen Schauder der Teilnahme aus sicherer Distanz: das wurde öffentlichkeitstauglich. Das schönste Zeugnis dafür geben in den antiken Hochkulturen die Theater. Die dort veranstalteten Spiele – Tragödien und Komödien, Gladiatorenspiele und Wagenrennen – stellten dar, was das Kollektiv vital betraf; aber nicht direkt. Sie führten es in stilisierter, ritualisierter Form so auf, daß sie davon auch ablenkten. Ablenkung durch öffentliche Spiele war sowohl als Herrschafts- wie Überlebenstechnik unentbehrlich geworden. Sie gab dem sozialen Druck ein erleichterndes Ventil. Herrschende wie Beherrschte zeigten sich dafür ähnlich empfänglich. In allen antiken Hochkulturen waren öffentliche Angelegenheiten bereits doppelt codiert. Sie konnten das sein, was alle betraf und daher alle interessierte, aber auch das, was viele interessierte, weil es davon ablenkte, was alle betraf – und dadurch das Leben der Beherrschten erträglicher und Volksaufstände unwahrscheinlicher machte.

Unterbrechungslogik

Regelmäßig erscheinende Zeitungen haben das Wechselspiel von Fokussierung und Ablenkung nicht erfunden. Sie gaben ihm lediglich ein industrielles Fundament. Erst auf dessen Basis vollzog sich, was man den «Strukturwandel der Öffentlichkeit»[18] nennt. In seinem Verlauf hat sich die wechselseitige

18 So der Titel eines Standardwerks von Jürgen Habermas. Seine Grundthese: Jene bürgerliche Öffentlichkeit, die im Kraftfeld des Buchdrucks entstanden ist, hat im Laufe der Industrialisierung und der Verbreitung audiovisueller Medien immer mehr Kommerzialisierung erlitten und ihre aufklärerischen Grundzüge tendenziell eingebüßt (Habermas 1990 [1962]). Freilich hatte es Ha-

Überblendung von ‹Mitzuteilen, weil wichtig› und ‹Wichtig, weil mitgeteilt› noch einmal potenziert, vor allem seit Telefon und Fotografie, Rundfunk und Fernsehen zum Printmedium hinzugetreten sind. Als einst der Buchdruck unter den «zum Publikum versammelten Privatleuten» Unruheherde der Freigeisterei entstehen ließ, da tat er das gewissermaßen durch sein Gegenteil: durch unbeaufsichtigte, aufmerksame, andächtige Lektüre in dezentralen, ruhigen Leseräumen. Die neuen Medien stiften hingegen eine andere Art von Unruhe – eine technologische. Das Telefonklingeln platzt in das, was man gerade tut, jäh hinein und verlangt sofortige Kontaktaufnahme mit dem Anrufer. Der Film reiht Einzelfotos schneller aneinander, als daß man jedes noch für sich wahrnehmen könnte. Man ist, wie Walter Benjamin früh bemerkt hat, genötigt, ihrer Abfolge zu folgen: «dem Wechsel der Schauplätze und Einstellungen», «welche stoßweise auf den Betrachter eindringen» und bewirken, daß «der Assoziationsablauf dessen, der diese Bilder betrachtet, sofort durch ihre Veränderung unterbrochen» wird.[19] Der Hauptunterbrecher ist das Bildschnittverfahren, das Bildsequenzen aus ganz verschiedenen Kameraeinstellungen und Kontexten aneinanderzuheften vermag. An jeder einzelnen Schnittstelle wechselt ruckartig die Szene. Der Ruck wirkt stimulierend auf den Betrachter und verbindet zugleich verschiedene Perspektiven und Schauplätze zu Collagen, die so sinnlich und zudringlich daherkommen, als seien sie die Realität selbst.

Im Kraftfeld der audiovisuellen Medien, die das 20. Jahr-

bermas noch mit Phänomenen zu tun, die sich allesamt brav im Rahmen repräsentativer Öffentlichkeit bewegten. Deren Auflösung durchs Internet ist ein weit radikalerer Strukturwandel als der von ihm beschriebene.

19 Benjamin 1974 [1936], 502

hundert hervorgebracht hat, erscheint kaum etwas deplazier-
ter als Malebranches Begriff des natürlichen Gebets. Zu Gebet
oder Andacht gehört ein Mindestmaß an Versenkung in einen
Sachverhalt. Zur audiovisueller Medialität hingegen gehört
die permanente ruckartige Unterbrechung. Telefonklingeln
und Bildschnitt sind ihre Wahrzeichen. Sie sind tief in den
Alltag eingedrungen, geben tatsächlich den Takt des sozialen
Lebens an und haben die Wahrnehmung regelrecht formatiert.
Zwar hat ihre Schockwirkung nachgelassen, seit Bildschir-
me zur alltäglichen Kulisse wurden. Aber der «Wechsel der
Schauplätze und Einstellungen», «welche stoßweise auf den
Betrachter eindringen», hört damit ja nicht auf. Er ist allge-
genwärtig geworden. Nach wie vor wirkt jeder Bildschnitt als
optischer Ruck, der ein «Achtung», «Aufgemerkt», «Hierhergesehen» auf den Betrachter ausstrahlt, ihm eine neue kleine
Aufmerksamkeitsinjektion verabreicht, einen winzigen Adre-
nalinstoß – und seine Aufmerksamkeit gerade dadurch zer-
mürbt, daß er sie ständig erregt. Der Bildschock übt physio-
logische Macht aus; der Anziehungskraft seines abrupten
Lichtwechsels kann sich das menschliche Auge nur schwer
entziehen. Er übt ästhetische Faszination aus; ständig verspricht er neue, noch ungesehene Bilder. Sein «Hierhergesehen» preist die nächste Szene an wie ein Marktschreier seine
Ware. Und seit der Bildschirm ebenso dem Computer wie
dem Fernseher angehört, nicht mehr nur die Freizeit füllt,
sondern das gesamte Arbeitsleben durchdringt, fallen auch
Bildschock und Arbeitsauftrag ineinander. Die Daten, die ich
mir ruckartig aufrufe, rufen mich ebenso ruckartig auf, sie zu
bearbeiten – oder mit Kündigung zu rechnen.

In der filmischen Technologie der Allgegenwart ist der Bildschock der Brennpunkt. Er lenkt die menschliche Aufmerksamkeit nicht nur permanent ab; er stumpft sie auch ab – durch
Dauerüberreizung. Die Gestalter von Fernsehprogrammen
setzen längst nicht mehr darauf, daß ein durchschnittlicher

Zuschauer längere Sendungen von Anfang bis Ende verfolgt. Sie kalkulieren von vornherein ein, daß er beim geringsten Spannungsabfall auf andere Sender umschaltet, und sind froh, wenn sie ihn wenigstens an die Highlights ihres Programms, die sie durch spektakuläre Vorschau ankündigen, temporär binden können. Auch jedes Printprodukt, das noch beachtet sein will, muß sich ähnlich ruckartig wie ein Filmbild ans Auge herandrängen. Selbst die seriösesten Tageszeitungen haben ihr Erscheinungsbild dem von Illustrierten angenähert. Es wird textärmer und bildreicher, und die Buchgestaltung zieht nach. Auch Akademikeraugen werden der Führung durch ein geschicktes, mit Grafiken und Bildchen garniertes Layout immer bedürftiger. Zu den stillen Voraussetzungen des gesamten Printdesigns gehört, daß kaum mehr jemand die Konzentration und Ausdauer hat, um einen Text von der ersten bis zur letzten Seite Zeile für Zeile zu studieren. Und nun veraltet auch noch das Bedrucken von Papier. Die Vorkämpfer der Digitalisierung machen das Lesen am Bildschirm schmackhaft. Man lädt sein ganzes Lesepensum auf ein Tablet und kann sich die Texte, die man gerade braucht, aufrufen, ohne noch Bücher oder Akten mitschleppen zu müssen.

So wird das gesamte Printmedium und Leseverhalten ständig filmischer, technologischer und dabei in bestimmter Hinsicht – primitiver. Als der Homo sapiens sich in wuchernden Urwäldern, Savannen oder Steppen zurechtfinden und gegen Erdbeben, wilde Tiere, giftige Pflanzen, Hitze, Kälte, Unwetter etc. behaupten mußte, hatte er allen Anlaß, auf jede kleine seismographische Erschütterung, jedes plötzliche Geräusch, jede Licht-, Temperatur- und Geruchsveränderung genauestens zu achten. Achtung, aufgemerkt, hierhergesehen: das war gewissermaßen die Überlebensdevise. Jeder neue Reiz konnte eine Lebensgefahr signalisieren, die Aufmerksamkeit voll in Beschlag nehmen – und schon wenig später einem anderen Gefahrensignal weichen. In dschungelartiger Umgebung war die Aufmerksamkeit ständig hin und her geworfen. Sie dauerhaft auf etwas zu heften: das ist erst ganz allmählich gelernt worden, bedarf stets eines Minimums an Sicherheitsgefühl, ohne das es unmöglich ist, bei einer Sache oder Betätigung zu verweilen, und hat erst im Neolithikum, der Epoche der Seßhaftwerdung, als menschliche Kollektive konstant an einem Ort zu verharren begannen und dort dauerhafte Behausungen und entsprechende Gebrauchsgegenstände herstellen mußten, den entscheidenden Schub bekommen. Das Trommelfeuer von Sensationen hingegen, das die audiovisuelle Maschinerie mit ihren unablässigen Rucks rund um die Uhr ausstrahlt, ist eine High-Tech-Rückannäherung an Dschungelverhältnisse[20] und ein Angriff auf den Grad von Seßhaftigkeit, den in der nachnomadischen Epoche auch das menschliche Sensorium nach und nach erreicht hat.[21]

20 *Im Dickicht der Städte* heißt ein frühes Theaterstück von Brecht. Ein genialer Titel. Er zeigt an, daß in den Metropolen des 20. Jahrhunderts auf industrielle Weise eben jenes Naturdickicht wiederkehrt, gegen das sich die jungsteinzeitliche Menschheit durch die Anlage von Siedlungsplätzen und Städten einst zu schützen begonnen hatte. Und das Dickicht des urbanen Raums, das die alten Marktplätze längst bis zur Unkenntlichkeit überwuchert hat, ist seinerseits durch die audiovisuelle Maschinerie in ein globales mediales Dickicht transponiert worden.

21 Das ist nicht einfach ein Lob der Seßhaftigkeit. Die Menschheit hat sie teuer bezahlt: sich von wenigen Getreidesorten und Tierspezies abhängig gemacht, von begrenzten Acker- und Weideflächen samt deren ständiger Bearbeitung, von der Unterteilung in Herrschende und Arbeitende, von Mißernten und Tierseuchen, von Kriegen um Grund und Boden (Harari 2011, 87 ff.). Andrerseits ist erst mit der Seßhaftwerdung jene physisch-psychischmentale Beharrlichkeit in Fleisch und Blut übergegangen, ohne die Säen und Pflügen, Wasserleitung, Städtebau, Staatenbildung ebenso unmöglich gewesen wären wie die Fähigkeit, sich in

Nun hatte die Seßhaftigkeit zwar fünfzehn bis zwanzig Jahrtausende Zeit, sich im psychosomatischen Haushalt des Homo sapiens abzulagern. Sie sitzt darin zu tief, als daß sie sich in wenigen Jahren wieder verflüchtigen könnte. Andrerseits hat der Homo sapiens allenfalls das letzte Zehntel seiner bisherigen Lebenszeit seßhaft zugebracht. Die Ablagerungen dieser Zeit gehören zur Spätschicht seines psychosomatischen Gesamthaushalts und sitzen weit lockerer darin als früher Erworbenes. Wenn Menschen aufgrund von Hirndefekten allmählich ihre Sprache verlieren, so bauen sie sie gewöhnlich so ab, wie sie sie aufgebaut hatten, nur in umgekehrter Reihenfolge. Das zuletzt Erworbene sitzt am wenigsten fest; es verflüchtigt sich zuerst. Nicht anders ist es mit der mühsam erarbeiteten Fähigkeit, die Aufmerksamkeit dauerhaft auf Sachverhalte und Personen zu richten und diese dadurch emotional zu besetzen. Sie ist gattungs- wie individualgeschichtlich spät gelernt worden und daher ungleich leichter wieder verlierbar als die schweifenden, für jede Ablenkung empfänglichen Verhaltensweisen der individuellen Kindheit und der nomadischen Frühzeit.

Aufmerksamkeitsdefizit

Ohne Einbeziehung dieser Langzeitperspektive ist die Wirkmacht der audiovisuellen Medien schwerlich zu verstehen. Telefon, Rundfunk und Film gibt es kaum mehr als ein Jahr-

Sachverhalte zu versenken: differenzierte Sprachen zu entwikkeln, abstrakte Begriffe zu bilden, schreiben zu lernen. Noch die schärfste Kritik an der Seßhaftwerdung zehrt von deren Beharrlichkeitsstandards. Für Urwald- und Nomadenromantik besteht kein vernünftiger Anlaß.

hundert. In dieser vergleichsweise kurzen Zeit haben sich die menschlichen Aufmerksamkeits- und Wahrnehmungsprozesse weltweit erheblich gelockert. Zunehmend machen sich Synergieeffekte bemerkbar. Seit einigen Jahren geben Studierende bei der routinemäßigen anonymen Bewertung der von ihnen besuchten Lehrveranstaltungen an, daß Unterrichtseinheiten von neunzig Minuten unzumutbar lang seien.[22] Sie verlangen den Einschub von ein bis zwei Pausen, um dem Lernstoff konzentriert folgen zu können. Ihre Unfähigkeit dazu nehmen sie nicht als *ihr* Aufmerksamkeitsdefizit wahr, sondern als didaktisches Defizit der Dozenten – als *deren* Unfähigkeit, sich auf die Lernvoraussetzungen der Kursteilnehmer einzustellen. Und schon sind Mediendidaktiker zur Stelle und ziehen daraus ein weiteres Argument für Lehrveranstaltungen über YouTube. Wer akademische Lehre daheim oder sonstwo am Bildschirm verfolgt, kann selbst nach Wunsch die Pausen einlegen, die er braucht, und spart sich zudem die Anfahrt zum vollen Hörsaal. Ist das nicht viel lerneffizienter und zeitökonomischer?

Ähnlich effizient und ökonomisch erscheint es, Texte auf Tablets zu laden, statt überallhin Bücher und Skripte mitzuführen. Ein internationales Forschernetzwerk namens *E-Reads* untersucht die neuen Lesemedien und -praktiken mit großem Sympathievorschuß und kommt dennoch zu einigen bemerkenswerten Eingeständnissen: Etwa daß «das tiefere Nachdenken» «mit einem gedruckten Buch aus Papier einfach besser geht als mit einem Bildschirm», unter anderem, weil «wir da auch unsere Spiele drauf haben, da sind unsere sozialen Medien, da ist das Internet. Also die Ablenkungsgefahr ist sehr viel größer.» Ferner führt der Umstand, «dass wir mit unseren Fingern und mit unseren Händen» beteiligt sind, «wenn

22 Türcke 2012, 30

wir ein Buch lesen», auch zu einer größeren mentalen Beteiligung. Auch «das Gewicht eines Buchs und seine Beschaffenheit haben etwas mit unserer Leseerfahrung zu tun». So funktioniert das Erinnerungsvermögen besser, wenn es sich an das Nacheinander physischer Buchseiten heften kann. «Beispielsweise hat man wirklich herausgefunden, dass es einem Leser leichter fällt, die Chronologie der Ereignisse, die in einem Buch stattfinden, präzise zu benennen, wenn er das Buch als Papier gelesen hat.»[23]

Doch dafür ist selbst in einem akademischen Studienalltag kaum mehr Bedarf. «Eine von der British Library in Auftrag gegebene Studie (2008) hat herausgefunden, dass Studierende der angesehensten britischen Universitäten durchschnittlich maximal vier Minuten für die Konsultation eines E-Books und durchschnittlich maximal acht Minuten für die Konsultation eines E-Journals verwenden, ohne je wieder zu den Texten zurückzukehren. Das Suchverhalten ist strikt horizontal organisiert, es wird nicht durch zwischengeschaltete Lektüre vertieft. Navigation und Suchbewegung nehmen mehr Zeit in Anspruch als das Studium des Gefundenen. Die Leseaktivität selbst gleicht eher einer *skimming activity*, die an der Textoberfläche rasch Sichtbares *abschöpft*, denn einer gründlichen Auseinandersetzung mit Gehalt, Struktur und Kontext wissenschaftlicher Mitteilungen.»[24] Selbst wenn andere Studien zu Zahlen kommen sollten, nach denen die Probanden doppelt so lange beim einzelnen E-Book und E-Journal verweilen und gelegentlich auch vertiefte Lektüre zwischenschalten – am Ergebnis änderte das wenig. Die akademische Ausbildung ist systematisch auf ein kollektives Aufmerksamkeitsdefizitverhalten hin angelegt. Der Computer ist vorab das einzige

23 Weel 2017
24 Bohn 2010, 373

Medium, das zur wissenschaftlichen Recherche noch in Betracht kommt, und zugleich das kongeniale Lesegerät. Suchverhalten und Leseverhalten verschmelzen zu der gleichen *skimming activity*, die Buchstabenfolgen, Grafiken und Bilder nur noch auf nutzbare Informationen hin überfliegt. Dem Lese-*skimming* wiederum gleicht sich das Schreiben an. Es mehren sich die wissenschaftlichen Texte, die in Gedanken- und Sprachniveau von vornherein auf bloßes Überflogen-werden angelegt und ihrerseits nach Überfliegen anderer Literatur entstanden sind. Zur Professionalisierung des *skimming* (wie schöpfe ich maximal effizient Informationen ab) sind Tablet und Computer die idealen Lese- und Schreibgeräte. Sie helfen, selbst die Art von Literatur zu produzieren, die man am besten am Bildschirm liest, und fördern ganz nebenbei «die sogenannte populäre Bestsellerliteratur, die es gar nicht darauf anlegt, dass der Leser groß darüber nachdenkt. Er soll einfach in dieser Geschichte aufgehen und soll sie atemlos durchblättern, aber nicht innehalten, während man bei gehobener Literatur schon auch mal innehält, nachdenkt, in sich geht, reflektiert. Und das scheint wirklich mit einem gedruckten Buch sehr viel besser zu gehen, als wenn man digital liest.»[25] Doch wer hat dafür noch Zeit?

So ist um das Netzwerk *E-Reads* herum eine Leseforschung entstanden, die hübsch neutral, unparteiisch, ideologiefrei Vor- und Nachteile des Screen- und Buchlesens gegeneinander abwägt und akribisch alle Faktoren einbezieht, die mitwirken könnten, wenn bei der Lektüre am Bildschirm weniger haften bleibt als beim Bücherlesen. Wer will denn im Einzelfall beweisen, daß das am Bildschirm liegt und nicht an der Früherziehung im Elternhaus, am Migrationshintergrund, an Lehrern, die keinen angstfreien Zugang zum PC eröffneten

25 Weel 2017

oder am Rivalitätsstreß in der Peer Group?[26] «Wir müssen als Forscher erst einmal die kleinen Fragen stellen, um zu den großen Fragen zu gelangen.»[27] Doch je mehr Details untersucht werden (Geschlechtszugehörigkeit, Altersgruppe, Einkommensverhältnisse; Lesen beim Chatten, von Schulaufgaben, von wissenschaftlichen Texten, unter Zeitdruck etc.), desto ferner rücken die Grundsatzfragen. Um so homogener ist der behavioristische Forschungsansatz. Was zählt, ist die meßbare Wirkung von Einzelfaktoren auf Leseverhalten. Eine Dauerumgebung wie etwa der kapitalistische Markt im Zeitalter des Smartphones, die weit mehr ist als bloß ein Faktor, nämlich eine umfassende Verhaltensgrundlage, ist zu groß, um in einer Versuchsanordnung gemessen zu werden. Sie gehört zu den «großen Fragen», zu denen man nie kommt, solange sich die neutralisierende Forschung fortsetzt, für die verschiedene Arten des Lesens wie verschiedene Programme sind, die alle gleichberechtigt rangieren. Zum Chatten stellt man sich auf Chat-Modus ein, zum Recherchieren auf Google, zum wissenschaftlichen Lesen auf den E-Book-Modus; und diejenigen, die Zeit dafür haben, dürfen sich gern über dicke Bücher zum Tiefenlesen inklusive Innehalten und Reflektieren beugen.

26 Als sich in den 1980er Jahren die Zahl der Krebserkrankungen in der Umgebung von Atomkraftwerken signifikant erhöhten und Erkrankte die Kraftwerksbetreiber verklagten, spielten deren Anwälte genau diese Karte der wissenschaftlichen Seriosität aus: Wie wollen Sie denn nachweisen, daß das Kraftwerk die Ursache Ihrer Erkrankung ist und nicht eine Erbanlage, Ihre Ernährung oder Ihr Beziehungsstreß? Es gab kein «evidenzbasiertes Verfahren» für diesen Nachweis.

27 Weel 2017

Die Neutralisierung und Inflationierung des Lesebegriffs ist untrennbar mit dem Siegeszug der audiovisuellen Medien verbunden. Während die Leseforschung an der Kategorisierung vieler verschiedener gleichberechtigter Leseweisen arbeitet, sind die Kunst- und Kulturwissenschaften dazu übergegangen, nicht nur Texte, sondern auch Bilder zu «lesen». Sie nennen das *iconic turn* und reklamieren dafür eine eigene bildspezifische Grammatik.[28] Eine solche ist allerdings immer nur in Anlehnung an verbalsprachliche Grammatiken formulierbar und kommt über eine Handvoll von Analogien und Metaphern kaum hinaus. So mag zwar der Eindruck entstehen, Bilder ließen sich mit ähnlicher linguistischer Präzision wie Texte behandeln, was der wissenschaftlichen Reputation der Kunst- und Kulturwissenschaften sicherlich gut tut. Faktisch geschieht eher das Gegenteil: Texte werden wie Bilder behandelt. Gegen die Überfülle technischer Bilder, die durch Fotografie und Film aufs Auge einstürmen, ist anders als durch *skimming*, das schnelle Darübergleiten und Abschöpfen von Hervorstechendem, kaum aufzukommen, und daß diese Wahrnehmungsweise vom Film aufs Printmedium übergeht, ist im Bann der audiovisuellen Allgegenwartstechnologie kaum zu vermeiden. Das *skimming* ist faktisch eine Renomadisierung des Blicks. Er beginnt wieder umherzuschweifen wie vor der Seßhaftigkeit, fokussiert kurz, was ihm wichtig erscheint, und schweift weiter.[29]

28 Mitchell 1990, 55
29 Natürlich sind sehende Augen immer in Bewegung. Auch wenn sie etwas fokussieren, sind sie nicht völlig starr. Der Blick oszilliert um den fokussierten Gegenstand. Das aber ist etwas qualitativ

Nicht von ungefähr gehört zum *iconic turn* auch die Wiederkehr von Bildzeichen im digital produzierten Text. Am Anfang stand das Emoticon, das aus Doppelpunkt, Bindestrich und geschlossener Klammer besteht und seitwärts betrachtet ein lächelndes Gesicht zeigt. Ähnlich ließ sich mit Interpunktionszeichen auch ein weinendes, ärgerliches und augenzwinkerndes Gesicht simulieren. Inzwischen gibt es Hunderte sogenannter Emojis (*e* heißt auf japanisch «Bild» und *moji* «Buchstabe»), für die man auf eine eigene Tastatur umschalten muß. Neben eine ganze Palette von Emoticons (Gesichtszeichen und Handgesten) sind Herzen, Pfeile, Tierkreiszeichen, Zeichen für Musikinstrumente, Sportgeräte, Lebens- und Verkehrsmittel getreten und erfreuen sich in persönlichen Mitteilungen via E-Mail und soziale Medien wachsender Beliebtheit. Die Forscher, die den Einsatz dieser Zeichen akribisch untersuchen, ihre «Kommentarfunktion» zu identifizieren wissen oder die «persönliche Note», die sie einer Mitteilung verleihen sollen,[30] fragen sich gewöhnlich allerdings nicht, warum die alten orientalischen Hochkulturen eigentlich nicht bei der genialen sumerischen Erfindung der Bildzeichen geblieben sind. Warum der Fortgang zur Silben- und Buchstabenschrift? Offenbar weil die Bildzeichen mit dem wachsenden schriftlichen Ausdrucksbedarf nicht lange Schritt hielten. Vertraute sinnlich faßbare und lebenswichtige Dinge der alltäglichen Umgebung wie Berg, Fluß, Haus, Topf, Speer, Schwert, Mann, Frau, Rind, Schaf, Gerste etc. vermochten sie zwar bequem darzustellen, zur Not auch einfache Tätigkeiten wie Essen, Trinken oder Gehen. Aber

anderes, als wenn er umherschweift. Und das Menschenspezifische an der Aufmerksamkeit ist eben die Fähigkeit zur Dauerfokussierung.
30 Dürscheid/Frick 2016, 105

wie sollte man für Befehlen, Gehorchen, Abliefern, Verhandeln, Vereinbaren unmißverständliche Bildzeichen finden, nicht zu reden von so abstrakten Tätigkeiten wie Vorstellen und Denken oder Gemütszustände wie Freude, Trauer, Mitleid?

So weit sind die Sumerer gar nicht gekommen. Sie behalfen sich, um die Zahl ihrer Bildzeichen überschaubar zu halten, mit gewissen kleinen ordnenden Hilfszeichen, sogenannten Determinativen, die so etwas wie Kategorien für Bildzeichen darstellen sollten (etwa für Waffen, Götter und Orte).[31] Aber das Verhältnis von Zeichen und Hilfszeichen war unausgegoren, erzeugte zusätzliche Mißverständlichkeiten, so daß der Weg zu einem System von Zeichen, das die Laute der gesprochenen Sprache nachbildet, statt direkt auf die Dinge, Tätigkeiten und Zustände zu deuten, auf die sich das Gesprochene bezieht, sich als ein großartiger Ausweg erwies. In Lautschrift ließ sich alles Gesprochene auf verblüffend einfache Weise festhalten. Manche ihrer Buchstaben erinnern zwar noch an Bildzeichen, aus denen sie hervorgewachsen sind,[32] aber ihr Lautwert hat sich von ihrem Bildgehalt abgelöst. Ein voll entwickeltes Alphabet braucht keine Bildzeichen mehr.[33]

Das war eine enorme Vereinfachung. Um so erstaunlicher,

31 Haarmann, [2]1991, 156
32 Die ersten drei Buchstaben des hebräischen Alphabets (A, B, G) heißen Aleph (= Rind), Beth (= Haus), Gimel (= Kamel) und sind immer noch als sehr verflüchtigte Bildzeichen für Rind, Haus und Kamel lesbar.
33 Daß weite Teile Ostasiens (China, Japan, Korea) den Weg zur Lautschrift nicht gegangen sind, haben sie teuer bezahlt durch die Notwendigkeit, Tausende von Bildzeichen für Dinge, Tätigkeiten, Zustände anzulegen. Das Erlernen dieser Schriften ist ungleich anspruchsvoller als die Einübung in den Umgang mit 26 alphabetischen Zeichen.

daß die Wiederkehr von Bildzeichen in digital geschriebenen Texten ebenfalls im Namen der Vereinfachung geschieht, zumal ihr Ausgangspunkt etwas hoch Komplexes ist: Gefühlszustände. Für so etwas hatten die Sumerer noch gar keine Zeichen, und die ostasiatischen Bildschriften mußten erst welche dafür entwickeln: durch Zusammensetzung von einfacheren Zeichen.[34] Nun ist zwar das erste Emoticon, das aus Doppelpunkt, Bindestrich und Klammer zusammengesetzte Smiley, durchaus ein Geistesblitz, ein echter Witz im Sinne Freuds, für den Witze sich dadurch auszeichnen, daß es ihnen gelingt, Umständliches überraschend und pointiert abzukürzen, die Zusammengehörigkeit von Unschicklichem schlagartig zu erhellen, Tabus im Nu zu unterlaufen und dabei einer lustvollen Direktabfuhr von Erregung zu dienen, die sich die üblichen, schicklichen, mühseligeren Wege und Umwege der Erledigung erspart.[35] Ein wohlgesetztes Smiley kann tatsächlich eine ganze Satzfolge überflüssig machen und bei Schreiber wie Empfänger entsprechende Lachlust hervorrufen. Doch Witze, die jeder jedem erzählt, hören bald auf, witzig zu sein, und wenn an die Stelle von ein paar gut dosierten, durch Interpunktion selbstgemachten Bildzeichen eine ganze Batterie von vorgestanzten Emoticons für jede Gefühlslage tritt, die per Knopfdruck ständig abrufbar sind, dann weicht das «Spielerische», das die Bildzeichenforscher der neuen Praktik so gern attestieren, einer mechanischen Anwendung, deren «Spaß» vornehmlich darin besteht, sich mehr und mehr die Versprachlichung von Gefühlen zu ersparen. Solche Ersparnis mag von Regressionslust begleitet sein; witzig ist sie nicht.

---

34 «Zuneigung» zum Beispiel wird im Chinesischen bis heute durch eine Zusammensetzung von «Frau» und «Kind» ausgedrückt (cf. Haarmann, ²1991, 174).

35 Freud 1970 [1905], 43 ff., 112

«Die Affektschablonen, mit denen Gewohnheitsnutzer der sozialen Netzwerke so geschickt wie schamlos umgehen, sind konstitutiv taktlos: Wo eine konventionelle Sprachgeste gefordert wäre, erscheinen sie plump und roh (wie die weinenden Gesichter unter geposteten Nachrufen); wo der subjektive Ausdruck verlangt wäre, wirken sie routiniert und kalt (wie die Herzchen unter Texten, die jemandem besonders gut gefallen).»[36]

Ein entscheidender Gradmesser für die Vertrautheit mit der eigenen Muttersprache ist die Fähigkeit, für Eindrücke, Erlebnisse und Empfindungen angemessene Worte zu finden. Der routinemäßige Einsatz von Emoticons meidet diese Wortfindung – um Zeit zu sparen und «aus Spaß», wie ständig beteuert wird –, und ersetzt die Versprachlichung von Emotionen durch Schablonen aus dem Arsenal eben jener primitiven Ausdrucksmittel, deren Ungenügen einst zur Entwicklung des Alphabets geführt hat. Schon in dieser Regression wird die Sprache sichtlich roher. Sprachverrohung beginnt nicht erst beim Umherschicken von Haßmails. Freilich geschieht die Regression zu High-Tech-Konditionen. Die Emojis sind längst elegant designt und springen auf Tastendruck bereitwillig in jede lästige Wortfindungslücke ein. Sie werden im persönlichen Schriftverkehr ähnlich zum Blickfang wie in wissenschaftlichen Texten die Schaubilder und Grafiken, die sich aus statistischen Erhebungen oder Befragungen ergeben und die Forschung allererst als «evidenzbasiert» qualifizieren. Bildschablonen und Zahlen entwickeln sich zu Rastplätzen im Buchstabendschungel, wo der lesende Gleitblick innehalten, verschnaufen, für einen Moment Orientierung finden kann, ehe er weitergleitet.

36 Klaue 2018, 11

Die Angleichung der Printmedien an die Wahrnehmungsstandards der audiovisuellen ist überwältigend und noch längst nicht am Ende angelangt. Andrerseits sind die audiovisuellen Medien lange Zeit nur eine Fortsetzung des Buchdrucks gewesen, haben das Ablenkungspotential in dessen Allgegenwartstechnologie zwar durch eine globale Zerstreuungs- und Aufmerksamkeitsdefizitmaschinerie um ein Vielfaches potenziert, sind aber bis ins späte 20. Jahrhundert Distributionsmedien geblieben und haben stillschweigend die Voraussetzung geteilt, die schon für Gutenberg galt: daß Öffentlichkeit ein «höherer Zustand» ist. Nicht nur, wer einen Text für den Druck vorbereitet, konzentriert sich darauf mehr als auf eine private Mitteilung. Auch wer ein Interview gibt, das öffentlich ausgestrahlt wird, achtet darauf, daß er sich, solange die Sendung läuft, voll im Griff hat und nichts tut, was seinem Image abträglich sein könnte.[37] Das «natürliche Gebet» nimmt dabei den Charakter punktueller Geistesgegenwart an. Es zieht sich zum sendekonformen Stoßgebet zusammen – wird je nach Bedarf ruckartig ein- und ausgeschaltet. Und je mehr Radio und Fernsehen dazu übergingen, in ihre Berichterstattung von Unfällen, Naturkatastrophen und Verbrechen Interviews mit Betroffenen einzuflechten und für kurze Momente auch ganz normale Zeitgenossen in Wort und Bild zu präsentieren, desto breiter wurde der Konsens, daß im Prinzip jeder in den höheren Zustand der Öffentlichkeit versetzt werden kann – wie im Prinzip auch alles Alltägliche Kunst zu werden vermag.

---

37 Um so peinlicher, wenn Machthaber oder Prominente *off record* zu sein glauben und ihre Einstellungen, Gesinnungen oder Intimitäten ungefiltert ins Mikrofon sprechen.

Es kennzeichnet die Spätzeit der alten Distributionsöffent-
lichkeit, die 1980er und 90er Jahre, daß der Drang des Fern-
sehpublikums, selbst einmal im Fernsehen zu sehen zu sein,
von vielen neu entstandenen privaten Sendern systematisch
ausgebeutet wurde. Menschen wie du und ich – Hausfrauen,
Rentner, Sachbearbeiter, Arbeitslose etc. – durften sich mit
einfühlsamen Moderatoren zum *Confessional Talk* im Studio
versammeln und vor der Kamera zu Themen wie «Ich habe
ihn betrogen», «Ich hasse dich», «Es tut mir leid», «Laß uns
noch einmal neu anfangen» ihre ganz persönlichen Geständ-
nisse ausbreiten. Daß daraus vielfach die Zerrüttung von
Freundschafts- und Liebesbeziehungen sowie die Kündigung
von Arbeitsstellen und Mietwohnungen folgte, hat dieses Sen-
deformat nicht nennenswert beeinträchtigt. Kurzzeitig wurde
es sogar noch von der *Big Brother Reality Show* übertroffen,
einer hunderttägigen Dauersendung, bei der eine Gruppe von
Menschen in einen Container gesperrt, Tag und Nacht mit
eingeschalteten Mikrophonen und Kameras umgeben war und
die Zuschauer abstimmen durften, wer den Container vorzei-
tig zu verlassen hatte. Sieger war, wer bis zum Schluß bleiben
durfte.

Daß solche Sendeformate Schaulustige anziehen und Einschaltquoten erhöhen sollen, liegt auf der Hand. Aber was
bewegt Tausende dazu, sich als Schauobjekte dafür zu bewerben? Hier gibt eine alte Formel Aufschluß, mit der der an-
glikanische Bischof George Berkeley im 18. Jahrhundert die
Erkenntnistheorie zu revolutionieren versuchte: *Esse est percipi* (Sein ist Wahrgenommenwerden).[38] Damals ging der an-
gelsächsischen Philosophie auf, daß unser Sensorium nicht
bloß ein passives Aufnahmeorgan ist, sondern aktiv daran mit-
wirkt, wie wir Dinge wahrnehmen und erkennen. Daraus zog

38 Berkeley 1979 [1869], 26

Berkeley den Schluß, daß Sinnendinge durch sinnliche Wahrnehmung allererst erzeugt werden. Nein, sagten seine Kollegen. Sich die Sinnenwelt durch körpereigene Wahrnehmungsorgane zurechtzulegen ist etwas fundamental anderes, als sie hervorzubringen. Berkeley überzeugte sie nicht. Um so überraschender ist die soziale Brisanz, die sein erkenntnistheoretisch nicht haltbarer Satz zwei Jahrhunderte später gewonnen hat. Wer durch die telekommunikativen Massenmedien nicht wahrgenommen wird, ist in bestimmter Hinsicht gar nicht mehr da. Hier bekommt das *Esse est percipi* unversehens einen sozialontologischen Charakter. Es wird zur Drohung (wehe, du wirst nicht wahrgenommen) und Aufforderung (tue alles, damit du wahrgenommen wirst, sonst bist du nichts). Deshalb die hohe Bereitschaft, sich an einen öffentlichem Pranger zu stellen, wenn es durchs Fernsehen geschieht – jenes Zaubermedium, das jeden für ein paar Minuten vom Los der sozialen Nichtigkeit zu erretten und in den höheren Zustand der audiovisuellen Öffentlichkeit zu versetzen vermag.

Filterlose Öffentlichkeit

So mächtig die Fernsehöffentlichkeit immer noch sein mag – sie gehört der alten Welt der Distributionsmedien an. Das Internet hingegen leitete als universales Kommunikationsmedium etwas vollkommen Neues ein: den direkten Eintritt in die Sphäre der Öffentlichkeit von jedem Computer aus – vorbei an jener Grundbedingung, die von der archaischen Stammeszusammenkunft bis zum Fernsehen konstitutiv für die Sphäre der Öffentlichkeit gewesen ist: daß man nur durch soziale Filter in sie hineingelangt. Diese Filter waren zunächst sakrale. Wer zur kultischen Vollversammlung in den Tempel eintrat, mußte sich zuvor bestimmten Praktiken unterziehen (sich reinigen, kasteien, schmücken, in Trance versetzen etc.), um den dort stattfindenden Ritualen überhaupt gewachsen zu sein. Nichtteilnahme an diesen Vorbereitungen kam nicht in Frage; sie hätte das Gelingen des Rituals und damit das Wohlwollen der höheren Mächte gefährdet. Der Filterungsprozeß, der hier zu durchlaufen war, war unerbittlicher sozialer Zwang – aber zugleich Vorbereitung auf eine nicht alltägliche soziale Gemeinsamkeit. «Gelingen» konnte das Ritual nur, wenn es einvernehmlich vollzogen wurde. Jeder einzelne wie auch das Kollektiv mußte sich dazu buchstäblich zusammennehmen.

Sich zusammennehmen bedeutet Zwang – aber nicht nur. Die sakralen Filter forderten zwar von der Kultgemeinde, sich den Ansprüchen einer Gottheit anzumessen, die nirgends als in den Verlautbarungen und Zeremonien ihrer priesterlichen Repräsentanten greifbar war. Ähnlich verlangten die Pressefilter von den Autoren, sich den Ansprüchen einer Allgegenwartstechnologie anzubequemen, die von bestimmten privaten Unternehmen oder staatlichen Stellen definiert wurden. Ohne Einverständnis eines Druckers, Verlegers, Redakteurs, Lektors oder einer Behörde konnte kein Autor etwas publizieren. Genauso wie die Sakralsphäre hat die herkömmliche Öffentlichkeitssphäre ihre Aufseher und Vormünder, die alles andere als unfehlbar und unparteiisch sind. Nur daß Öffentlichkeit (ähnlich wie sakraler Raum) dadurch definiert ist, etwas anderes zu sein als privater Alltag: eine besondere Sphäre, in der Dinge von allgemeinem Interesse verhandelt werden. Diese Sphäre ist nicht von Natur aus da. Sie entsteht auch nicht dadurch, daß jeder seinen Eigeninteressen nachgeht. Sie muß konstituiert und gewährleistet werden und hat nur so lange Bestand, wie es Instanzen gibt, die das tun. Ob das selbsternannte oder gewählte Instanzen sind, ist zwar nicht unerheblich; aber auch die gewählten sind nicht über jeden Zweifel erhaben. Die Nationalsozialisten etwa sind nicht dadurch gerechtfertigt, daß sie durch allgemeine freie Wahlen an die Macht kamen.

Solange man sich auf etwas Besonderes vorbereiten muß,

sind Helfer und Prüfer dieser Vorbereitung unerläßlich. Deshalb gibt es Schulen. Lehrer sind Aufseher und Vormünder, sie haben Marotten, Eigeninteressen und Fehler. Dennoch sind sie als Vorbilder, Zeiger, Förderer, Fürsprecher unentbehrlich. Schlechter Unterricht ist nie ein Argument gegen Unterricht überhaupt, sondern stets eines für besseren Unterricht. Auch öffentliche Auftritte bedürfen der Vorbereitung. Selbst der routinierteste Fernsehmoderator muß sich einen Moment sammeln und sich seine Anmoderation zurechtlegen, ehe er auf Sendung geht, wie jeder Buchautor Phasen konzentrierten Schreibens braucht, damit das Resultat dem Blick der Öffentlichkeit standhält. Das ist ein Blick von höherer Warte – wenn auch nicht der allwissende Gerichtsblick Gottes, so doch der versammelte Blick derer, die in der fraglichen Angelegenheit zu einem kundigen Urteil fähig sind und die virtuelle Instanz der Mitwisserschaft ausmachen. Das «Mitwissen», das Menschen von ihren schlechten Taten haben und das sie als schlechtes Gewissen anklagt, heißt auf Altgriechisch *syneídesis*. Öffentlichkeit ist verallgemeinerte *syneídesis*, das Gewissen des jeweiligen Gemeinwesens: zwar getrübt von allen Vor- und Fehlurteilen, die in die Konstitution des Gemeinwesens eingegangen sind, aber zugleich ein Zeiger darüber hinaus. Die Instanzen, die die Öffentlichkeit repräsentieren, sind, wie Lehrer, an sich weder gut noch vernünftig, und dennoch Statthalter all dessen, was gut und vernünftig eingerichtete Gemeinwesen ausmachen würde. Sie sind keine moralischen Instanzen, aber Vorboten von Moral. Wenn sie durch Zensur und öffentliche Lügen allen Menschenrechten Hohn sprechen, disqualifizieren sie *sich*, nicht die Menschenrechte. Öffentlichkeit als höherer Zustand ist etwas Relatives, oder, um es mit Ernst Bloch zu sagen, ein «Vor-Schein».[39] Es scheint in

39 Bloch 1959, 242

ihr etwas auf, was sie selbst nicht ist, was sie lediglich anzeigen, repräsentieren, befördern, aber nicht eigens einlösen kann.

Wenn ein Stadium eintritt, wo Öffentlichkeit keinerlei Repräsentanten mehr hat, die den Zugang zu ihr filtern, dann kann das zweierlei heißen. Entweder ist sie am guten Ende. Die höhere Sondersphäre, worin es um Wohl und Wehe des Gemeinwesens geht, hat sich in einen allgemeinen Alltagszustand verwandelt, worin alles zum Guten entschieden ist, weil, wie es bei Marx heißt, «jeder nach seinen Fähigkeiten» handelt und «jedem nach seinen Bedürfnissen» gegeben wird.[40] Aus dem Vor-Schein ist Realität geworden. Oder aber die Öffentlichkeit neigt sich einem anderen Ende zu, wo gar nichts zum Guten entschieden ist, sondern lediglich an die Stelle aller sozialen Filter zur Öffentlichkeit hin der technische Direktzugang zu ihr tritt. Man stellt mit ein paar Klicks ins Netz, was immer man will, ohne höherenorts eine Erlaubnis einholen zu müssen. Es sind nicht erst die Internetpioniere gewesen, die die direkt hergestellte Öffentlichkeit als die einzig wahre erachteten. In dem bewegten Jahr 1968, als überall in Europa von den Universitäten aus eine Jugendprotestbewegung um sich griff, kam es in Frankreich zu einem denkwürdigen Generalstreik, der weder von politischen Parteien noch Gewerkschaften geplant war, sondern durch ein Ineinandergreifen von Studenten- und Schülerprotesten mit spontanen Arbeiterstreiks zustande kam, tagelang das ganze Staatswesen lahmlegte und dabei eine Grundsätzlichkeit annahm, die die Beteiligten selbst überraschte. Begann da etwa eine neue Epoche? Zu dieser Ansicht neigten die radikalsten unter den damaligen französischen Theoretikern. In einem Gespräch mit Michel Foucault drückte es Gilles Deleuze so aus. «Diejenigen, die handeln und kämpfen, haben aufgehört, repräsen-

40 Marx 1976 [1875], 21

tiert zu werden, sei es von einer Partei, sei es von einer Gewerkschaft, die sich anmaßen, deren Bewußtsein zu sein. Wer spricht? Wer handelt? Es ist immer eine Vielfalt – selbst in *einer* sprechenden und/oder handelnden Person. Wir alle sind ‹Gruppen›. Es gibt keine Repräsentation mehr, es gibt nur Aktion: die Aktion der Theorie und die Aktion der Praxis in einem Netz von Beziehungen und Übertragungen.»[41]

Ende der Repräsentation

Erst mit dem Ende aller Repräsentation, so Deleuze, endet die Bevormundung: nicht nur die der Bürger durch die Staatsmacht, der Lohnarbeiter durch das Kapital, der Zöglinge durch die Erzieher, der Frauen durch die Männer, wie von der gängigen Herrschaftskritik gefordert, sondern ebenso die Bevormundung der Subversiven durch Gewerkschaften und Parteien, der Kranken durch die Ärzte, der Triebe durchs Ich. Marxismus und Psychoanalyse sind auf halbem Wege stehengeblieben, haben übers Proletariat und das Unbewußte erneut Aufseher gesetzt und sind von der Bevormundungsstruktur nicht losgekommen, die in der abendländischen Logik selbst steckt. Begriffliche Allgemeinheiten, die eine Vielheit von Einzeldingen unter sich befassen und als deren Repräsentanten daherkommen: was sind sie anderes als «Vormünder»? Konstituieren sie nicht jenes duale begriffliche Kastensystem von Über- und Unterordnung, von Geist und Natur, Subjekt und Objekt, Ursache und Wirkung, Identität und Differenz, in das das abendländische Denken die gesamte Realität glaubte hineinstopfen zu können? Muß nicht ein radikal anderes System her?

41 Deleuze 1987 [1972], 107

Deleuze und sein Freund Félix Guattari boten ein solches an: das Rhizom. «Knollen und Knötchen sind Rhizome. Pflanzen mit großen oder kleinen Wurzeln können in vielerlei Hinsicht rhizomorph sein [...] Auch die Tiere sind es, wenn sie Meuten bilden, z.B. die Ratten. Ein Bau ist in allen seinen Funktionen rhizomorph: als Wohnung, Vorratslager, Rangiergelände, Versteck und Ruine.»[42] «Ein Rhizom verknüpft unaufhörlich semiotische Kettenteile, Machtorganisationen, Ereignisse in Kunst, Wissenschaft und gesellschaftlichen Kämpfen» (12). «[N]ur wenn das Viele als Substantiv, als Vielheit behandelt wird, hat es keine Beziehung mehr zum Einen als Subjekt und Objekt, als Natur und Geist, als Bild und Welt. Vielheiten sind rhizomatisch»(13). Das klingt ultrasubversiv. Doch der Begriff «Rhizom» tut genau das, was er nicht soll. Er benennt das Gemeinsame in vielen unterschiedlichen Einzelphänomenen und identifiziert es als «rhizomatisch». Er befaßt viele Rhizome unter sich wie der Begriff «Stuhl» viele Stühle. Und wenn das Viele, das «keine Beziehung mehr zum Einen» haben soll, zur Viel*heit* zusammengefaßt wird, so wird es in *einem* Substantiv repräsentiert, nicht in vielen. Vom Ende der Identität und Repräsentation kann also nicht die Rede sein. Das System Rhizom wird der als abstrakt und dualistisch verworfenen Identitätslogik lediglich ganz abstrakt-dualistisch entgegengesetzt.

Das störte freilich diejenigen wenig, die im Rhizomdenken den Beginn einer neuen Ära schnupperten. Und eine solche tat sich durchaus auf, allerdings ganz anders als erwartet. Das Entscheidende geschah nicht in Massenversammlungen und sozialen Kämpfen, sondern in gut abgeschirmten Laboratorien, wo eben jene abendländische Logik, die doch abgewirtschaftet haben sollte, neuartige informationstechnologische

---

42 Deleuze/Guattari 1976, 11. Weitere Seitenzahlen im Text.

Spitzenerzeugnisse ausbrütete. «Ein Rhizom kann an jeder beliebigen Stelle gebrochen und zerstört werden; es wuchert entlang seinen eigenen oder anderen Linien weiter.» (16) Das hatten Militärstrategen im Pentagon schon beherzigt, ehe es formuliert war. Mitte der 1960er Jahre hatten sie das Arpanet angelegt: jene Verbindung zwischen den wenigen großen Computerstationen im Lande, die mit allen entscheidenden militärischen Informationen und Plänen gefüttert waren. Jede Station war mit jeder anderen verknüpft. Keine war zentral, keine der Repräsentant, der die andern unter sich befaßte. Fiel eine Station aus, so liefen die Nachrichten über die anderen weiter. Ein Atomangriff hätte nun nicht mehr die gesamte Informationszentrale der USA auf einen Schlag lahmlegen können. Das Arpanet war ein mustergültiges Hochtechnologie-Rhizom. Eigentlich fand darin eine Partisanenstrategie Anwendung. Nur wurde sie nicht aus dem Untergrund gegen eine Übermacht von Besatzern gerichtet, sondern im Zentrum der Weltmacht Nummer eins ausgeheckt.

Als das Arpanet zum Internet geöffnet wurde, trat ein Partisanentum von ganz oben seinen globalen Siegeszug an. Seither ist es schwieriger denn je, Subversion und Herrschaft auseinanderzuhalten. Die Herzen der Konventionsfeinde und Herrschaftskritiker flogen massenhaft dem Internet zu. Barlows Unabhängigkeitserklärung des Cyberspace hatte breiten Kredit.[43] Die rhizomatische Struktur des Netzes schien jenseits aller Hierarchien zu wuchern. Natürlich hörten Herrschaft und Bevormundung nicht auf. Sie gingen nur neue Wege. Wohl aber wurde eine epochale Diskreditierung der Repräsentation eingeleitet. «We don't need no education, we don't need no thought control», sang die Band *Pink Floyd* in einem ihrer Welthits, worin das Lebensgefühl der Kinderjahre

43 Siehe oben, S. 31

des Internets förmlich vorauszitterte. «Hey, teachers, let the kids alone.» Darin kündigte sich bereits die «neue Lernkultur» an.[44] Repräsentation wurde nur noch als Bevormundung wahrgenommen – und ihre Kehrseite, die Fürsorge und Fürsprache, ausgeblendet.

Ganze Kultursegmente schwenkten auf diese Sicht ein. Wie etwa sollte sich die Theaterszene gegen die Übermacht der virtuellen Realität behaupten, zu der nun jeder einen Direktzugang bekam? Nicht wenige Regisseure und Theatertheoretiker wandten sich vom «Paradigma» der Repräsentation ab. «Ästhetisch ist die ‹Repräsentation› erledigt, ein toter Hund. Statt die Welt da draußen nur zu vergegenwärtigen, erzeugt das Theater seine eigene Realität, die unmittelbar als solche wahrgenommen, gewürdigt sein will.»[45] Doch «seine eigene Realität» ist eben die theatralische, eine aus dem Alltag herausgehobene, eigens angekündigte, von Schauspielern vorbereitete, einem Publikum dargebotene Bühnenrealität. Zuschauer mögen irritiert sein, wo sich die Bühne gerade befindet, ob stockende Schauspieler ihren Text vergessen haben oder das Vergessen bloß spielen, ob das Wegräumen von Scherben zum Stück gehört oder einer Sicherheitsvorschrift folgt, ob das Schlachten von Tieren auf der Bühne noch Theater ist etc. Doch immer «ist Theater in einem Atemzug materieller Vorgang – Gehen, Stehen, Sitzen, Sprechen, Husten, Stolpern, Singen – und ‹Zeichen für› Gehen, Stehen … usw. – Theater findet als eine zugleich völlig zeichenhafte und völlig reale Praxis statt.»[46] Diese Doppelheit macht das Bühnengeschehen aus. Nie stellt es nur *sich* dar, immer auch etwas von sich Unterschiedenes.

44 Siehe oben, S. 59 ff.
45 Engler 2011, 93
46 Lehmann ⁵2011, 174

Öffentlichkeit als Furie

Auch die Öffentlichkeit hat Bühnencharakter. Deshalb ist sie *per definitionem* repräsentative Öffentlichkeit: eine vom privaten Alltag abgehobene Sphäre mit sozialen Mindestfiltern, durch die hindurch muß, wer sich in ihr artikulieren möchte. Wer diese Filter ignoriert, dem werden sie zur Furie. Da sind etwa all die Kinder und Halbwüchsigen, die permanent Bilder und Nachrichten von sich posten, ohne ermessen zu können, wie sehr sie sich damit kompromittieren. Jedes Nacktfoto, jedes persönliche Geständnis, jede unbedachte Äußerung über Dritte: was immer ins Netz gerät, kann im Nu unbegrenzt oft vervielfältigt und gegen den Urheber verwendet werden, ihn persönlich unmöglich machen, seine sozialen Beziehungen zerrütten, die berufliche Laufbahn versperren – und ist nie wieder aus dem Netz entfernbar. So straft die Öffentlichkeit gnadenlos und unverhältnismäßig diejenigen, die arglos ihre Mindeststandards ignorieren. Mehr noch wirkt sie als Furie, wenn sie die Strafe auf Dritte verschiebt, die nicht an ihr schuldig wurden, sondern dafür büßen müssen, daß andere sich um ihre sozialen Filter nicht scheren. Schüler, die einen bestimmten Lehrer, der ihnen den Smartphonegebrauch während des Unterrichts einschränken möchte, so lange ignorieren, bis er einen Wutausbruch bekommt; die diesen Ausbruch filmen und unter der Frage «Möchtest du von so jemand unterrichtet werden?» sogleich ins Netz stellen, wo dieser Film unzählige Male angeklickt und mit Schmähkommentaren versehen wird – sie lassen eine völlig ungehemmte Öffentlichkeit an jemand aus, der wenigstens für die Zeit des Unterrichts gewisse Mindesthemmschwellen gegen den Eintritt in sie errichten wollte.[47]

47 Zuin 2017, 49ff.

Oder nehmen wir den Wirbel um die «Essener Tafel», einen gemeinnützigen Verein zur kostenlosen Verköstigung bedürftiger Personen in der Stadt Essen, der mit viel ehrenamtlichem Engagement und Sachspenden von Lebensmittelherstellern, Wochen- und Supermärkten, Auto- und Reifenherstellern arbeitet. Als die Zahl der ausländischen Lebensmittelempfänger auf 75 Prozent angestiegen war, entschied der Vereinsvorsitzende, vorübergehend nur noch Bedürftige mit deutschem Ausweis zur Tafel zuzulassen. «Gerade ältere Tafelnutzerinnen sowie alleinerziehende Mütter hätten sich von den vielen fremdsprachigen jungen Männern in der Warteschlange abgeschreckt gefühlt, bei denen er teilweise auch ‹mangelnden Respekt gegenüber Frauen› beobachtet habe».[48] Das war gewiß eine anfechtbare Entscheidung. In andern Städten probieren die Tafeln andere Maßnahmen aus, um schwächere Nutzer vor Drängeleien zu schützen. Gleichwohl war der politisch korrekte Chor «Entscheidend kann nur die Bedürftigkeit, nicht die Herkunft sein», der sogleich vielstimmig erscholl, ausgesprochen heuchlerisch. Die Pointe war ja, daß es an der Tafel mehr Bedürftige als Lebensmittel gab, folglich Rempeleien – und daher akuten Entscheidungsbedarf, wie man Mangelgüter zwischen Personen verteilt, die allesamt bedürftig sind. Reduziert auf die Information «Aufnahmestopp für Ausländer», die durch alle Medien geisterte, löste die Essener Maßnahme einen Mailsturm der Entrüstung aus. Türen und Fahrzeuge der Tafel waren alsbald mit dem Schriftzug «Nazis» beschmiert. Ein typischer Shitstorm war losgebrochen.

Shitstorms sind kein Mißbrauch sozialer Medien. Sie sind in

48 https://rp-online.de/nrw/panorama/essener-tafel-joerg-sartor-erwaegt-rueckzug-kritik-an-aufnahmestopp-fuer-auslaender_aid-18987789

der Urszene von Facebook bereits angelegt: in Zuckerbergs Spielchen, zwei Fotos von je einer Studentin ins Netz zu stellen. Die Betrachter sollten dasjenige auswählen, welches ihnen besser gefiel.[49] Wer immer sich die Fotos anschaute, war damit direkt und ohne jeden Qualifikationsnachweis zum Mitglied einer öffentlichen Jury befördert, die Entscheidungen traf, ohne darüber Rechenschaft geben zu müssen. Das wäre bei diesem Spielchen auch völlig unverhältnismäßig gewesen und hätte ihm jeden Reiz genommen. Die Likes wurden ganz zivilisiert und ohne unflätige Zwischenfälle verteilt. Aber es stellte sich dabei eine Art direkter demokratischer Öffentlichkeit her, die, nachdem sie sich einmal an ein paar Studentinnenfotos gebildet hatte, auch auf alles andere, was irgend Gefallen oder Mißfallen erregen konnte, ausdehnbar war. Ich bin Mitglied der großen Jury und muß mich für meine Urteile vor niemandem verantworten: dieser narzißtische Kitzel, der Facebook so sagenhaft erfolgreich gemacht hat, wurde im Nu zum Prinzip eines neuen Alltagsverhaltens. Er versprach eine Dauerteilhabe an medialer Öffentlichkeit, die sich weit attraktiver ausnahm, als gelegentlich im Fernsehen zu sehen zu sein. Kein Zufall, daß mit dem Aufstieg von Facebook und Google der Run auf die Reality-Shows im Fernsehen deutlich nachgelassen hat.

Nun ist nicht zu leugnen, daß keine demokratische Öffentlichkeit ganz ohne einen Kitzel des Selbstgefühls auskommt. Warum sollte sie auch? Demokratie besagt ja, daß es auf jeden ankommt und niemand nichtig ist, weshalb am Wahltag die Bürger eines Landes tatsächlich die große Jury bilden, die anonym und ohne irgendjemand rechenschaftspflichtig zu sein, über die neue Regierung entscheidet. Der Wahltag ist der Ausnahmetag, an dem nicht regiert, sondern die Konstellation

49 Siehe oben, S. 36

weiteren Regierens bestimmt wird.[50] Es gibt ihn nur alle paar Jahre einmal. Er hat eine gewisse Feierlichkeit. Wenn das kollektive und zugleich ganz individuelle Entscheidungsverhalten dieses Tages allerdings nichts Besonderes mehr ist, sondern ganz unfeierlich jeden Tag praktiziert wird, und nicht mehr nur in bezug auf eine Regierung, sondern auf alles Mögliche, dann wird die Öffentlichkeit tendenziell dem Erdboden des Alltags gleichgemacht. Und genau das läßt sie sich nicht gefallen. Sie wird zur Furie – öffnet ihre Schleusen für alle persönlichen Gefühlslagen, Einstellungen und Präferenzen, die auf der Suche nach Artikulationsmöglichkeiten sind und an alles andocken, was dazu Gelegenheit gibt.

Wie etwa Zuckerbergs Studentinnenfotos. Sie übten einen Reiz aus, auf den eine ganze studentische Öffentlichkeit flog. Daß eine Tafel einen «Aufnahmestopp für Ausländer» verhängt habe, war ebenfalls eine Meldung mit hohem Reizwert. Hier fand der diffuse Unmut gegen das aktenkundige Anwachsen rechtsextremer, islamfeindlicher, antisemitischer Tendenzen im Lande eine gute Gelegenheit, sich direkt und ungefiltert Luft zu verschaffen. Die Betreiber eines mildtätigen Vereins zur Speisung Bedürftiger wurden als Ausländerfeinde und Nazis geschmäht. Diese beiden Reizworte wiederum vervielfältigten sich durch die sozialen Netzwerke im Handumdrehen zum Shitstorm. Nicht aller «Shit» traf die Essener Tafel selbst. Sie bekam auch viel Zustimmung, allerdings auch

50 «Souverän ist, wer über den Ausnahmezustand entscheidet.» (Schmitt [3]1979, 11) Dieser berühmte Satz ist klüger als sein Urheber. Geprägt wurde er von Carl Schmitt als Sympathieerklärung an die Diktatur; aber er gestattet auch eine demokratische Lesart. Am Wahltag ist Ausnahmezustand, wenn auch ein verfassungsgemäßer, keiner, der die Verfassung aushebelt. Und die Instanz, die an diesem Tag entscheidet, ist der Souverän – das Volk.

unwillkommene – von Leuten, die am liebsten alle Migranten in ihre Ursprungsländer zurückführen möchten. Für sie war der «Aufnahmestopp für Ausländer» ein hoffnungsvoller Anfang und Anlaß für pauschale Migrantenbeschimpfung.

Reizworte und -bilder mobilisieren einen archaischen Mechanismus. Sie geben gärenden Gefühlslagen eine gemeinschaftsstiftende Verkörperung, an der sie sich auslassen können. In steinzeitlichen Kollektiven übernahm diese Rolle das Opfer. Es fungierte als kollektives Abfuhrobjekt für unbewältigte Schreckerfahrungen und Ängste. Die Abfuhr verschaffte dem ganzen Stamm Erleichterung und machte aus ihm überhaupt erst, zumindest für die Dauer des Ritus, eine einmütige Gemeinschaft. Bei der Opferwahl half zumeist der Zufall mit, sei es, daß ein Naturereignis so gedeutet oder ein Los so geworfen wurde, daß es auf ein bestimmtes Lebewesen verwies. Es wäre auch ein anderes in Frage gekommen – innerhalb einer eng begrenzten Auswahlpopulation. Jedenfalls gehörte das Auswählen und Herfallen über ein Opfer zur Konstitution der Uröffentlichkeit – und kehrt im Shitstorm hochtechnologisch dereguliert wieder. Freilich werden nicht alle Bilder oder Nachrichten, die ein bestimmtes Empörungspotential enthalten, auch zu kollektiven Abfuhrobjekten, und nicht alle Abfuhrobjekte werden mit gleicher Intensität heimgesucht. Viel hängt davon ab, wem sie zuerst auffallen und welche Netzwerke dabei in Mitleidenschaft gezogen werden. Das ist ebensowenig genau vorhersehbar wie es der Verlauf der archaischen Opferwahl war. Allerdings sind die Kollektive, die der Shitstorm entstehen läßt, keine Stämme, die sich durch einen festen Ritus konstituieren, sondern Schwärme, die sich spontan-informell bilden und nur so lange Bestand haben, wie ihr Abfuhrobjekt sie erregt. Sie rasen sich aus, zerstieben und bilden sich um andere Objekte neu. Für die Dauer eines Shitstorms ist das Objekt, an dem er sich ausläßt, gewissermaßen die Plattform, um die der Schwarm wimmelt. Sie gibt Orientierung. Schweifender Unmut, dem es an klaren Objekten mangelt, findet hier einen stellvertretenden Halt – einen Sündenbock – und den Konsens mit vielen andern Sündenbockbedürftigen.

Dauerranking

Die Furie des Shitstorms gehört zu den Gestehungskosten des ungefilterten Digitalzugangs zur Öffentlichkeit. Dieser Zugang ist eine Dauereinladung, sich zu allem, was erregt, direkt und ungehemmt zu äußern. «Schreibe den ersten Kommentar» steht nahezu unter jedem Bild, jeder Nachricht, die das Internet bietet. Das führt nicht immer zum Shitstorm, reaktualisiert aber permanent die Urszene von Facebook: in die große Jury berufen zu sein, die, ohne sich verantworten zu müssen, zu all und jedem ihr Gefallen und Mißfallen kundtun darf. Jene Art der Öffentlichkeit, die ohne Shitstorms nicht sein kann, stellt sich insgesamt als ein Dauerbewertungszusammenhang dar, worin jeder sowohl Juror als auch Bewertungsobjekt ist – und alles, was eine Bewertung bekommt, damit auch als öffentliche Angelegenheit erscheint. Wie aber findet man sich in diesem Bewertungsdschungel zurecht? Die Antwort haben die beiden derzeit größten Internetplattformen bereits bei ihrer Entstehung gegeben: dank Like-Dislike-Button und Ranking. Was Facebook und Google zu ihrem ungeheuren Erfolg geführt hat, schickt sich an, zur Strukturierungsmacht der gesamten sozialen Realität zu werden.

«[D]ie Kinder einer Berliner Kita haben gerade ihr Essen beendet. Nun werden sie von den Erzieherinnen aufgefordert, die Mahlzeit zu bewerten. Nicht etwa indem sie sagen, ob es lecker war, okay oder ganz und gar nicht geschmeckt hat, sondern indem sie farbige Magneten an eine Tafel heften. Drei Felder gibt es, jedes mit einem Emoticon beklebt. Einige Kinder bringen ihren Magneten zum lachenden Gesicht, andere zum neutralen mit dem Mund als Strich und wenige zum traurigen. Dann wird ausgezählt. Das Ergebnis wird an den Caterer übermittelt».[51] So sehen Keimzellen der neuen Realitätsstrukturierung aus. Schon die Kleinsten lernen Emoticons einzusetzen, statt Worte zu finden, und üben sich darin, Gefallen und Mißfallen in Skalen einzutragen, damit sie später, wo immer ihnen eine Dienstleistung erbracht wird, den Grad ihrer Zufriedenheit routiniert und quantifizierbar ausdrücken können. Ob Hotelservice, Handwerkereinsatz, Lieferung, Transport: zunehmend bekommen Kunden eine Skala unter die Nase gehalten, auf der sie das Erbrachte benoten sollen (die Art, wie sie zum Bahnhof gebracht wurden, das Frühstück serviert oder eine Matratze geliefert bekamen etc.). Sie werden Teil eines Erpressungssystems, worin Firmen die Qualitätskontrolle ihrer Mitarbeiter in hohem Maße auf die Kunden abwälzen. Die sollen sich nicht nur beschweren dürfen, sondern die Hauptarbeit bei der Erstellung von Mitarbeiterprofilen leisten. Wer sich weigert, Serviceleistungen zu benoten, gibt faktisch die schlechteste Note und gefährdet den Arbeitsplatz des Mitarbeiters. Gutwillige Kunden lassen sich dadurch unter Druck setzen, spielen mit und geben für Selbstverständlichkeiten überschwengliche Bewertungen ab. Andere, die ihre Jurorenrolle gern auskosten, genießen die Vergabe schlechter Noten. Daß dabei schließlich ein statistisch zuverlässiger Mittelwert herauskommt, ist zweifelhaft. Um so sicherer übt Dauerbewertung auf Menschen in ungesicherten Beschäftigungsverhältnissen Dauerstreß aus.

Bewertungsportale gehören längst zu den festen Anlaufstellen im Internet und präsentieren sich als kostenlose Stifter von Aufklärung und Transparenz. Oder möchte jemand be-

51 Mau 2017, 139

streiten, daß es zur Einschätzung von Firmen hilfreich sein kann, das Votum von Leuten zu kennen, die schon dort eingekauft haben? Wenn aber Patienten ihre Ärzte, Schüler und Studenten ihre Lehrer bewerten, als wären sie einfach bloß deren Kunden, die über eine empfangene Dienstleistung befinden, ohne daß sie die Grenzen ihrer eigenen fachlichen Urteilsfähigkeit und den Grad ihrer persönlichen Involviertheit thematisieren, dann ist größte Skepsis angebracht. Über das Betreuungsengagement von Ärzten und Lehrenden sowie ihre Fähigkeit, Sachverhalte verständlich darzulegen und Verfahren transparent zu machen, steht Patienten und Lernenden zwar durchaus ein Urteil zu. Beschwerden darüber brauchen Anlaufstellen, die mit persönlichen Daten vertrauensvoll umgehen und über Handlungsfähigkeit zur Abstellung von Mißbräuchen verfügen. Aber Beschwerden mit voller Namensnennung in ein Portal schleusen, ohne sich selbst verantworten zu müssen: das ist Heckenschützenverhalten im Schutz einer höheren Macht – Partisanentum von oben.

Wenn Ärzte, Anwälte, Steuerberater, Lehrer aus diesen Portalen das Beste für sich zu machen versuchen (nicht nur gegen rufschädigende Bewertungen klagen, sondern ihrerseits Kommentare kommentieren oder Patienten, Klienten, Schüler durch gewisse Anreize ermuntern, sich mit positiven Bewertungen zu beteiligen), dann weniger, weil ihnen deren segensreiche Funktion dämmert, sondern weil sie am kürzeren Hebel sitzen. Gegen Portale ist einfach nicht aufzukommen. Der Druck, ihr Spiel mitzuspielen, damit sie einem nicht zur Furie werden, ist enorm; groß die Versuchung, sich die Dienstleistungsmentalität, die die Portale nicht nur bewerten, sondern aktiv fördern, selbst zu eigen zu machen – womit man wiederum der Selbstbestätigung der Portale dient. Seht, die Bewerteten arbeiten selbst mit, bitten geradezu darum, bewertet zu werden, kommunizieren mit den Bewertern und tragen aufs Schönste zur Aufklärung und Transparenz bei, die unser vornehmstes Anliegen ist. In der Tat: In einer Welt, wo Bewertungsportale sämtlicher beruflicher Leistungen Standard sind, ist es ähnlich schlimm, überhaupt nicht bewertet zu werden, wie einen Shitstorm zu erleiden. Es bedeutet nämlich, nicht wahrgenommen zu werden. *Esse est percipi.*

Das gilt besonders für wissenschaftliche Leistungen. Bei ihnen nahm das ganze Bewertungssystem seinen Anfang. Larry Page machte aus der Marotte seiner akademischen Lehrer, ständig nachzuschauen, wie oft sie bei ihren Kollegen zitiert werden, das algorithmische Ranking einer Suchmaschine, die die meistfrequentierten (= meistzitierten) Datensätze als erste hervorhebt und ihren Wahrnehmungsgrad damit weiter erhöht. Und dann kam ein knappes Jahrzehnt später (2005) der Physiker Jorge E. Hirsch, wendete PageRank auf die Wissenschaft zurück und entwickelte den H-Index. Der mißt «die Anzahl der Publikationen, die mit einer bestimmten Häufigkeit in anderen Publikationen zitiert werden».[52] Kein Zufall, daß ein Physiker auf diesen Index kam. In mathematisch-naturwissenschaftlicher Literatur ist Zitieren gewöhnlich ein Akt der Wertschätzung. Man verweist auf Untersuchungen, die Anlaß, Stoff und Hilfe zu eigenen Untersuchungen gegeben haben und attestiert ihnen damit, selbst wenn man anders verfährt als sie, wissenschaftliches Gewicht. Es ist diese Umgangsform mit wissenschaftlichen Resultaten, die der H-Index zum allgemeinen Maßstab für jegliche wissenschaftliche Relevanz neutralisiert hat. Andere Umgangsformen kommen nicht in Betracht. Daß man Kollegen ausgiebig zitiert, um ihre mit wissenschaftlichem Anspruch vorgetragenen Theorien als irreführend, unhaltbar, politisch gefährlich etc. zu erweisen: so etwas kommt fast nur in den Geisteswissenschaften vor. An denen aber ist der H-Index nur so weit interessiert, wie sie

52 Mau 2017, 127

sich ihm unterordnen lassen und seinem Credo gehorchen: Zitiert werden bürgt für Glaubwürdigkeit.

Mengen-Credo

Die Pointe an diesem Credo ist, daß es zugleich als quantitatives Maß fungiert. Einmal zitiert werden bürgt für geringe Glaubwürdigkeit, tausendmal zitiert werden für tausendfach höhere. Das nennt man den Matthäus-Effekt: «Wer hat, dem wird gegeben», heißt es im Matthäusevangelium (25,29). Allerdings macht der H-Index eine gravierende Einschränkung. Er läßt das «Je häufiger zitiert, desto glaubwürdiger» nur im Rahmen anerkannter wissenschaftlicher Publikationsorgane gelten. Das sind gewöhnlich Zeitschriften, die seit Jahrzehnten nennenswerte wissenschaftliche Fortschritte *peer reviewed* dokumentieren. Mehrere hoch angesehene Kollegen prüfen jeweils eine eingereichte Arbeit. Sie erfahren nicht, wer der Autor ist, er nicht, wer ihn begutachtet. Wird der Text angenommen, so hat er damit automatisch einen bestimmten Impact-Faktor. Jedes Zitiertwerden vervielfacht diesen Faktor. Der Status eines Wissenschaftlers bemißt sich nach den Impact-Punkten, die er gesammelt hat. Eine Datenbank, die alle Impacts registriert, muß ihn ständig über seinen aktuellen Stand informieren. Und er selbst kann ihn durch geschickte Selbstdarstellung beeinflussen. «Boost your score» (Erhöhen Sie Ihre Punktzahl) ist der Slogan, mit dem jeder begrüßt wird, der «ResearchGate» anklickt, «eines der wichtigsten Portale wissenschaftlicher Selbstdokumentation und -vernetzung».[53]

Das Problem ist nämlich: Nicht alle wissenschaftlichen Publikationsorgane haben gleichen Rang. Was ist die neue

53 Mau 2017, 131

Online-Zeitschrift eines einzelnen Forschungsinstituts gegen *Nature* oder *Science*? Also müssen Zeitschriften und Verlage ein wissenschaftliches Gütesiegel bekommen und ebenso zum Ranking antreten wie wissenschaftliche Leistungen. Doch nach welchem Kriterium? Der wissenschaftliche Rahmen, innerhalb dessen akribisch Zitate gezählt werden, gewinnt seine Glaubwürdigkeit nicht selbst wiederum dadurch, wie oft er andernorts zitiert wird. Demokratisch über ihn abstimmen ist ebenso schwierig. Wer soll dazu befugt sein, wer ausgeschlossen? Und so läuft hier viel über Konvention. Gewisse Publikationsorgane zertifizieren sich dadurch, daß alles, was Rang und Namen hat, darauf brennt, bei ihnen zu publizieren, gewissermaßen von selbst. Nur der maximale Impact-Faktor kommt für sie in Frage. Er zementiert sich zu einer festen Verrechnungseinheit, von der aus der Impact anderer, weniger prominenter Organe gemessen wird. Neuerdings gibt es Altmetrics: ein System, das das ganze Internet nach Erwähnungen wissenschaftlicher Arbeiten und Einrichtungen durchkämmt und ihre Sofortresonanz zu ermitteln sucht, «weil Beiträge in der Wissenschaft erst mit einer gewissen Zeitverzögerung rezipiert werden». Dabei «wird sehr kleinteilig danach unterschieden, ob ein Artikel nur angesehen *(viewed)*, gespeichert *(saved)*, in anderen Medien wie Wikipedia oder Twitter aufgegriffen *(discussed)*, empfohlen *(recommended)* oder zitiert *(cited)* wurde. Das Merkmalsspektrum für Impact erweitert sich damit im Vergleich zu den üblichen Zitationsmessungen massiv, aber auch hier wird nicht zwischen positiver oder negativer Aufmerksamkeit unterschieden. So gesehen, bilden sie vor allem den Grad der öffentlichen Resonanz ab und nicht die Qualität einer wissenschaftlichen Veröffentlichung».[54] *Esse est percipi.*

54 Mau 2017, 132 f.

Der H-Index funktioniert verblüffend ähnlich wie im christlichen Mittelalter das kirchliche Lehramt. Auch damals galt das Meistzitierte als das Glaubwürdigste. Das war die Bibel. Je mehr sie zitiert wurde, desto mehr festigte sich der gesamtchristliche Konsens, daß sie das von Menschenhand aufgezeichnete Wort Gottes sei: die Heilige Schrift. Nur was mit ihr im Einklang stand, konnte Geltung haben: zuallererst das Credo, das den Glauben an Gott Vater, Sohn und heiligen Geist als für alle Christen verbindlich erklärte. Sodann eine Serie kanonischer Lehrsätze, die sich allmählich um Bibel und Credo rankte: etwa daß Gott in drei gleichrangigen Personen bestehe und doch nur einer sei; daß Christus die göttliche und menschliche Natur ungetrennt und unvermischt in sich ver-einige; daß die Jungfrau Maria beide Naturen Christi, auch die göttliche, zur Welt gebracht habe etc. Diese kanonischen Sätze fungierten als äußerste Verdichtungen der christlichen Welt-sicht, dienten der Verwerfung abweichender Auffassungen und stellten die Weichen für alle Folgeüberlegungen. Wer als Theologe nicht der Häresie verdächtig sein wollte, mußte sich auf die Bibel berufen, auf die kanonischen Sätze – und auf die Kirchenväter, jene anerkannten Theologen der christlichen Frühzeit, die sich selbst schon auf Bibel und Lehrsätze beru-fen hatten. Nur innerhalb dieses Zitierkartells konnte man im Laufe der Zeit selber zitierfähig werden.

Das Meistzitierte ist das Glaubwürdigste: darauf setzt der H-Index genauso, wie es das kirchliche Lehramt tat, nur spie-gelverkehrt. Das Lehramt sagte: Bestimmte Texte sind die meistzitierten, weil die glaubwürdigsten; sie sind über jeden Zweifel erhaben, weil von Gott geoffenbart. Der H-Index sagt: Bestimmte Texte sind die glaubwürdigsten, weil die meistzitierten. Welche das sind, ist ihm völlig egal. Was immer die meisten Stimmen auf sich vereinigt, hat höchste Autori-tät. Es gewinnt sie nicht durch Offenbarung, sondern durch Masse. Was durch Masse autorisiert ist, bedarf ebensowenig einer zusätzlichen inhaltlichen Wahrheitsprüfung wie das, was durch Offenbarung autorisiert ist. Es gilt. Punkt. Der H-Index ist kaum weniger dogmatisch als das kirchliche Lehramt. Er verkündet das Evangelium der Menge. Und wie das kirchliche Lehramt bestimmte theologische Auffassungen als häretisch aus der allgemein anerkannten Lehre und Forschung ausschied, so hat auch er seine Ausschlußmechanismen. Er braucht dazu keine Gremien, die bestimmte Theorien abweisen. Es genügt, daß eine neue Entdeckung in einer nicht genügend zertifizierten Zeitschrift erscheint; das kann sie bereits der Wahrnehmung der Scientific Community entziehen. Ausschluß erfolgt über Aufmerksamkeitsdefizit. *Esse est percipi.*

Häretiker sind in diesem System vor allem diejenigen, die weiterhin auf Monographie und Buch statt auf Paper setzen, auf entfaltete Argumentationszusammenhänge statt Zusammenfassungen, auf Tiefenlesen statt *skimming*. Mathematisch-naturwissenschaftliche Forschungsergebnisse erscheinen ohnehin fast nur noch als Zeitschriftenartikel. Warum soll man dann von Doktoranden eine Monographie verlangen? An die Stelle der Dissertation tritt zunehmend eine gewisse Anzahl von Papers. Auch die Sozial- und Geisteswissenschaften werden für diese Neuerung empfänglich. Die kumulative Promotion ist auf dem Vormarsch. Monographien werden nicht etwa verworfen; sie werden immer weniger wahrgenommen. Was zu zeitaufwendig, zu wenig hervorstechend, zu wenig integrierbar und vermarktbar, kurzum: zu wenig anschlußfähig ist, geht in die bestehenden Zitierkartelle und Datenbanken gar nicht erst ein. So befördert der H-Index auf seine Weise, was Google ganz generell bei jeder Suche vorantreibt: die Bildung von Blasen. Bestimmte Denk-, Darstellungs- und Schreibweisen kommen im Wissenschaftsbetrieb kaum mehr vor. Nicht daß sie verboten wären. Man darf sie gern weiter pflegen, wenn man Zeit dafür hat. Aber man marginalisiert sich damit selbst – und ist auch noch selbst dafür verantwortlich. So gleicht sich die wissenschaftliche Öffentlichkeit der Suchmaschinenöffentlichkeit an.

Es war Googles Suchmaschine nicht sogleich anzusehen, daß sie eine ganze Weltanschauung, um nicht zu sagen, ein religiöses Credo enthält: Je mehr etwas gesucht wird, desto wichtiger ist es; je mehr zitiert, desto glaubwürdiger. Illusorisch die Vorstellung, diese Maschine sei eigentlich neutral und es liege ganz an den Nutzern, ob sie zum Guten oder Schlechten gewendet werde. Schon einfaches Handwerkszeug war nie völlig neutral. Das Messer, mit dem man sowohl einen Mord wie eine rettende Operation vollführen kann, hört deshalb nicht auf, ein Zerstörer von Geweben zu sein. Man kann damit nicht kämmen, kitten, kleben, nähen, zusammenfügen. Nur im Rahmen seiner Eigenlogik läßt es sich verschieden gebrauchen.

Je komplizierter Instrumente und Maschinen werden, desto mächtiger ihre Eigenlogik. Die schier unendlichen Nutzungsoptionen, die das Internet eröffnet, sind *seine* Optionen. Und weil es so viele sind, erzeugt es den Schein, seine Nutzer könnten nicht nur zwischen Tausenden kleiner Funktionen entscheiden, sondern hätten auch die freie Wahl zwischen zwei verschiedenen digitalen Welten. «Die eine mündet in eine Fokussierung auf reine Geschäftemacherei mit globalen und monopolistischen Plattformen, die unsere Gesellschaften weltweit destabilisieren und dabei lediglich eine Minderheit zu Gewinnern machen. Die andere digitale Welt verstärkt hingegen unser Miteinander und ermöglicht uns allen mit Hilfe einer epochalen Technologie eine neue Form gesellschaftlicher Anteilnahme.»[55] Doch diese beiden Welten sind *eine*. Das digitale Miteinander ist einer der Lichtblicke im Internetdschungel, aber nicht eine andere digitale Welt jenseits von ihm.

---

55 Yogeshwar 2018, 9

Dennoch sind diese Lichtblicke der Rede wert. Da ist zum Beispiel Wikipedia, die 2001 gegründete Netzenzyklopädie. Sie ist eine Frucht der *Open-Source*-Bewegung: Was ins Netz gestellt wird, soll allen gehören. Die Initiatoren wollten nicht nur nichts damit verdienen; sie verknüpften ihr Projekt nicht einmal mit ihren Namen. Sie verzichteten auf Ruhm. Gerade dadurch aber zündete ihre Idee. Wer mitarbeitet, arbeitet genauso kostenlos und anonym wie die Gründer – und nicht in ihrem Namen. Das mobilisierte eine unerwartet hohe Kooperationsbereitschaft. Am Anfang von Google und Facebook stand ein narzißtischer Impuls, am Anfang von Wikipedia ein moralischer. 2015 hatte Wikipedia bereits 38 Millionen Seiten, 27 Millionen Beitragende und viele tausend Redakteure. Außer wenigen fest Angestellten, die das Netzwerk technisch am Laufen halten, arbeiten alle unentgeltlich. Jeder Versuch, neben Wikipedia eine kostenpflichtige Netzenzyklopädie aufzubauen, ist aussichtslos. Auch jede Kommerzialisierung von Wikipedia selbst würde scheitern. Die Bereitschaft zur kostenlosen Mitarbeit sänke gegen Null, wenn sie auf einmal dazu dienen sollte, Unternehmern die Taschen zu füllen. Deshalb gilt Wikipedia im Techno-Marxismus als Vorposten einer postkapitalistischen Produktions- und Lebensweise.[56] Die Enzyklopädie «kann frei genutzt werden, ist jedoch unmöglich zu fassen, zu besitzen oder auszubeuten». «Es gibt keine Zentrale, die entscheidet, was auf den Seiten stehen sollte; die Angestellten von Wikipedia regeln lediglich die Standards für das Verfassen und die Bearbeitung der Texte» (179). Geprüft wird, ob die Beiträge Lücken ausfüllen, grammatisch einiger-

---

56 Mason 2016 [2015], 177. Weitere Seitenzahlen im Text.

maßen korrekt geschrieben, mit Quellenangaben versehen und nicht beleidigend sind. Alles andere ist frei. Tatsächlich kann sich die Enzyklopädie dadurch in alle Richtungen entfalten und Schlagworte aufnehmen, auf die ein Herausgebergremium nie gekommen wäre. Und ihre ständige Korrigierbarkeit hat einen merklichen Selbstverbesserungseffekt. Vor einem Jahrzehnt galt Wikipedia in der Wissenschaft als nicht zitierfähig. Heute gehört sie zum Quellenkanon.

Dennoch ist sie nicht die alternative Wissensform oder gar eine «neue Produktionsweise» (177) jenseits der kommerziellen. Ihr Wissensbegriff ist durchaus naturwissenschaftlich-positivistisch: Wissen ist Information; je mehr man davon anhäuft, desto klüger wird man, und die gemeinsame Anhäufung in einem Internetformat ist die effizienteste. Das Zusammentragen von Wissen bekommt dabei das Ansehen, als sei es lediglich eine Addition samt ein paar Kleinkorrekturen. «Die Ergänzung eines Informationshappens oder die Löschung fehlerhafter Daten sind modulare Tätigkeiten, die man in London im Bus auf dem Smartphone oder in einem Internetcafé in einem Slum in Manila erledigen kann.» (180) Ach ginge es doch immer so einfach. Doch Daten und Happen ergeben noch keine Zusammenhänge, auch wenn sie «kollaborativ» (177) addiert werden. Um relevante Sachverhalte oder die Bedeutung bestimmter Personen ebenso angemessen wie verständlich darzustellen, muß man gründlich recherchieren, Daten und Happen in eine Form bringen, interpretieren, ihnen Zeit, Konzentration und Urteilskraft widmen. Das ist keine kollaborative, sondern eine synthetische Leistung, die jedes Hirn für sich erbringen muß. So nebenbei im Bus oder im Slum gelingt sie selten.

Wikipedia aber lebt vom Nebenbei. Damit sind auch ihre Leistungsgrenzen markiert. Ihre Beiträger bekommen ihr Geld woanders her. Sie können nur gelegentlich oder vorübergehend Happen beisteuern. Diese Happen haben unterschiedlichstes Niveau. Manche sind Kleinodien, und manche, weil keine Qualitätskontrolle stattfindet und jeder mitmachen kann, unsäglich. Es gibt Zeitgenossen, die das ganz direkt zu spüren bekommen, wenn sie eines Tages einen bis zur Rufschädigung unproportionierten Wikipedia-Eintrag über sich vorfinden. Er ist anonym, der Verfasser nicht greifbar, die Redaktion nicht gesonnen, ihn zu löschen, weil er formal korrekt ist. Dann kann sich der Betroffene kaum anders wehren, als daß er Verbündete bewegt, mit einer Eintragsänderung bei der Redaktion vorstellig zu werden, die freilich, falls ihr stattgegeben wird, wiederum Eintragsänderungen in der Gegenrichtung nach sich ziehen kann. Und schon ist an die Stelle einvernehmlicher Wissensakkumulation ein Deutungskampf getreten, der nicht etwa als öffentliche argumentative Auseinandersetzung abläuft, sondern als Gerangel hinter den Kulissen darum, welche Deutung einen bestimmten öffentlichen Platz besetzen darf – nicht viel anders als in der politischen Arena.

Auch hat Wikipedia selbstverständlich ein Geschäftsmodell der Fremdfinanzierung, obwohl kein eigennütziges wie Google und Facebook, die ihre kostenlosen Dienstleistungen mit horrendem Gewinn über Datenverkauf und Werbeeinnahmen bestreiten. Wikipedia finanziert seine Art kostenloser Dienstleistung über die Dozentengehälter und Autorenhonorare, die seinen Mitarbeitern vom Staat und von Verlagen zufließen und ihnen Zeit lassen, nebenbei Happen für die Enzyklopädie zu liefern; oder über die Arbeitslosenunterstützung, die stellenlose Nachwuchsakademiker in die Lage versetzt, sich durch Mitarbeit an der Enzyklopädie ins wissenschaftliche Arbeiten einzuüben. In Ermangelung von Jobs widmen manche dieser Tätigkeit zeitweise ihre ganze Arbeitskraft. Sobald sie die ersehnte Stelle bekommen, läßt ihr Engagement notgedrungen nach. Wikipedia lebt davon, daß die Arbeit an ihr als angenehme Nebenbeschäftigung oder nicht ganz freiwillige vorübergehende Hauptbeschäftigung läuft. Als dauerhafte Hauptbeschäftigung verlöre sie ihren Charme, wie ein Hobby, das Beruf wird, und sie hätte kein Geschäftsmodell mehr. Wikipedia ist ein großer Lichtblick, aber kein alternatives Internet.

Und es gibt noch viele andere Lichtblicke: etwa die Blogs und Twitter-Accounts, mit denen Menschenrechtsaktivisten an die Aufklärungspotentiale aus der Blütezeit der bürgerlichen Öffentlichkeit anknüpfen. Sie decken Mißstände auf, stellen Diskussionszusammenhänge her, lancieren Hilfsaktionen, die in den großen, auf Massenkonsum ausgerichteten Distributionsmedien keinen angemessenen Ort finden. Da ist etwa der Blogger Raif Badawi, der in seinem Online-Forum *Die Saudischen Liberalen* erklärte: «Der Staat ist religionslos. Das heißt nicht, dass er ketzerisch ist. Ganz im Gegenteil schützt und pflegt der Staat das Recht aller Religionen, ohne sie zu diskriminieren, zu bevorzugen oder den Glauben der Mehrheit zu missionieren. Der Liberalismus ist die Vision eines freien und guten Lebens für alle. Und diese Vision steht im Einklang mit der göttlichen Religion, die immer und jederzeit zur Güte, Liebe und zum Frieden aufruft.» «Natürlich muss das liberale System auf andere Konzepte ausgeweitet werden wie Menschenrechte, Gleichberechtigung und Chancengleichheit. Hätten liberale Frauen und Männer nicht über Jahrzehnte dafür gekämpft, gäbe es solche Konzepte und Ideen nicht.»[57]

Bekäme man diese Verlautbarung anonym vorgelegt und sollte Herkunftsland und Lebenszeit des Autors erraten, so spräche viel für einen verspäteten französischen oder englischen Parteigänger Voltaires, Rousseaus oder Humes, der schon Sprechweisen des 20. Jahrhunderts pflegt, aber noch an

57 https://de.wikipwdia.org/wiki/Raif_Badawi, 6.5.2018

eine «göttliche Religion» als gemeinsamen Nenner in allen Weltreligionen glaubt, vom Liberalismus nur ein Ideal, aber nicht die Realität kennt – und von der Frauenemanzipation lediglich die Anfänge mitbekommen hat. Doch es handelt sich um jemand, der wegen dieser Auffassungen im Jahr 2012 vom saudischen Staat verhaftet, wegen «Abtrünnigkeit» vom Islam zu einer mehrfach aufgestockten Gefängnisstrafe verurteilt wurde – und zusätzlich zu Auspeitschungen, deren erster Teil im Internet zu sehen und so furchtbar war, daß sich das Europäische Parlament, Menschenrechtsgruppen und Schriftstellerverbände einschalteten. Badawi wurde mit vielen Auszeichnungen für seine Standhaftigkeit bedacht und für den Friedensnobelpreis vorgeschlagen.

Noch prominenter ist die Charta 08 (= 2008). Darin erinnerten dreihundert chinesische Intellektuelle an den 60. Jahrestag der Erklärung der Menschenrechte durch die UNO. Sie forderten diese Rechte auch für die Volksrepublik China und verlangten unter anderem die Freiheit, Vereinigungen zu gründen, eine unabhängige Justiz und das Ende des Einparteiensystems.[58] Die Charta konnte nur im Internet veröffentlicht werden. Wer sie unterschrieb, mußte mit politischer Verfolgung rechnen. Einer ihrer Initiatoren, der Schriftsteller Liu Xiaobo, wurde 2009 zu einer elfjährigen Haftstrafe verurteilt, erhielt 2010 den Friedensnobelpreis, den er nicht selbst entgegennehmen konnte, und starb 2017, medizinisch schlecht versorgt, in der Haft.[59]

Indessen hatten Smartphone, Facebook und Twitter ihren Siegeszug begonnen. In Ägypten wurden sie 2011 zum Hoffnungsträger einer demokratischen Revolution. Und in der Tat: Ohne ihre Fähigkeit, in einem bisher unbekannten Aus-

---

58 https://de.wikipwdia.org/wiki/Charta_08, 14.6.2018
59 https://de.wikipwdia.org/wiki/Liu_Xiaobo, 14.6.2018

maß Empörung zu streuen und zusammenzufassen, wäre es nicht zu der großen Volksbewegung auf dem Tahrir-Platz in Kairo gekommen, der es gelang, das autoritäre Mubarak-Regime zu stürzen. Keine Repräsentanten führten diese Bewegung an. Sie hatte sich, dank der Synergieeffekte einer neuen Technologie, gewissermaßen von selbst konstituiert, stellte ein neues, rhizomatisches Muster von Basisdemokratie dar, das sich in Windeseile und ohne politische Drahtzieher gebildet hatte, und stärkte weltweit den Glauben an das humane Potential von Social Media. Und dann – zerfiel diese neue Basisdemokratie genauso schnell, wie sie entstanden war. Über den Sturz des Diktators hinaus hatte sie keine nachhaltige Gemeinsamkeit. Das Zusammenspiel von Smartphone, Facebook und Twitter vermochte zwar im Nu Empörung zusammenzuballen, war aber außerstande, das Mindestmaß an sozialer Verbindlichkeit herzustellen, ohne das aus amorphen Gruppen keine handlungsfähigen politischen Einheiten werden. An die beiden einzig festen, regierungsfähigen Organisationen im Lande, die Armee und die Muslimbrüder, reichte die Demokratiebewegung nicht heran. Sie fühlten sich durch sie vielmehr zu neuem Kampf gegeneinander und zur internen Festigung ihrer patriarchalen Strukturen stimuliert, so daß der Tahrir-Platz, der symbolisch hoch aufgeladene Ort der Befreiung, alsbald zum Schauplatz wüster männlicher Übergriffe gegen Frauen wurde.[60]

Bemerkenswert ist in all diesen Fällen das Verhältnis zwischen neuer und alter Öffentlichkeit. Menschenrechtsaktivisten, die ihre Anliegen – womöglich unter Lebensgefahr – direkt online stellen, vorbei an allen sozialen Filtern, die ihr Staatswesen für öffentliche Verlautbarungen vorgesehen hat – sie nutzen die neuesten Medien für etwas ganz Traditionel-

60 Osius 2013

les: die Bewahrung jenes höheren Zustands, der seit dem Buchdruck «bürgerliche Öffentlichkeit» heißt. Wenn sie Religions- und Versammlungsfreiheit, Gleichberechtigung der Geschlechter, Unabhängigkeit der Justiz, das Recht, Vereine und Parteien zu gründen, fordern, dann proklamieren sie gewisse Mindeststandards demokratischer Öffentlichkeit, ähnlich wie es couragierte Aufklärer im absolutistischen Europa des 18. und 19. Jahrhunderts taten. Damals waren diese Standards neu und hochgradig verheißungsvoll. Sie kündigten ein freies, gleichberechtigtes, geschwisterliches Zusammenleben aller an. Heute gehören sie in den High-Tech-Ländern der westlichen Welt zur Verwaltungsroutine des Alltags. In Weltgegenden, wo sie fehlen, herrscht zwar ein skandalöses Defizit an Humanität. In Ländern aber, wo sie gelten, sind sie nicht die Rettung, sondern ihrerseits in den laufenden Informalisierungs- und Deregulierungsprozeß verwickelt, dem durch mehr Gleichberechtigung, Parteienvielfalt, Unabhängigkeit der Justiz, Religions- und Pressefreiheit etc. nicht beizukommen ist. Diesem Problem schenken die Demokratisierungsbewegungen in autoritären Staaten kaum Beachtung. Ihre Not ist elementarer. Sie wollen erst einmal absolutistische Herrschaftsformen loswerden – wie einst die bürgerliche Revolution in Mitteleuropa. Sie wollen nachholen, was westliche Länder schon getan haben. Deshalb verstummen die Stimmen nicht, die ihnen Hinterherhinken oder Anbiederung an den Westen vorhalten.

Das ändert nichts an der Zivilcourage der Menschenrechts-Blogger. Sie machen sich zu Anwälten jener repräsentativen Öffentlichkeit, die von ihren staatlich beglaubigten Repräsentanten mit Füßen getreten wird. Sie agieren wie Volkstribunen, aber auf eigene Rechnung – ohne ernannt, beglaubigt oder zertifiziert zu sein. Sie stellen ihre Forderungen direkt ins Netz, also in die Sphäre, wo die repräsentative Öffentlichkeit aufhört – aber um der repräsentativen Öffentlichkeit willen. Sie nutzen die neue Öffentlichkeit als Platzhalter der versperrten alten. An ihrem Gang ins Netz hindert sie keine äußere Hemmschwelle. Um so größer ist die innere, über die sie hinwegmüssen. Es ist hochgefährlich, als das Gewissen einer repräsentativen Öffentlichkeit zu wirken, die von weitgehend gewissenlosen Repräsentanten bewacht wird. Aber das Internet hilft dabei. Es erscheint geradezu als Verbündeter der repräsentativen Öffentlichkeit. Wenn autoritäre Mächte sie unterbinden wollen, finden ihre Anwälte Zuflucht im Netz. In seinem unregierbaren Dschungel können ihre Stimmen gelegentlich selbst dann weiter zirkulieren, wenn ihre Blogs von staatlichen Stellen gesperrt werden.

Gegenöffentlichkeit

So steht das Netz bei vielen Menschenrechtsaktivisten, Demokratie- und Widerstandsbewegungen hoch im Kurs: als Ort der «Gegenöffentlichkeit». Dieser Begriff beflügelte einst die westdeutsche Studentenbewegung. «Es kommt darauf an, eine aufklärende Gegenöffentlichkeit zu schaffen, die Diktatur der Manipulateure muss gebrochen werden», hieß es 1967 in einer Resolution des Sozialistischen Deutschen Studentenbunds. Die Folgerungen daraus waren: «Enteignet Springer» (den Axel-Springer-Pressekonzern, der die öffentliche Meinung stark im Sinne des Kalten Kriegs dominierte), sorgt für die «Entflechtung» der Presse und das «Recht auf Selbstartikulation für jede ‹relevante und demokratische Gruppe›.»[61] Das bürgerliche Establishment war entsetzt. Doch wie wenig radikal waren diese Forderungen im Vergleich zu dem Umbruch, den das Internet eingeleitet hat. Die repräsentative Öf-

61 Spehr 2001, 5

fentlichkeit sollte damals nicht etwa abgeschafft, sondern überhaupt erst wahrhaft repräsentativ werden – nicht länger manipuliert durch regierungsnahe Meinungsmacher, sondern geöffnet zu einem gesamtgesellschaftlichen Forum, auf dem in freier Diskussion «jede relevante und demokratische Gruppe» zu Wort kommen und die Interessen der Bevölkerungsmehrheit sich tatsächlich abbilden sollten. Die Gegenöffentlichkeit verstand sich als Platzhalter dieses Forums. Nur zu den Konditionen einer repräsentativen Öffentlichkeit macht der Begriff der Gegenöffentlichkeit überhaupt Sinn. Er zehrt von Rousseaus berühmter Unterscheidung zwischen dem Willen aller *(volonté de tous)* und dem Gemeinwillen *(volonté générale)*.[62] Was alle öffentlich als ihren Willen bekunden, ist deshalb noch längst nicht im Interesse aller – noch längst nicht Produkt freier, vernunftgeleiteter Willensbildung. Wo immer sich eine Gegenöffentlichkeit artikuliert, wirft sie den herrschenden Repräsentanten der Öffentlichkeit vor, echte, freie Willensbildung zu behindern – und macht sich selbst zu deren Fürsprecher. Gegenöffentlichkeit gibt nicht bloß eine abweichende Meinung zu Protokoll. Sie versteht sich als Platzhalter des Gemeinwillens, der vom – manipulierten – Willen aller unterdrückt wird.

Deshalb ist es besonders irritierend, wenn die Gegenöffentlichkeit ausgerechnet in jenem Medium Zuflucht findet, worin die Unterscheidung von Öffentlichkeit und Gegenöffentlichkeit gegenstandslos wird, weil hier schlechterdings alles öffentlich ist, was durch ein paar Tastenanschläge und Mausklicks einmal hineingeriet. Wie jede Klage über Menschenrechtsverletzung findet auch jede Produktwerbung, Lüge, Beschimpfung, jedes Video von sexuellem Mißbrauch, von Folterung und Hinrichtung Eingang ins Internet, und erst

62 Rousseau 1977 [1762], 31

wenn sie schon drin sind, können rechtliche Kontrollmechanismen greifen – also erst wenn das Eingegebene schon hat streuen können. Jede nationale oder internationale Gesetzgebung, die sozialen Medien wie Facebook oder Twitter vorschreibt, alle sittenwidrigen und kriminellen Inhalte umgehend von ihren Servern zu entfernen, kommt einerseits immer schon zu spät, um jeglicher Verbreitung vorzubeugen. Andrerseits setzt sie ein Zuständigkeitsspiel in Gang, bei dem sie am kürzeren Hebel sitzt. Die Plattform ist für die Informationstechnologie zuständig, die sie zu globaler Verfügung stellt. Für die Inhalte, die über sie verbreitet werden, sind deren Urheber zuständig. Ob sie gesetzeskonform sind, dafür sind wiederum Gerichte zuständig. Gerichte freilich sind ebensowenig wie die Plattformen selbst imstande, Milliarden von Botschaften, die täglich über die Server laufen, auf Gesetzeskonformität zu prüfen. Und freiwillig prüfen die Plattformen nicht. Ihr Geschäftsmodell fußt auf unbeschränkter Meinungsfreiheit. In seiner Not hat nun zum Beispiel das deutsche «Netzdurchsuchungsgesetz» den Plattformen selbst die Primärkontrolle auferlegt. Extreme, ganz offenkundige Verstöße sollen sie in Eigenregie sofort unterbinden. Doch wann ist ein Verstoß offenkundig? Es gibt zahllose Zweifelsfälle, in denen juristischer Sachverstand abzuwägen hat, ob sie unter Meinungsfreiheit oder Kriminalität fallen. Hier sind wiederum nur Gerichte zuständig. Und bis die entschieden haben, was lange dauern kann, kursieren die inkriminierten Inhalte entweder weiterhin unbehelligt im Netz und machen das Gesetz zum Affen; oder sie werden blockiert, was der Unschuldsvermutung widerspricht und damit ein Menschenrecht annagt.[63] So oder so verheddert sich das Netzdurchsuchungsgesetz im Netz. Es kommt gegen dessen Dschungel nicht auf, gefährdet

63 Bittner u. a. 2018, 4

dafür aber rechtsstaatliche Standards. Gesetze können den Netzdschungel hie und da stutzen, aber nicht durchdringen. Insgesamt bleibt er unregierbar; juristisch gesprochen: ein rechtsfreier Raum, der alles aufnimmt, was in ihn drängt. Dazu gehört auch eine ortlos gewordene Gegenöffentlichkeit. Sie findet ihre Nischen ausgerechnet in der Sphäre, der Öffentlichkeit und Gegenöffentlichkeit einerlei sind.

Das spricht nicht dagegen, solche Nischen zu nutzen. Sie bieten nicht nur Menschenrechtsaktivisten in autoritären Staaten Exil. Auch im liberalen Westen müssen kritische Intellektuelle damit klarkommen, daß der traditionelle Presse- und Zeitschriftenmarkt eingebrochen ist, seit das Internet expandiert. Er gewährt nonkonformistischen, komplexen Beiträgen zum Zeitgeschehen, die ein Tiefenlesen erfordern, immer weniger Raum. Und so versuchen einige Intellektuelle, zweigleisig zu fahren und ihre Publikationsorgane in der alten Öffentlichkeit ebenso zu pflegen wie in der neuen ihre Blogs, deren Format, Umfang, Stil und Häufigkeit sie ganz allein bestimmen, wie sie auch selbst für einen Stamm von Followern sorgen müssen, der ihre Verlautbarungen mit einer gewissen Regelmäßigkeit anklickt, zur Kenntnis nimmt, kommentiert und an andere weiterleitet. Das Format der schnellen, unfrisierten, nur zum Überfliegen gedachten Mitteilung in ein Format schneidend eingreifender Kürze zu verwandeln, die Not in eine Tugend: das ist eine prickelnde Herausforderung, die nicht die schlechtesten Ahnen hat. Schon der Romantiker Friedrich Schlegel verfuhr betont zweigleisig: Hier die gelehrte Abhandlung, dort das aphoristische Fragment, das eine Ausführung durch funkelnde Kürze ersetzt, verdichtet oder vorwegnimmt. Etwa so: «Eine gute Vorrede muß zugleich die Wurzel und das Quadrat ihres Buchs sein.»[64] Bei Nietzsche

---

64 Schlegel 1971 [1797/98], 6. Gelegentlich gibt er sogar aphoristische

schließlich laufen die ganzen Schriften der späten Jahre immer mehr auf pointierte Abkürzung hinaus: «[M]ein Ehrgeiz ist, in zehn Sätzen zu sagen, was jeder Andere in einem Buche sagt – was jeder Andere in einem Buche *nicht* sagt …»[65]

Der Ehrgeiz, mit 280 Zeichen einen Geistesblitz zu zünden, statt nur ein plattes Telegramm zu senden, hat nun eine ganze Reihe von Intellektuellen dazu bewogen, Twitter-Accounts zu eröffnen. Es schart sich um sie ein Publikum, das unter der Verödung der Geisteswissenschaften schon leidet, ehe der H-Index sie ganz durchdrungen hat, und im kurzen, schnellen Hin und Her zwischen geschliffenen Tweets und deren Kommentierung eine zeitgemäße Wiederbelebung von Geist, Witz und Brillianz verspürt, um nicht zu sagen, eine High-Tech-Version des romantischen «Symphilosophierens»,[66] auf das Schlegel so große Stücke hielt. «‹In meinem Feed wird dieser Tage wieder gefichtet und gehegelt, gemarxt und auch heigedeggert, foucaultisiert und verbutlert, de- und rekonstruiert, wieder- und gegengelesen (und dies von fern bis ganz nah) und dazu Slayer oder Tocotronic gehört, dass es eine wahre Freude ist!›, twitterte der Schweizer Historiker Erich Keller kürzlich»[67] und gab damit die Stimmung in einer neuen Subkultur wieder, die quer zur Geisteswissenschaft liegt, sich durchaus aus ihr speist, aber ihren Parametern nicht fügt und

Abstracts zu eigenen Abhandlungen: «Mein Versuch über das Studium der griechischen Poesie ist ein manierierter Hymnus in Prosa auf das Objektive in der Poesie. Das Schlechteste daran scheint mir der gänzliche Mangel der unentbehrlichen Ironie; und das Beste die zuversichtliche Voraussetzung, daß die Poesie unendlich viel wert sei; als ob dies eine ausgemachte Sache wäre.» (Schlegel 1971 [1797/98], 5 f.)

65 Nietzsche 1988 [1888], 153
66 Schlegel 1971 [1797/98], 57
67 Scheller/Ullrich, 2018, 37

gerade dadurch ein neues, vorwiegend junges Publikum an-
zieht.

Dies zu ignorieren und kurze, prägnante Positionierungen
zu den brennenden Fragen der Zeit – globale Migration,
Schul-Cloud, Zusammenhalt der EU, Expansion der Plattformen oder was es auch sei – nur deswegen nicht für voll zu nehmen, weil sie auf Twitter erscheinen, ist nichts als akademi-
scher Hochmut. Dennoch vergesse man nicht, daß es das neue
fröhliche Gezwitscher nur zu den Konditionen des neuen
Mediums gibt. Es ist ja nicht damit getan, zwischen prägnan-
tem Bonmot und argumentativer Ausarbeitung vergnüglich
hin- und herzuswitchen, wie es im Romantikerkreis um die
Gebrüder Schlegel für ein paar inspirierende Jahre möglich
war. Das Netz ist deutlich unromantischer. Dort kommt es
darauf an, «wem man selbst folgt und wessen Tweets man re-
tweetet oder kommentiert». «Die Bedingungen dafür zu schaffen, dass die eigenen Tweets auch tatsächlich in Zirkulation
geraten, gehört zu den Haupttätigkeiten des Twitterns. Man
schießt nicht nur ständig Tweets in den Strom, sondern sorgt
mit vergebenen Likes, Retweets etc. auch ständig dafür, dass
man an ein System von Strömen angeschlossen ist.»[68]

Anders gesagt: Wer sich eine Auszeit nimmt, ist draußen.
Man muß also zunächst Follower rekrutieren, dann an deren
weiterer Vernetzung nicht minder als an der eigenen arbeiten,
und schließlich die Dauererwartung der Follower bedienen,
also stets mit neuen Bonmots und Geistesblitzen aufwarten,
die dem eigenen Ruf als Twitterer gerecht werden. Und das
alles nur so nebenher und in glücklich-inspirierender Wechselwirkung mit dem, worauf die kleinen Tweets ja nur ver-
weisen sollen und womit man eigentlich beschäftigt ist: Abhandlungen, Essays, Romanen, Lehrtätigkeit, Features etc. Da

68 Johannes Paßmann, zitiert nach Scheller/Ullrich 2018, 37

bleibt, wenn man nicht mit einer ganz außergewöhnlichen Arbeitskraft begnadet ist, mittelfristig kaum etwas anderes als die Wahl zwischen Burnout oder Rückentwicklung der eigenen Tweets zu eben den flachen, unfrisierten, nur zum Überfliegen gedachten Mitteilungen, zu denen man gerade einen Kontrapunkt hatte setzen wollen. Der Honeymoon der neuen intellektuellen Twitter-Accounts wird schwerlich anders ausgehen als der des Internets insgesamt.

Eine andere Form von Widerständigkeit betreiben Empörungsplattformen wie Campact oder Change.org. Sie greifen kleinere und größere Skandale auf (etwa die Behauptung des deutschen Gesundheitsministers Spahn, Sozialhilfeempfänger seien nicht arm; die Mitfinanzierung der Brandrodung indonesischer Regenwälder durch die Deutsche Bank; die Senkung ökologischer Standards bei internationalen Handelsabkommen wie TTIP und Ceta; die weitere Gestattung individuellen Waffenbesitzes in den USA etc.), organisieren online Unterschriftskampagnen, gerichtliche Klagen und erzielen gelegentlich beträchtliche Achtungserfolge. So wies das Bundesverfassungsgericht die Klage der von Change.org unterstützten Bürgerin Grimmenstein gegen Ceta zwar ab, schränkte aber zugleich den deutschen Verhandlungsrahmen ein. Die Petition des Grünen-Abgeordneten Giegold gegen die Verlängerung der Lizenz für das Pflanzenschutzmittel Glyphosat bekam umgehend 300 000 Unterschriften. «Giegold und seine Mitarbeiter verschickten an die Unterzeichner regelmäßig E-Mails über den Stand des Verfahrens. Damit konnten die auch mitverfolgen, ‹wie das EU-Parlament mit seinen Ausschüssen und Prozessen arbeitet›, sagt Giegold. ‹Die Petition war wie eine Volkshochschule›.»[69]

Die Logik ist hier ähnlich wie bei Twitter. Wie der einzelne

69 Steppat 2018, 3

Tweet ja bloß ein Kürzel für längere Ausführungen und ein Zugang zu ihnen sein soll, so erachtet Change.org die einzelne Kampagne als «Einstiegsangebot» in politisches Engagement. Wer einmal unterschrieben hat, unterschreibt wieder, spendet, beschäftigt sich mit bestimmten Skandalen intensiver und wird schließlich Mitglied einer Nichtregierungsorganisation oder einer politischen Partei: so sieht die Karriere aus, die sich Campact oder Change.org von ihren Unterstützern wünschen. Das Medium hemmt aber solche Karrieren ebenso wie es sie anregt. Täglich gibt es neue Skandale, neuen Empörungskanalisierungsbedarf. Wer bei dieser Kampagne unterschrieben hat, kann bei jener schlecht fehlen, wird von einer zur nächsten gelenkt, müßte sich eigentlich in jedem Fall mit andern Unterstützern verbindlich zusammentun und näher mit der Materie befassen, doch wann soll man das alles leisten? Jede Kampagne vereinigt einen Schwarm, der so lange zusammenbleibt, wie ein Skandal ihn in Atem hält. Dann ergeht es ihm ähnlich wie der Volksbewegung auf dem Tahrir-Platz nach dem Sturz des ägyptischen Diktators. Die war gewissermaßen ein Musterbild: ein leibhaftiger demokratischer Schwarm auf einer physischen Plattform, nicht bloß ein elektronisch-virtueller. Im Rückblick erscheint sie freilich als Menetekel dafür, wie im Zeitalter digitaler Plattformen die Basisdemokratie zu funktionieren droht. Die Technologie, die so geschwinde Empörungsschwärme zusammenziehen kann, hintertreibt zugleich, daß daraus dauerhafte soziale Gebilde mit verbindlichen Zuständigkeiten und Verantwortlichkeiten werden. Empörungsplattformen lassen im Nu Strohfeuer der Gegenöffentlichkeit aufflammen, die ebenso schnell abbrennen. Die Gegenöffentlichkeit, die hier Zuflucht findet, droht auszubrennen, statt Wurzeln zu schlagen. Burnout ist nicht nur ein Begriff für einen im digitalen Zeitalter weitverbreiteten psychosomatischen Leidenszustand; er erhellt auch die Wirkung der neuen Öffentlichkeit auf die alte.

Doch auch hier ein Lichtblick: Selbst wenn Kampagnen-schwärme zerstieben – sie hinterlassen Spuren. Bei den Beteiligten schärfen sie das Bewußtsein für Mißstände und neue Möglichkeiten, sie zu bekämpfen. In der Öffentlichkeit setzen sie Zeichen, verändern die Wahrnehmung, fördern die Diskussion. Nicht zu leugnen, daß sie im gegenwärtigen Öffentlichkeitsspektrum ein belebendes Element sind. Mag das neue Medium auch zwischen privaten und öffentlichen Angelegenheiten nicht mehr unterscheiden, so hat es durchaus Nutzer, die diese Unterscheidung noch zu machen wissen. Allerdings folgt daraus nicht, daß das Internet die alte repräsentative Öffentlichkeit lediglich um eine neue Dimension erweitert habe. So aber stellen die Führungskräfte in Politik, Wirtschaft und Forschung die Lage dar. Wie ein einstudierter Chor variieren sie das Mantra: Die neue Dimension als Chance wahrnehmen; die Digitalisierung gestalten!

Digitaler Schwarmsog

Diese Digitalisierungsdurchsetzungsideologie beginnt dort, wo ausgeblendet wird, daß die Verhältnisse sich umgekehrt haben. Natürlich war das Internet zunächst bloß ein Sprößling der alten Öffentlichkeit; aber nun ist sie in seinem Sog. Freilich existiert immer noch eine repräsentative Öffentlichkeit; aber sie tickt zu den Konditionen des Netzes. Nach wie vor gibt es die alten Distributionsmedien (Presse, Radio, Fernsehen); aber sie können sich allein durch ihr traditionelles Eigengewicht nicht mehr halten. Sie brauchen, um zu überleben, den Internetauftritt, die Online-Ausgabe, die Audio- und Videothek, die Chatrooms, die Präsenz bei Facebook, Twitter etc. Ständig beteuern sie, das Internet bedrohe sie nicht; es sei lediglich eine Ergänzung und Stärkung ihrer eigenen Position. Faktisch aber sind sie bedroht, sobald sie beim Run auf jede öffentlichkeitsrelevante Plattform nicht sogleich mitmachen. Die Kosten für die sich ständig erweiternde Internetpräsenz versuchen sie durch Einsparungen im traditionellen Distributionsbereich auszugleichen. Das Schweizer Volksbegehren vom März 2018 zur Abschaffung des öffentlich-rechtlichen Rundfunks zeigt die Richtung an.[70] Das Begehren wurde abgewiesen. Der Rundfunk verschlankt sich dennoch, denn das nächste Begehren wird nicht lange auf sich warten lassen. Drei Monate später hat der deutsche Bundestag höhere Summen zur Ausstattung der Parteien beschlossen – mit Verweis auf die erheblichen Mehrkosten, die ihnen die unvermeidliche Präsenz in allen neuen Medien verursacht. Soll das politische Gestaltung der Digitalisierung sein?

Gern wird auch vergessen, daß das unregierbare globale Internet in gewisser Hinsicht ausgesprochen anfällig und bedürftig ist. Es hat nämlich eine physische Grundlage. Millionen Kilometer Glasfaserkabel haben für es gelegt werden müssen. Kein Datenversand und -empfang funktioniert ohne Computer, Laptops, Smartphones – raffinierte Geräte aus Plastik und Metall, in denen Mikroprozessoren stecken, die zuvor nach einem komplizierten Bauplan zu fertigen waren, und seltene Erden, die erst einmal geschürft, isoliert, transportiert werden mußten, ehe sie in den Herstellungsprozeß Eingang finden konnten. Nicht zu reden von den gigantischen neuen Rechenzentren. «[J]ede Online-Überweisung, jedes Instagram-Foto, jeder Facebook-Eintrag, jede Google-Suche braucht enorme Mengen von Speicherplatz, und Datenspeicher brauchen enorme Mengen von Energie. Der Bedarf nach Orten, an denen die Datenmengen gespeichert und verarbeitet werden können, wächst dramatisch und lässt vor der Stadt die größten Bauten der Gegenwart entstehen: festungsartige

---

70 Siehe oben, S. 76

Data-Center. Damit die Daten im Fall eines Stromausfalls immer noch abrufbar sind, brauchen sie Notstromaggregate – meistens Dieselmotoren.» «Weil die in regelmäßigen Abständen zu Probeläufen gestartet werden müssen, riecht es im Herzen der Internetkultur wie auf einem nächtlichen Autobahnparkplatz, wo die Trucks mit laufenden Motoren parken.» Allein das «Rechenzentrum der NSA, sozusagen das Abhörgehirn der Vereinigten Staaten in Utah, ist hunderttausend Quadratmeter groß; das zurzeit größte Rechenzentrum der Welt, betrieben von China Telecom, breitet sich auf 25 Quadratkilometern nahe der Hauptstadt der Inneren Mongolei aus». Ohne sich Speicherplatz in einer Cloud zu mieten, kommen schon mittelständische Unternehmen kaum mehr aus. Die Entwicklung künstlicher Intelligenz bedarf ganzer Serverfarmen. Und dann sind da noch die neuen Währungen. Bei jedem «Schürfen» einer neuen Bitcoin-Summe etwa entsteht eine Zahlenkombination, die mit allen bisherigen Transaktionen abgeglichen werden muß. «[D]as Internet wächst zu einem der größten Energiefresser der Welt heran.»[71]

Nicht zufällig stehen die neuen Big-Data-Festungen an entlegenen Orten, wo sie besser zu bewachen, billiger zu betreiben und vor allem der öffentlichen Wahrnehmung entzogen sind. Wer möchte schon wissen, daß das elektronische Umherschicken von Daten, das fast kein Geld und Material mehr zu kosten und sich zu einer nahezu spirituellen Transaktion sublimiert zu haben schien, städtegroße Bodenstationen braucht, die von Clouds aus Abgasen umhüllt sind und bei schwindelerregend steigendem Energieverbrauch dem ökologischen Kollaps zuarbeiten? Wer möchte derart peinlich an etwas erinnert werden, was eigentlich jeder weiß und kaum jemand wissen will: daß sich das Internet von Strom ernährt?

71 Maak 2018, 9

Fällt er aus, liegt es brach und ist praktisch nicht mehr existent. Kosmologisch gesehen ist es ein materialabhängiger, algorithmisch gewobener Hauch, der sich über einen kleinen Planeten zieht, mehr nicht. Gut hunderttausend Jahre (nach neueren Vermutungen noch weit länger) ist der Homo sapiens ohne Internet ausgekommen. Es existiert erst seit knapp drei Jahrzehnten. Absurd die Vorstellung, die Menschheit könne ohne es nicht leben. Die Geschwindigkeitserwartungen, die es geweckt, die Bequemlichkeiten, die es eingeübt hat, die Entzugserscheinungen, die es bei sporadischem Ausfall auslöst, sind zwar in kürzester Zeit zu kulturübergreifenden globalen Verhaltensweisen alarmierenden Ausmaßes expandiert. Aber daß sie sich in diesen wenigen Jahren unumkehrbar tief in die psychosomatische Konstitution des Homo sapiens eingesenkt hätten, etwa wie der aufrechte Gang, davon kann keine Rede sein. Vorerst sind es Gewohnheiten, die sich die Menschheit durchaus wieder abgewöhnen könnte, wenn sie es ernstlich wollte. Ob sich die Wiederabgewöhnung empfiehlt, ob die schmerzhaften Einbußen, die sie gewiß mit sich brächte, die erhofften Vorteile irgend aufwöge, ist eine andere Frage. Aber möglich ist eine Welt ohne Internet nach wie vor.

Wer diese Möglichkeit erst gar nicht mehr denkt, schränkt seinen Optionsraum von vornherein ein. Gewiß, Möglichkeiten, die einer bestehenden Wirklichkeit als Alternativen entgegengehalten werden, haben stets einen schweren Stand, und manche von ihnen sind sehr vage. Alles ist möglich, was sich nicht direkt widerspricht, sagte etwa Georg Wilhelm Friedrich Hegel, und spottete: «Es ist möglich, daß der Mond heute abend auf die Erde fällt» oder «daß der türkische Kaiser Papst wird».[72] Doch es gibt weitaus konkretere Möglichkeiten. In

72 Hegel 1970 [1830], 283

jeder Schwangerschaft drängt etwas Mögliches zur Wirklichkeit. Jeder Keim, jeder Embryo ist die real existierende Möglichkeit eines ausgewachsenen Organismus. Ernst Bloch hat diesen Gedanken gar aufs Weltganze ausgedehnt und die Materie selbst (*materia* ist im Lateinischen der mütterliche, gebärende Stoff) als ein Möglichkeitsarsenal – vor allem von Möglichkeiten zum Besseren – verstanden, das von der bestehenden Wirklichkeit noch längst nicht ausgeschöpft ist.[73] Und selbst wer die optimistische Grundhaltung von Blochs *Prinzip Hoffnung* nicht teilt, kann schlecht bestreiten, daß allein schon bestimmte wissenschaftlich-technische Optionen von enormer Tragweite – etwa für fossile Energie statt für Sonnen- und Windenergie; für Kernspaltung statt Kernfusion; für eine an Daten statt an Gestalten orientierte Welterfassung – stets bestimmte andere Möglichkeiten übergangen haben, von denen nun einige, wie etwa Wind- und Sonnenenergie, nachholend mobilisiert werden. Ähnlich überging die parlamentarische Demokratie die Rätedemokratie, die privatwirtschaftliche Betriebsführung die genossenschaftliche, die eingleisige Schulausbildung die duale, und ob die jeweils ausgeschaltete Möglichkeit immer die definitiv schlechtere war, steht noch dahin. Jedenfalls war keine der Optionen, die sich durchgesetzt haben, alternativlos, jede eine Entscheidung für etwas und gegen etwas anderes. Zukunftsplanung verengt sich vorab, wenn sie ausschließlich vom herrschenden Ist-Zustand aus nach vorn blickt und sich kein Sensorium für brachgelegte Möglichkeiten der Vergangenheit bewahrt.

Zukunftsplanung hat immer etwas Utopisches. Ganz ohne Plan wären wir nicht lebensfähig. Wir kämen nicht einmal an unsere Nahrungsmittel. Jeder Plan aber hat eine Zukunftsdimension. Die ist, wenn wir auf dem Weg zum nächsten Ein-

73 Bloch 1959, 271

kauf sind, so dicht an der Gegenwart, daß sie als Zukunft kaum auffällt. Dennoch ist sie unverfügbar. Wenn mich vor dem Supermarkt ein Auto anfährt, wird nichts aus dem Einkauf. Geplante Zukunft wird nur Gegenwart, wenn nichts dazwischenkommt. Doch eigene Pläne befinden sich stets in einem umfassenden sozialen Kraftfeld, das niemand geplant hat – und gleichwohl einen ungeheuren Sog in eine bestimmte Richtung ausüben kann. So waren an der Entwicklung des Internets Individuen und Firmen mit vielen Einzelplänen beteiligt, aber ohne Gesamtplan. Ihr Zusammenwirken ließ einen High-Tech-Dschungel mit einer informalisierenden Eigendynamik entstehen, die *so* niemand gewollt hat. Der Versuch, sie aufzuhalten, hat wiederum zur Entwicklung von Suchmaschinen und Plattformen geführt, die zwar die Informalisierung nicht zu stoppen vermögen; dennoch üben sie einen gegenläufigen Sog aus – den Schwarmsog. Wohin es die andern zieht, dahin zieht es auch mich; und je mehr dort ankommen, desto vorteilhafter für alle Beteiligten: das ist die Logik der Schwarmbildung.

Googles Suchmaschine zeigt die am meisten umschwärmten Dateien zuerst an. Der H-Index gibt den meistzitierten wissenschaftlichen Texten die höchste Punktzahl. Je größer aber die Dimension, in der der Schwarmsog wirkt, desto mächtiger ist seine Wirkung. Im Kraftfeld des globalen kapitalistischen Wettbewerbs hat er etwas, was schon überlebt schien, in ungeheuerlicher Weise neu beflügelt: die Tendenz zum Monopol. Eine Plattform, die es schafft, mit einem bestimmten Dienstleistungsangebot einen echten Schwarmsog auszulösen, kann in kürzester Zeit aus aller Herren Länder derart viele Nutzer auf sich vereinigen, daß die Anbieter ähnlicher Leistungen auf dem ganzen Globus keine Chance mehr haben. Eben jene Schwarmlogik, die im Kleinen, bei der Google-Suche nach neuen Schuhen oder Urlaubsreisen, so schön praktisch ist, lädt zugleich die wenigen großen Plattformen mit einem Expansionsdrang auf, der alle bisherige Monopolbildung in den Schatten stellt, jetzt überhaupt erst wirklich eine globale Dimension gewinnt – und die herkömmlichen Nationalstaaten in nie gekannter Weise entkräften dürfte, wenn er sich durchsetzt.

3. Digitale Gefolgschaft

Vernetzte Wertschöpfungssysteme

Plattformen waren zunächst der Hit der Deregulierung. Ihr Erfolgsgeheimnis: Man überläßt Rohstoffgewinnung, Produktion und Transport tunlichst anderen und vermittelt nur noch zwischen ihnen, wie Braun zwischen seinen Lieferanten, wie Amazon zwischen Büchern und Lesern oder Uber zwischen Taxis und Transportbedürftigen. Oder noch eine Spur schlanker: Man stellt nur noch eine digitale Infrastruktur für das Gewinnen und den Austausch von Informationen zur Verfügung, sogar kostenlos, wie Google und Facebook, und hat mit Produktion, Distribution und Dienstleistung direkt gar nichts mehr zu tun, nur noch mit Werbespots aus diesen Bereichen, die man sich teuer bezahlen läßt. Die schlanksten Plattformen waren die erfolgreichsten. Aber sie können auf Dauer so schlank nicht bleiben. Keine kann sich auf ihrem Erfolg ausruhen. Nicht einmal Googles schier unschlagbare Suchmaschine. Im offenen Internet käme zwar keine ähnlich intelligente Maschine gegen sie auf. Zu groß ist ihr Vorsprung dank der Datenfülle, mit der sie sich vollgesogen hat. Wie aber, wenn sie umgehbar wäre? Wenn etwa Facebook zu seinen vielfältigen Dienstleistungen auch noch einen eigenen Suchmechanismus hinzufügte, so daß man den Account für die Internetrecherche gar nicht mehr verlassen müßte? Könnte dann dieser kleine Bequemlichkeitseffekt nicht eine lawinenartige Abwanderung von Google zu Facebook auslösen? Diese Gefahr besteht. Auch die schlanksten Plattformen müssen permanent auf der Hut sein, und keine kann sich mit Erfolg weiter verschlanken. So schlägt das Pendel zurück: vom Outsourcing zur Einverleibung. Der Bilderdienst Instagram hatte zwölf Mitarbeiter, als Facebook ihn für eine Milliarde Dollar schluckte. Das war ein Angstkauf, aber taktisch klug. Lieber die Konkurrenz durch einen völlig überhöhten Kaufpreis im Keim ersticken als riskieren, daß ihre neue Technologie ebenso schnell zur Massenattraktion aufsteigt wie nur wenige Jahre zuvor die eigene. Mit dem gleichen Kalkül erwarb Facebook bald darauf Whatsapp mit seinen etwa 60 Mitarbeitern für rund 20 Milliarden. Die Beseitigung der Konkurrenz im eigenen Revier war freilich nur der Anfang.

«[N]och kürzlich beschwichtigte ein Industrieverbandsvertreter mittelständische Unternehmer in ihrer Sorge vor der heraufziehenden Digitalisierung mit dem Hinweis: ‹Produzieren kann die Cloud noch nicht!› Was für ein fataler und gefährlicher Irrtum. Denn die digitale Revolution macht vor Industriebetrieben nicht halt. Selbst etablierte Unternehmen wähnen sich noch im Vorteil, ihrer teuren Anlagen, der komplexen, auf Effizienz getrimmten Prozesse oder der stets verbesserten Produkte wegen, und übersehen dabei völlig die neuen Wettbewerber, die mitunter gar nicht mehr aus der eigenen Branche kommen.» Wie etwa Google. «Neben der bekannten Internetsuchmaschine arbeiten die Entwickler längst daran, das bisherige Geschäftsmodell vom Cyberspace auf die physische Welt auszudehnen. Mit unglaublicher Geschwindigkeit und hohem Ressourceneinsatz wird an Robotern gearbeitet, an Drohnen für die Citylogistik, an CAD-Software (Google SketchUp), die jedermann zum Produktentwickler macht, an internetfähigen Thermostaten (Google Nest) oder an Technologien zum autonomen Fahren (Google Waymo). Der Kern könnte, ähnlich der Suchmaschine, sein, eine reale Dienstleistung sehr günstig, wenn nicht gar umsonst anzubieten und den Nutzer über die Preisgabe von Informationen bezahlen zu lassen. Dann aber wird es schwer für Industriebetriebe, für ihre hochwertigen Produkte noch entsprechende Margen zu erwirtschaften.» «Gemäß dem berüchtigten Ausspruch ‹Banking is necessary, banks are not!› könnte in Zukunft gelten: ‹Production is necessary, factories are not!› Voraussetzung ist die Vernetzung aller an der Wertschöpfung beteiligten Akteure: vom Lieferanten über den Produzenten, dessen Maschinen, die Designsoftware, den Logistikdienstleister bis zum Kunden. Wer seine Maschinen nicht im Netz hat, wird in Zukunft nurmehr schwer an vernetzten Wertschöpfungssystemen teilhaben können. Damit lösen sich Branchen- und Unternehmensgrenzen auf. Jahrelang stabile Wertschöpfungsstrukturen werden durch die digitale Vernetzung beliebig neu konfigurierbar.»[1]

Dieser kleine Ausblick des Ökonomen Robert Obermaier hat es in sich. Zwar können Clouds tatsächlich nicht in dem wörtlichen Sinne produzieren, daß sie Maschinenteile schweißen oder montieren. Aber wenn im produzierenden Gewerbe nennenswerte Gewinne nur noch dort winken, wo punktgenau auf Nachfrage geliefert wird, dann verändert sich der Begriff der Produktion. Dann erscheinen Unternehmen, die massenweise Gebrauchsgüter herstellen, die sie erst einmal, bis zum Verkauf, in teuren Hallen lagern, als unproduktiv. Jedes ihrer zwischengelagerten und nicht sogleich verkauften Produkte mutet an wie ein Ausschußexemplar. Produktiv sind alle, die sich Lagerung, Leerlauf, Stillstand sparen, weil sie über eine Maschinerie verfügen, die nicht nur sich selbst auf jede Schwankung der Kundenzahl, auf jeden Kundensonderwunsch umgehend einzustellen vermag, sondern auch ihre Zulieferer und Spediteure. Man fühlt sich an die Frühzeit der Eisenbahn im 19. Jahrhundert erinnert. Lokomotiven, Waggons und Schienen bauen war eines; ein anderes jedoch, viele

1 Obermaier 2017, 16

einzelne Fahrten durch übersichtliche Fahrpläne aufeinander abzustimmen (wozu erst einmal verschiedene regionale Uhrzeiten zu einer gemeinsamen mitteleuropäischen koordiniert werden mußten[2]) und die verschiedenen Spurbreiten der Schienen national und international zu vereinheitlichen. Erst diese logistische Leistung machte aus der Eisenbahn ein funktionsfähiges Transportnetz.

Die «vernetzten Wertschöpfungssysteme» von heute sind durchaus nach diesem Modell konzipiert, nur ungleich komplexer. High-Tech-Maschinen sollen sich selbst mit den Instanzen koordinieren, die ihnen den Input liefern und den Output weiterleiten, und dabei auf jede Nachfrageschwankung sogleich flexibel reagieren, sozusagen die «Fahrpläne» und «Spurbreiten» des Produktionsprozesses im Nu und völlig reibungslos umstellen. Ohne ständige Übertragung riesiger Datenmengen zu andern Produktions- und Transportmaschinen, Lieferanten und Verteilern ist das nicht möglich, also nicht ohne Big-Data-Plattformen. Konzerne wie SAP, Siemens, General Electric oder Trumpf haben sich je eigene Plattformen aufgebaut und ihr Investitionsvolumen dabei stark strapaziert. Ein Konsortium etwas kleinerer Firmen schloß sich aus Not zur Plattform Adamos zusammen. «Nur durch industrielle Plattformen sei zu verhindern, dass Industrieunternehmen ‹in die Abhängigkeit von Softwareunternehmen oder großen Internetfirmen geraten›.» Indessen gesteht das französische Unternehmen Dassault Systèmes mit seinem Werbeslogan, zum «Amazon der Industrie» werden zu wollen, vor allem ein, wie fern es dieser Größenordnung noch ist. Für mittelständische Unternehmen stellt sich ohnehin nur die Frage, «welcher Plattform sie sich anschließen sollen». Gewöhnlich ist das Beste für sie, «über eigene Apps auf einer be-

2 Schivelbusch 1989, 44

stehenden Plattform zu arbeiten. Das machen selbst große Konzerne wie ABB. Der Elektrokonzern bietet 210 digitale Lösungen über die Cloud an – und bedient sich dazu der Plattform Azure von Microsoft.» Doch «dass die wenigsten dieser Plattformen die absehbare Konsolidierung überstehen werden, ist sicher».[3]

Markt als Plan

Soweit eine kleine Momentaufnahme der digitalen Machtverhältnisse zur Zeit der Hannover Messe 2018. Sie zeigt, daß die Maschinen der Zukunft nur dann noch als produktiv gelten werden, wenn sie in eine umfassende Lieferlogistik eingebunden sind, die ihnen allein eine große Plattform verschaffen kann. ‹Sollen die Zulieferer doch selbst sehen, wie sie ihre Leistung erbringen; Hauptsache, sie kommt zum vereinbarten Termin›: mit dieser Haltung ist man in der neuen smarten Arbeitswelt nicht mehr kooperationsfähig. Dort müssen sogar Lieferverträge und -termine beweglich gehalten werden, wenn die Nachfrage der Kunden sich ändert. In diesem neuen Stadium der Flexibilisierung ist nicht mehr Outsourcing angesagt, sondern eine neue Form der Zusammenfassung. Auch hier gilt: Deregulierung ist Reregulierung. Nur ständige digitale Verbindung zwischen allen Beteiligten sorgt für den Fortlauf der smarten «Wertschöpfungssysteme» ohne jede Einbuße durch Lagerung, Leerlauf und Stillstand.

Erneut waltet die Logik der Umkehrung. Genauso wie das Internet als unscheinbarer Abkömmling der demokratischen Öffentlichkeit begonnen hat und sie in wenigen Jahrzehnten zum Bestandteil seiner selbst herabzusetzen vermochte, so

3 Marx/Giersberg 2018, 18f.

wird nun das ganze produzierende Gewerbe, das im Internet zunächst nur einen Wurmfortsatz seiner Verwaltung sah, zu einem Bestandteil der großen digitalen Plattformen. Produktion läßt sich von Distribution nicht mehr klar unterscheiden. Beide werden vom selben Algorithmengeflecht durchzogen. Eine Art Taylorismus ohne Menschen zeichnet sich ab. Denn so flexibel, wie die neuen Wertschöpfungssysteme auf Nachfrageschwankungen reagieren sollen, könnten es Arbeiterkolonnen nicht tun. Ständig umdisponieren, mal fünf, mal zwölf Stunden arbeiten, mal die gleichen Produkte mit dieser, mal mit jener Ausstattung versehen: das würden Menschen noch schlechter ertragen als den stets gleichförmigen Ablauf von Handgriffen im Maschinentakt. Daher sind für die neuen Wertschöpfungsketten nur noch wenige Supervisoren vorgesehen.

Vor allem aber vollzieht die neue Produktionslogistik eine Rückannäherung der Markt- an die Planwirtschaft; nur gleichsam von hinten. In der Sowjetunion ermittelte ein zentraler Planungsstab die mutmaßlichen Bedürfnisse von Staat und Bevölkerung und erteilte dann die entsprechenden Produktionsaufträge. Wehe, wenn ein paar Stellschrauben im Plan vergessen worden waren oder die Bevölkerung die für sie vorgesehenen Stiefel und Schränke gar nicht haben wollte. Dann konnten ganze Maschinenparks stillstehen und sich Berge ungenutzter Konsumgüter türmen, während viele faktische Bedürfnisse gar nicht berücksichtigt waren. Heute geht man umgekehrt vor. Der «Plan» ist der Kundenbedarf. Den soll die plattformgesteuerte Wirtschaft direkt decken – ohne all die Unwägbarkeiten, die der Markt mit sich bringt. Die Lücke zwischen Angebot und Nachfrage, worin das ganze Risikopotential von Fehlinvestition, Über- und Unterproduktion, Lagerung, Verramschung, Verschrottung und Bankrott steckt, soll sich durch Logistik tendenziell schließen, der Markt so perfekt werden, daß er aufhört, Markt zu sein.

Wäre das nicht eine «List der Vernunft»[4] vom Allerfeinsten, wenn die Global Players unter gnadenlosem Wettbewerbsdruck unversehens zu jener flächendeckenden bedürfnisorientierten Direktlieferung übergingen, an der die Planer der Sowjetwirtschaft jämmerlich gescheitert sind und die sich nun durch Algorithmen wie von selbst einstellt? Doch Vorsicht. Den Markt interessieren Bedürfnisse nur, sofern sie mit Geld unterlegt sind. Bedürftige ohne Kaufkraft sind ihm egal. Nur für zahlungskräftige Kunden wird eine raffinierte Produktions- und Lieferlogistik mobilisiert. Für diese Logistik selbst aber gilt: Je ausgedehnter und komplexer sie ist, desto störanfälliger. Die Deutsche Bahn ist dafür bereits beispielhaft. Schon bei Sommer- und Wintertemperaturen, die keineswegs als extrem zu erachten sind, erweist sich ihre digitale Steuerung als unzuverlässig. Bei permanentem hochfrequenten weltweiten Datenaustausch dürfte die Störanfälligkeit steigen, nicht sinken. Da könnte schon eine winzige Störung globale Versorgungs- und Sicherungssysteme lahmlegen. Wirbelstürme und Erdbeben, Hackerangriffe oder Terroranschläge auf Big-Data-Farmen sind dabei noch gar nicht eingerechnet.

Die Perfektionierung der Markt- zur Planwirtschaft ist eine Quadratur des Kreises. Sie gelingt ebensowenig wie die totale Überwachung.[5] Die Global Players sind denn auch an Marktbeherrschung, nicht Marktperfektionierung interessiert, und man beginnt zu ahnen, über welche Trümpfe die großen Plattformen bei diesem Spiel verfügen. Google zum Beispiel versucht bei seinem Vorstoß in die Produktionssphäre nicht etwa plump, irgendwelche Autokonzerne aufzukaufen. Es arbeitet vielmehr an Waymo, einem gigantischen logistischen Netz mit sich selbst steuernden Autos, die jedem Unfall und Stau

4 Hegel 1970 [1840], 49
5 Siehe oben, S. 51 f.

ausweichen und stets von selbst den besten Weg zum Ziel finden – in der begründeten Zuversicht, daß sich der globale Verkehr langfristig nur durch ein solches Netz bewältigen läßt, die Autoindustrie nur noch zu seinen Konditionen und auf seinen Bedarf hin wird produzieren können und, nach einer Phase heftigen Sträubens, als Zulieferer der Plattformen enden wird, die den Verkehr steuern. Das Entscheidende wird nicht mehr der Dauerbesitz eines Fahrzeugs sein, sondern die punktgenaue Verfügung über eine Fahrleistung in dem Moment, wo man sie braucht – wenn man zur Arbeitsstelle, zum Einkauf, in den Urlaub fahren oder etwas transportieren will –, ohne daß man sich um Wartung oder Parkplätze kümmern muß.

Die Musikindustrie exerziert das schon vor. In den 1990er Jahren war die Schallplattenindustrie massiv eingebrochen. Musikdateien ließen sich gratis aus dem Netz herunterladen. Dann entstanden Plattformen wie Spotify. Sie schalten Werbung, erheben von Hörern und Plattenfirmen eine Gebühr – und liefern dafür Zugang zu einem Riesenbestand von Musikdateien. Man muß nicht mehr einzelne Stücke illegal herunterladen oder sich um Stellfläche für CDs sorgen. Rolls Royce verfolgt dieses Modell bereits beim Flugzeugbau: Triebwerke liefern, aber nicht verkaufen, sondern eine Gebühr für jede Stunde verlangen, in der sie genutzt werden – und die gesamte Wartung übernehmen.[6] Wenn nicht mehr der physische Tonträger zählt, sondern der Zugang zu ihm, nicht mehr das Fahrzeug oder Triebwerk, sondern dessen Nutzung, dann sind die Koordinatoren von Zugang und Nutzung die eigentlichen Gewinner. In der Musikindustrie hat sich bereits entschieden, wer das ist: die Plattformen. Die Plattenfirmen sind bloß noch Zulieferer. Wird das in der Fahrzeugindustrie genauso laufen?

6 Srnicek 2018, 75

Das ist schwer vorhersehbar. Nicht ausgeschlossen, daß etwa die Autoindustrie eigene Plattformen mit einer Verkehrslogistik entwickelt, die attraktiver ist als Waymo. Dann macht Google in diesem Segment nicht das Rennen. Dennoch wird sich die Plattformlogik durchsetzen; nur daß eine andere Firma die logistische Oberhoheit gewinnt und die Autoproduzenten als Trabanten um sich kreisen läßt – was Google nicht davon abhielte, in andern Bereichen auf Sieg zu setzen.

Einer davon ist die Medizin. Damit ist nicht nur «Dr. Google» gemeint: die Fülle von medizinischen Informationen, die die Suchmaschine jedem liefert, der sich bei Beschwerden erst einmal selbst ein Bild von seinem Zustand machen will, ehe er einen Arzt aufsucht. Die Bestrebungen gehen viel weiter: das dilettantische «Googeln» von Krankheitsbildern, Medikamenten und Behandlungen durch ein professionelles Diagnosesystem zu ersetzen, das wie ein lebendiger Arzt erst einmal (per Fragebogen und Messung von Blutdruck, Herzfrequenz, Muskelaufbau etc.) alles kontrolliert, was für bestimmte Krankheiten symptomatisch ist, womöglich Röntgenbilder erstellt, bei klaren Resultaten zur Verschreibung bestimmter Medikamente befugt ist und nur in Zweifelsfällen sowie zu Maßnahmen, die der Patient nicht selbst an sich durchführen kann, den Gang in die Arztpraxis oder Klinik anordnet. Damit würde der größte Teil der alltäglichen medizinischen Routinearbeit zu drastisch gesenkten Kosten von Plattformen erledigt. Sie wären die neuen Allgemeinmediziner. Ärzte und Kliniken bekämen die Patienten von ihnen überwiesen und behandelten nur noch auf der Basis von Plattform-Daten als Spezialisten für komplizierte Fälle. Wie sie allerdings einen kundigen Blick für Krankheitsbilder bekommen sollen, wenn sie keinerlei diagnostische Routinetätigkeit mehr ausüben, wird nicht gefragt.

Indessen gehen die Patientendaten nicht nur an die Weiterbehandelnden, sondern ebenso an die Krankenversicherung, die ihre Tarife wiederum flexibel einstellen wird: auf die Krankheitsanfälligkeit der Patienten, aber ebenso auf deren Bereitschaft, zur eigenen Gesundheit aktiv beizutragen. Denn das Diagnosesystem der Plattform taugt ebensogut als umfassendes Gesundheitsregime. Tägliche Schrittzahlen, Herzfrequenz, Schlafverhalten, Ernährungsgewohnheiten etc. lassen sich kontinuierlich durch ein *Remote Health Monitoring* überwachen.[7] So gravitiert der ganze Betrieb zur Plattform hin. Über kurz oder lang ist sie nicht mehr nur der Allgemeinmediziner, sondern der Regisseur des gesamten Gesundheitssystems. Ärzte und Kliniken agieren als ihre Trabanten, empfangen von ihr und zu ihren Konditionen die Patienten. Das Versichern aber übernimmt die Plattform selbst. Sie wird die herkömmlichen Krankenversicherungen ausstechen, denn sie hält alles in einer Hand. Man wird Kunde bei einer Plattform, überläßt ihr alle Patientendaten, bekommt dafür einen ungleich günstigeren Versicherungstarif als jetzt, weil ihre Logistik mit diesen Daten nicht nur den größten Teil der früheren Allgemeinmedizin übernehmen kann, sondern auch die Abwicklung der Versicherungsvorgänge sowie die Verwaltung von Kliniken und Arztpraxen – mit enormer Ersparnis an Personalkosten.

Plattform-Staatsgeschäfte

Fast alle Plattformgiganten arbeiten auf ein solches medizinisches Gesamtversorgungsmodell hin,[8] wenn auch von verschiedenen Voraussetzungen aus, mit verschiedenen Schwerpunkten und Partnern. Wiederum ist schwer vorauszusagen,

---

7 Mau 2017, 171
8 Srnicek 2018, 119

wer das Rennen macht und ob ein einziges Modell siegen wird oder mehrere nebeneinander bestehen können. Aber daß sich dabei die skizzierte Plattformlogik durchsetzen wird, ist kaum zweifelhaft. Zudem zeichnet sich ab, auf welche sozialen Bereiche es die großen Plattformen vor allem abgesehen haben. Systeme zur Steuerung von Heizungen (Google Nest) oder privater Haushaltsführung (Amazon Echo) laufen lediglich nebenbei, gewissermaßen als logistische Fingerübungen und als Gelegenheiten zu weiterer Datengenerierung. Das große Ding sind Transport und Verkehr sowie medizinische Versorgung, zwei Sektoren, für die nahezu alle modernen Staaten eigene Ministerien unterhalten; zählt doch ihre Koordination zu den elementaren staatlichen Infrastrukturleistungen, für die die Bürger Steuern zahlen. Warum aber sollen sie das noch tun, wenn Plattformen in der Lage sind, diese Koordination zu übernehmen?

In den 1970er Jahren erschien es als staatspolitischer Geniestreich, Post, Telefon, Eisenbahnen, Kliniken und Gefängnisse zu privatisieren, sie aus Unternehmensgewinnen finanzieren zu lassen, statt die sinkenden Steuereinnahmen für sie zu verwenden. Der Rückzug des Staats aus diesen Bereichen werde sein Kerngeschäft stärken, hieß es. Privatfirmen würden ihm effizienter zuarbeiten als die eigenen Bediensteten. So gab der Staat den Privaten den kleinen Finger. Nun stehen die Mächtigsten unter ihnen bereit, die ganze Hand zu nehmen. Wie sollen hoch verschuldete Staaten mittelfristig widerstehen, wenn große Plattformen ihnen anbieten, Transport und Verkehr sowie medizinische Versorgung für sie ungleich preisgünstiger zu verwalten als ihre eigenen Ministerien? Früher gab es ein Postministerium; die Entwicklung der Informationstechnologie machte es überflüssig. Warum muß es ein Verkehrs- und ein Gesundheitsministerium geben? Befinden sie sich nicht im Marginalbereich des staatlichen Kerngeschäfts; muß man den eigentlichen Kern nicht enger definieren?

Solche Fragen zeigen: Die Deregulierung erfaßt das staatliche Kerngeschäft selbst. Welche Bereiche gehören ihm noch unverhandelbar an? Etwa Bildung und Wissenschaft? Seit Jahren ist die mathematisch-naturwissenschaftliche Forschung an den Universitäten ohne Unterstützung von Privatfirmen kaum mehr funktionsfähig. Bewerber auf Professorenstellen müssen die Fähigkeit nachweisen, sogenannte Drittmittel einzuwerben (zunehmend auch in den Sozial- und Geisteswissenschaften). Die Einflußnahme privater Geldgeber auf die universitäre Forschung ist ebenso selbstverständlich geworden wie die Gestaltung der schulischen und universitären Ausbildungspläne nach Arbeitsmarktkriterien.[9] Doch noch arbeiten private Schulen und Hochschulen nach staatlichen Vorgaben. Sonst werden sie staatlich nicht anerkannt. Und Drittmittelgeber mögen zwar die Forschung beeinflussen; aber durchgeführt und beaufsichtigt wird sie von den zuständigen Universitäten und Ministerien. IT-Firmen mögen zwar öffentlichen Schulen Klassensätze von Computern oder Tablets sponsern; aber damit übernehmen sie nicht schon die Schulverwaltung.

Nun aber gibt es einen Dammbruch. Das deutsche Bundesministerium für Bildung und Forschung plant mit dem Hasso-Plattner-Institut vom Konzern SAP die Einrichtung einer Schul-Cloud.[10] Damit ist eine Umkehrung eingeleitet. Bisher schickte die IT-Industrie ihre Lobbyisten zu Parlamentariern und Ministerialbeamten. Nun bietet eine Privatfirma dem Staat eine digitale Verwaltung sämtlicher Unterrichtsmaterialien, didaktischer Konzepte, Lernbegleitung und -kontrolle

9 Die Kompetenzorientierung, die zunächst die schulischen Lehrpläne durchdrungen hat (siehe oben, S. 59 ff.), führt nun auch zur flächendeckenden Neuformulierung der universitären Pläne.
10 Siehe oben, S. 68 f.

an. Alles in einer Hand und jedem Befugten jederzeit zugänglich; maximale Transparenz bei erheblicher Personalkostensenkung. Was will man mehr? Gern darf die Bildungspolitik Einfluß auf diese neue Verwaltung nehmen, Bildungsstandards, Durchführungserlasse etc. eingeben; aber nur noch zu den Konditionen der Cloud. *Sie* ist das Zentrum, koordiniert Lernen und Lehren und verfügt über die dabei reichlich anfallenden Schüler- und Lehrerdaten. Die Bildungspolitiker hingegen geraten in die Rolle von Lobbyisten, die bei ihr vorstellig werden. Und falls die Schul-Cloud scheitert, ist die Politik zur Rückabwicklung der getroffenen Vereinbarungen technisch gar nicht mehr in der Lage; hat sie doch den größten Teil ihrer logistischen Kompetenz an die Algorithmen einer Privatfirma ausgehändigt. Nicht ausgeschlossen, daß ihr dann eine größere Plattform – etwa Google oder Facebook – mit einem preisgünstigeren, umfassenderen Angebot aus der Patsche hilft, das beispielsweise auch noch die Besoldungsverwaltung aller im Bildungssektor Beschäftigten übernimmt. Aber damit wäre nur ein Plattformregime gegen ein mächtigeres ausgetauscht. Sobald sich die Bildungspolitik einmal in die Abhängigkeit von einer Plattform begeben hat, ist nicht mehr absehbar, wie sie wieder in ein staatliches Kerngeschäft zurückübersetzt werden soll.

Eines aber, so sollte man denken, läßt sich kein Staat nehmen: die Geldschöpfung. Münzprägung war von Anfang an ein Staatsakt. Sie machte zunächst in den antiken griechischen Stadtstaaten die Runde. Dort stellte sich bereits eine Münzöffentlichkeit her, ehe sich erste Ansätze zu einer demokratischen Öffentlichkeit regten. Kleine runde Scheiben aus Silber, Gold oder einer Legierung von beiden (Elektron) bekamen das Zeichen der Polis eingedrückt, später auch eine Zahl, die das Gewicht der Scheibe (ihren «Wert») angab. Die Münzempfänger konnten darauf vertrauen, daß die in der Polis herrschende Macht hinter den Münzen stand und ihre Anerkennung als Zahlungsmittel notfalls erzwingen würde. Allgemeiner gesagt: Erst eine staatliche Beglaubigung verschaffte den Münzen – und in späteren Epochen ihren Abkömmlingen, den Banknoten – den Status eines fürs ganze Gemeinwesen verbindlichen Zahlungsmittels: den Status einer Währung. Daß in Krisenzeiten Währungen bis an den Rand der Wertlosigkeit verfallen können und die Bevölkerung dann eher durch Naturalien an andere Naturalien gelangt als durch Münzen oder Noten, ändert nichts daran, daß die Einführung jeder neuen, stabileren Währung wiederum einer staatlichen Beglaubigung bedarf. Wie also soll die Gewährleistung einer Währung jemals aufhören, staatliches Kerngeschäft zu sein?

Bitcoin – Blockchain

Um so bemerkenswerter, wie emsig an der Entwicklung digitaler Alternativwährungen gearbeitet wird. Rund 700 sollen weltweit im Aufbau sein.[11] In gewisser Hinsicht setzen sie die Tradition jener regionalen Währungen fort, die in kleinen, zumeist mittelständisch geprägten Wirtschaftsräumen, etwa in Süddeutschland, Österreich und der Schweiz, im letzten Jahrhundert einigen Erfolg verbuchen konnten. In einer Kommune oder einem Landkreis, die in ihrem Verwaltungsbereich eine solche Währung an Interessenten ausgibt, kauft man mit ihr wechselseitig beieinander ein, vergibt untereinander Aufträge und Arbeitsplätze und verhilft so einander zu weit mehr Wohlstand, als wenn auch noch Banken mitverdienten. Freilich zehren solche Währungsverbünde von staatlichen Infrastrukturleistungen, die sie selbst nicht erbringen müssen. Der

11 Dohmen 2017

lokale Wohlstand, den sie bescheren, beweist keineswegs ihre Tauglichkeit, die Versorgung großer Gemeinwesen zu regulieren. Das aber ist das Fernziel jener Kryptowährungen, an denen einzelne und Gruppen in Start-ups und Großplattformen fieberhaft basteln.

Im Jahr 2008, auf dem Höhepunkt der Finanzkrise, als weltweit große Banken vor dem Zusammenbruch standen und Staaten ihre ohnehin hohe Verschuldung um viele Milliarden erhöhten, um ihre Banken zu retten, da erhielten Hunderte von Kryptographie-Experten eine E-Mail von einem gewissen Sathoshi Nakamoto (einem Pseudonym): «Ich habe an einem neuen elektronischen Zahlungssystem gearbeitet, das vollständig auf gleichberechtigten Rechner-zu-Rechner-Verbindungen beruht und keinen vertrauenswürdigen Dritten erfordert.»[12] Also keine Banken und keinen Staat. Das war das Bitcoin-System. Es schien einen Ausweg aus der globalen Finanzmisere aufzuzeigen. Wer ihm beitritt, zahlt einen Mindestbetrag traditioneller Währung in Bitcoins ein und bekommt dafür seinen persönlichen Zugang zum Bitcoin-Gesamtregister, das alle Guthaben und Transaktionen aller Bitcoin-Mitglieder umfaßt, ausschließlich dezentral auf ihren Rechnern existiert und nun auch das eigene persönliche Guthaben einschließt. Jeder kann die Guthaben aller anderen einsehen. Geheim sind nicht die Konten, sondern deren Inhaber. Sie agieren pseudonym. Ihre echten Namen sind nirgends hinterlegt. Wer eine Überweisung machen will, gibt Empfänger und Betrag ein, und das System kontrolliert selbst, ob dabei das Minus auf dem eigenen und das Plus auf dem begünstigten Konto einander entsprechen oder ob sonst irgendwie geschummelt wurde. Wie es das kann? Dadurch, daß es jede neue Überweisung allen beteiligten Rechnern zugäng-

12 Dohmen 2017

lich macht und mit dem bisherigen Gesamtregister abgleicht. So fallen nachträgliche Manipulationen an vorangegangenen Transaktionen schnell auf, weil sie zu Zahlen führen, die mit denen auf allen anderen Rechnern nicht übereinstimmen. Betrüger werden ausgeschlossen, können freilich unter einem neuen Pseudonym sogleich wieder eintreten. Ferner kostet die Selbstkontrolle des Systems irrsinnige Mengen an Speicherkapazität und Energie; wird doch bei jeder neuen Transaktion das Gesamtregister aller bisherigen erneut durchlaufen.

Bei solchem Energiebedarf taugt der Bitcoin nicht zum allgemeinen Zahlungsmittel der Zukunft. Hingegen bleibt er bei pseudonymer Kontenführung ein Magnet des organisierten Verbrechens. Das macht ihn dubios, seine Zukunft unsicher und seine Kursschwankungen hoch. Vielleicht ist er kaum mehr als ein temporäres Spekulations- und Bereicherungsobjekt für Risikofreudige.[13] Aber die Technologie, auf der er basiert, ist damit noch nicht ausgeschöpft: die Blockkette *(Blockchain)*. Für «Block» könnte man auch «Ordner» sagen, denn ein Block strukturiert die Datenfülle, die beim ständigen Abgleich jeder neuen Transaktion mit dem Gesamtregister aller vorangegangenen entsteht. Er faßt die jeweils neuesten Updates des Gesamtregisters in kurzen zeitlichen Abständen zusammen. So fügt sich Block an Block, Update an Update zu einer Kette, und in jedem Block ist wie in einem Aktenordner der Gesamtstand zum Zeitpunkt X abgeheftet.

13 Mehr als 21 Millionen Bitcoin-Münzen sollen angeblich nicht in Umlauf kommen. Je mehr das System sich seiner Münzobergrenze nähert, desto mehr sollen die Gewinne, die es abwirft, nach einem vorgegebenen Schlüssel sinken (Dohmen 2017). Aber vielleicht ist auch das bloß eine gezielte Fehlinformation, um möglichst viele Leute bei den Bitcoin-Gewinnspielen zu halten, nach der Devise: Jetzt schnell noch mitmachen, ehe die Gewinne schrumpfen.

Damit wurde ein neues Kapitel in der Geschichte menschlicher Transaktionen aufgeschlagen: dank einer Technologie digitaler Selbstorganisation, die ohne intermittierende Dritte auszukommen meint. Die Dritten – das sind wir selbst, so ihre Botschaft. «Wir sind das Volk», könnte man mit dem Slogan der Leipziger Montagsdemonstrationen sagen. Das ganze Kollektiv gewährleistet durch den Zusammenschluß seiner Rechner, was Banken und Staat nie vermochten: eine betrugs- und gebührenfreie Direktübertragung zwischenmenschlicher Verbindlichkeiten. Geld ist nur eine davon. Es können auch Absprachen und Verträge aller Art sein. Sie sollen sich durch die neue Technologie gewissermaßen von selbst ausführen – ohne alle Aufseher, Vermittler und Repräsentanten. Eine große Vision knüpft sich daran. «Kreditkarten und PayPal werden überflüssig. Wirtschaftsbeziehungen werden umgewälzt, Oligopole ausgehebelt und geopolitische Strukturen neu geordnet. Es ist eine verlockende Aussicht, dem Zentrum – den Banken, den Staaten, den Rechtsanwälten […] – die Macht zu entziehen und sie in die Hände der Peripherie zu legen. Das Volk kann die Macht übernehmen.»[14] So ähnlich klang allerdings schon Barlows Unabhängigkeitserklärung des Cyberspace an die «müden Giganten aus Fleisch und Stahl». Gegen die «Regierungen der industriellen Welt» und all ihre «Rechtsvorstellungen von Eigentum, Redefreiheit, Persönlichkeit, Freizügigkeit und Kontext» proklamierte sie die neue globale herrschaftsfreie Direktkommunikation des Internets.[15]

Das war Mitte der 1990er Jahre, als der Wettlauf um die beste Suchmaschine in vollem Gange war. Nun geht es um die

14 Dohmen 2017; Zitat aus: Michael Casey/Paul Vigna, *Cryptocurrency.*
15 Siehe oben, S. 31

beste Zahlungsmaschine. Da sind die Schwierigkeiten größer. Die Blockchain funktioniert zwar, aber bisher nur in kleinen Dimensionen. Das Welternährungsprogramm der UNO zum Beispiel regelt die Versorgung in einem jordanischen Flüchtlingslager über eine Blockchain. Durch sie werden die Geldbeträge, die den Flüchtlingen zustehen, direkt mit den Supermarktkassen im Lager vernetzt. Dort kann sich jeder selbst im Rahmen seines Guthabens bargeldlos kaufen, was er braucht, ohne zum Empfänger zugeteilter Rationen degradiert zu sein oder Sorge vor lagerinternem Gelddiebstahl haben zu müssen; und das Welternährungsprogramm spart erhebliche Bank- und Verwaltungskosten.[16] Banken wiederum erhoffen sich von der Blockchain, daß sie ihnen die Vermittlung von Unternehmensanleihen erleichtert, indem sie zum Beispiel Kreditgeber und -nehmer, Ratingagenturen und Anwälte direkt vernetzt und in sogenannte *smart contracts* einbindet: Verträge, die gleichlautend auf den Rechnern aller Beteiligten deponiert sind und die Schritte ihrer Umsetzung (Zahlungen, Überprüfungen, Bestätigungen etc.) selbst auslösen.[17]

Es sind viele ähnliche Anwendungen der Blockchain denkbar. Sie stellen beträchtliche technische Vereinfachungen und Personalkostenersparnis in Aussicht. Und doch bleiben sie Kleinkram – gemessen an der großen Vision, die sich wie ein Regenbogen über der neuen Technologie wölbt: Wirtschaftsbeziehungen umwälzen, Oligopole aushebeln, geopolitische Strukturen neu ordnen, Banken, Staaten, Rechtsanwälten die Macht entziehen und «dem Volk» alles in die Hände legen. Von dieser Vision sind nicht nur Basisdemokraten und Techno-Marxisten erfaßt, sondern auch alle Plattformgiganten. Letzteren schwebt dabei allerdings vornehmlich eine globale Zah-

16 Nienhaus/Schieritz/Tönnesmann 2018, 23 f.
17 Nienhaus/Schieritz/Tönnesmann 2018, 24

lungsmaschine vor. Ein «Facecoin» oder ein «Goog», den alle Nutzer der entsprechenden Plattform als Zahlungsmittel anerkennen: ja, der würde tatsächlich Wirtschaftsbeziehungen und geopolitische Strukturen umwälzen und Banken und Staaten erhebliche Macht entziehen. Und er würde dem «Volk» der jeweiligen Plattform mit nie gekannter Direktheit dienstbar sein – und es um so mehr an sie binden.

Wenn die Blockchain-Technologie zu einer solchen Währung verhelfen soll, so muß sie einerseits die schwindelerregende Steigerung von Datenproduktion und Energieverbrauch, die der Bitcoin schon in relativ kleinem Rahmen verursacht, vermeiden – und andrerseits die Reichweite des neuen Zahlungsmittels um ein Vielfaches ausweiten. Eine Aufgabe, die der Quadratur des Kreises gleicht. Bisher konstituieren Kryptowährungen immer nur Tauschgemeinschaften, deren Gemeinsamkeit in nichts als einem Zahlungsmittel besteht und die sich um das Funktionieren der staatlichen Infrastrukturleistungen, auf deren Basis sie agieren, nicht kümmern. Wie aber soll das Zahlungsmittel einer Tauschgemeinschaft befähigt werden, ein ganzes Gemeinwesen zu regulieren? Soll es etwa in Ländern von der Größe Frankreichs oder Deutschlands durch den dezentralen Zusammenschluß aller Rechner die Gesamtheit aller Transaktionen ständig abgleichen und basisdemokratisch per Blockchain alle Verträge schließen, auslösen und überwachen, die für die erforderlichen Infrastrukturleistungen sorgen? Unmöglich. Dezentralität läßt sich nicht beliebig ausdehnen. Sie hat Obergrenzen, auch wenn strittig sein mag, wo genau sie verlaufen. Eine Milliarde von WhatsApp-Gruppen ist kein Problem. Aber eine WhatsApp-Gruppe mit einer Milliarde Teilnehmern? Allein die Vorstellung macht schwindlig. Und die Blockchain ist ähnlich dezentral angelegt wie WhatsApp. Alle Beteiligten sollen stets gleichermaßen über den neuesten Informationsstand verfügen. Das geht nur bei begrenzten Mitgliederzahlen.

Daher ist nicht zu erwarten, daß das Zahlungsmittel einer dezentralen informellen Tauschgemeinschaft, etwa vom Bitcoin-Format, durch bloßen Mitgliederzuwachs eines Tages von selbst zum Zahlungsmittel eines ganzen Gemeinwesens mutiert. Gemeinwesen konstituieren Geld; Geld allein aber konstituiert kein Gemeinwesen. Heißt das, daß der Nationalstaat, also die moderne Form des Gemeinwesens, die sich weltweit durchgesetzt hat, den Hype um die Kryptowährungen getrost ignorieren kann? Keineswegs. Große Plattformen sind ja nicht bloß informelle Tauschgemeinschaften. Sie sind in atemberaubender Geschwindigkeit zu globalen Magneten aufgestiegen. Vor drei Jahrzehnten gab es sie noch gar nicht. Heute üben sie auf die traditionellen Infrastrukturdomänen des Staates eine ungeheure Anziehungskraft aus, die sich durch die globale Deregulierungsdynamik stetig verstärkt. Wenn die gesamte Fahrzeug- und Straßenbauindustrie auf die Dauer nur als Zulieferer einer riesigen Plattformlogistik marktfähig bleiben wird; wenn medizinische Versorgung und Versicherung nur noch als plattformgesteuertes Gesamtpaket Bestand haben werden; wenn das Bildungswesen, von der Lernsoftware bis zur Klausurenkorrektur, durch die Algorithmen von Plattformen in Gang gehalten wird; wenn also nach und nach und doch rapide das Geschäft der Verkehrs-, Gesundheits- und Bildungsministerien an private Plattformen übergeht – dann gehören deren Bestrebungen, eine eigene digitale Direktwährung zu entwickeln, der Aufbauphase von staatsähnlichen Gebilden an. Diese Direktwährung wird ohne intermittierende Dritte auskommen, weil die Plattform selbst der Dritte ist. Sie wird von der Blockchain-Technologie profitieren, sie aber zugleich zentralisieren. Facebook, Google oder Amazon werden sich hüten, dezentral auf allen Rechnern alle Transaktionen zu reproduzieren und pseudonyme Kontoinhaber zuzulassen. Um so mehr wird sie der Ausbau jener Blockchain-Version interessieren, die sich jetzt schon bei der Flüchtlingslagerverwaltung bewährt. Jeder Flüchtling ist namentlich registriert. Keiner hat Einblick in den Kontostand der anderen, aber die Konten aller hängen in einer Zentrale zusammen, die sie mit Anbietern von Lebensmitteln und anderen Gebrauchsgütern vernetzt und bei jedem Einkauf den Kaufbetrag von ihnen abbucht.

Es wird den Chefinformatikern der Plattformgiganten nicht an Phantasie fehlen, dieses Modell ins Große zu übertragen. Wer bereit ist, den Suchmaschinen ständig persönliche Daten zu liefern; wer nicht umhinkommt, für jede Fahr- oder Transportleistung, jede medizinische Konsultation, die er in Anspruch nehmen möchte, solche Daten preiszugeben; wer es von klein auf als selbstverständlich erachtet, seine Daten mitzuteilen, um überhaupt an seine schulischen Lernstoffe zu kommen – warum sollte der sich scheuen, einer Plattform, die all diese Daten für ihn verwaltet, auch seine Kontodaten samt Zahlungsverkehr anzuvertrauen? Eine Plattform, die dies alles in einer Hand vereint, kann ihren Nutzern Versorgungspakete bisher unbekannten Ausmaßes bieten: ihnen die gesamten Infrastrukturleistungen preisgünstiger anbieten als alle bisherigen Dienstleister; ihnen Generalrabatte für alle Lebensmittelmärkte und Warenhausketten einräumen, mit denen sie sie direkt verbindet; ihnen Kredite zu Konditionen offerieren, mit denen Banken nicht hätten mithalten können – und dies alles, weil keine Dritten mehr mitverdienen. Über die Blockchain der Plattform werden sämtliche Kosten, die in ihrem Einzugsbereich anfallen, direkt ab- und umgebucht, vertragliche Vereinbarungen direkt abgewickelt, ohne jede Zwischenschaltung von Banken, Rechtsanwälten oder staatlichen Institutionen. Die Nutzer der Plattform speisen Guthaben, über die sie in staatlicher Währung verfügen, in die Blockchain ein. Deren algorithmische Struktur wirkt wie ein Prägestock, verwandelt Dollar, Euro, Rubel etc. in ein Zahlungsmittel, das «Facecoin» oder «Goog» heißen könnte, durch die Plattform beglaubigt ist und in ihrem Geltungsbereich vorbehaltlose Anerkennung genießt. Damit weist es die entscheidenden Merkmale einer Währung auf. Ob ein Teil davon noch in Scheinen, Münzen oder Marken ausgegeben wird, wird sich zeigen. Es geht jedenfalls auch ohne sie. Sobald jeder Nutzer der Plattform durch seine Daten unverwechselbar identifizierbar ist (in dem erwähnten Flüchtlingslager funktioniert das durch Iriserkennung), lassen sich alle Transaktionen als Direktbuchungen durchführen.[18]

Netz-Fragmentierung

Bei ungebremst fortlaufender Deregulierung wird die hier skizzierte Plattformwährung nicht ausbleiben. Sie wird die staatliche nicht einfach ersetzen, aber dominieren. Nominell wäre sie zwar bloß eine Alternativwährung, faktisch aber die Hauptwährung. Gehalts- und Sozialhilfeempfänger würden die ihnen zustehenden Beträge wahrscheinlich zwar erst einmal weiterhin in staatlicher Währung erhalten, den größten Teil davon aber sogleich in ein Bezahlsystem weiterleiten, in dessen Geltungsbereich nahezu alles billiger ist als außerhalb. Daß sich allerdings nur *eine* globale Alternativwährung herausbilden wird, ist sehr unwahrscheinlich. *Alle* Plattformgiganten arbeiten an einer umfassenden Logistik für Transportregulierung, medizinische Versorgung und Bildungsorga-

18 Wie Kinder noch den Umgang mit Geld lernen sollen, wenn sie es nie haptisch begreifen konnten, nie eine Münze oder eine Note in der Hand hatten, sie in die Hand eines anderen legten und dafür von ihm einen Gegenstand ausgehändigt bekamen – das ist eine andere Frage. Das verbannte Bargeld wird als pädagogisches Spielgeld wohl oder übel wiederkehren.

nisation, und alle hecken Kryptowährungen aus. Nicht alle werden sich damit durchsetzen, aber gewiß mehr als einer.[19] Und die Gewinner werden etwas vollziehen, was sich bereits abzuzeichnen beginnt: die Fragmentierung des Internets. Zwar haben Google, Facebook, Amazon und die andern Großen gerade erst angefangen, Produktion und Infrastruktur in den Bann ihrer Logistik zu ziehen. Aber sie sind jetzt schon bestrebt, «Daten zu geschlossenen Plattformen zu lenken», wo die Nutzer «dann auf verschiedene Weise festgehalten werden: durch die Abhängigkeit von einem Dienst, durch die Unmöglichkeit, Alternativen zu nutzen, oder zum Beispiel weil die Daten nicht transportabel sind». «Tatsächlich ist ein wesentlicher Grund für den Erfolg von Facebook, dass im Unterschied zu Google, das mit seiner Suchtechnologie das offene Web dominierte, eine geschlossene, dem Zugriff von Google entzogene Plattform geschaffen wurde», mit dem Ziel, daß die Nutzer «ihr abgeschlossenes Ökosystem niemals verlassen müssen: Nachrichten, Videos, Audio, Messaging, E-Mail und sogar der Einkauf von Konsumgütern – all das wurde nach und nach auf die Plattform geholt.» «Auch Amazon möchte eine geschlossene Plattform werden, unabhängig von Google. […] Waren suchen, vergleichen, kaufen, nachverfolgen und bewerten, ohne jemals die Plattform von Amazon verlassen zu müssen»: das ist das Ziel. Und wenn sich die andern gegeneinander abschließen, wird auch Google, wie sein Chefökonom Hal Varian zu Protokoll gab, «irgendwann zu einem Bezahlmodell für Seitenaufrufe übergehen».[20]

19 Eine einzige globale Plattform als Marktsieger wird es schon deshalb nicht geben, weil der chinesische Staat seine Plattformen dem freien Spiel der Marktkräfte erst gar nicht aussetzt; siehe unten, S. 200 ff.

20 Srnicek 2018, 110–112, 123

Damit dämmert das Ende des offenen Netzes herauf. Sogar Google, die offenste unter den großen Plattformen, driftet zur «operativen Schließung».[21] Inhaltlich tut sie das längst: seit sie ihre Nutzer durch deren eigenes Datenprofil lenkt, so daß sie Suchergebnisse, die ihrem Profil nicht entsprechen, kaum mehr angezeigt bekommen und sich, ohne es recht zu merken, in den Kokon einer Weltsicht einspinnen, die allmählich äußere Korrektive und Widerstände verliert und nur noch aufnimmt, was ihrer Bestätigung dient. Diese «narzißtische Blasenbildung» bekommt nun allerdings eine neue Dimension. In dem Maße, wie die Plattform auf die Sphäre der Infrastruktur und Produktion übergreift, dehnt sich die Blase zu einem ganzen *Way of Life* aus, einem Ensemble von Transportleistungen, Versicherungen, Therapien, Bildungsprozessen, Haushaltswaren, Lebensmitteln à la Google. Ähnliches wird es auch à la Facebook geben – oder von einer anderen Plattform, die in der Lage ist, ein eigenes Way-of-Life-Format anzubieten. Diese Ways werden etwa so ähnlich und so unterschiedlich sein wie jetzt schon PC und Mac, Android und I-Phone oder wie die verschiedenen Krankenkassen, von denen die einen beim Zahnersatz, die andern beim Zweibettzimmerzuschlag preisgünstiger sind, im Endeffekt aber auf nahezu gleiche Leistungen und Kosten hinauslaufen. Nur wird man in irgend-

21 Luhmann 1998, I, 92. Systeme entstehen laut Niklas Luhmann grundsätzlich durch operative Schließung, will sagen, durch Abkapselung von ihrer Umwelt, die sie nunmehr nur noch gefiltert einlassen, und durch Selbststabilisierung ihrer Binnenkommunikation. So funktioniert freilich auch die narzißtische Blasenbildung, in der Google führend ist. Man darf sie durchaus als eine Form von Systembildung erachten. Ob umgekehrt auch jede Systembildung eine Art narzißtischer Blasenbildung darstellt, hängt davon ab, wie weit man den Begriff des Narzißmus faßt – und wäre ein Thema für sich.

eine dieser neuen Plattform-Lebenswelten eintreten müssen, weil das Leben außerhalb von ihnen für Normalverbraucher kaum mehr bezahlbar sein dürfte. Die Vor- und Nachteile der einzelnen Lebenswelten aber werden einem Agenturen ausrechnen: vermittelnde Dritte, die Geld damit verdienen, andere beim Eintritt in jene Welt zu beraten, in der alles so viel einfacher und billiger sein soll, weil ohne vermittelnde Dritte.

Follower

In den 1980er Jahren, als in fast jede Firma und Privatwohnung Computer vordrangen, bekam der ratsuchende Laie auf die Frage «Was ist besser, ein Mac oder ein PC?» vom Fachmann gelegentlich die Gegenfrage gestellt: «Was ist besser, katholisch oder evangelisch?» Mit andern Worten: Begriffe wie «besser» und «schlechter» greifen bei komplexen Betriebssystemen nicht. Jedes von ihnen hat seine Vor- und Nachteile. Am Ende aber kommt es darauf an, welches sich in die persönliche Lebensführung mit ihren je besonderen Neigungen und Pflichten besser einfügt. Daß die einen auf dieses, die andern auf jenes System schwören, ist letztlich ein konfessioneller Akt. Dessen Gewicht vervielfacht sich, wenn mit dem Betriebssystem zugleich ein umfassender Way of Life zur Wahl steht. Es ist in diesem Zusammenhang sehr erhellend, daß sich im Englischen an das Wort «Plattform» zielsicher das Wort *Follower* geknüpft hat. Seither sind beide Worte ein Paar. Ein Blog oder ein Twitter-Account ohne Follower ist so gut wie inexistent; er wird nicht wahrgenommen. Bei großen Plattformen geht die Zahl der Follower in die Milliarden. Follower sind, wörtlich übersetzt, «Folgende». Aber folgen kann man ganz verschiedenem: einem Fliehenden, einer Spur, einem Text, einem Rat, einem Befehl, einem Führer. Die Follower eines Blogs etwa können den Abonnenten einer Zeitung ähneln. Sie müssen keine Anhänger oder Fans des Mediums sein und können seine Berichterstattung dennoch interessiert, skeptisch oder ablehnend verfolgen.

Doch diese Art des Folgens ist bereits eine hoch differenzierte Spätform. Das Verb *follow* kommt hingegen aus vormodernen Stammes- und Sakralverhältnissen, wo «Folgen» das Gegenstück zu «Befehlen» war und es noch keine klaren Unterschiede gab zwischen der Folge, die einem Stammeshäuptling, einem Stammeskult oder einer Stammesgottheit geleistet wurde. Follower waren die Gefolgsleute, auf die sakrale oder militärische Führer sich im Ernstfall verlassen konnten. *Folc* (Volk), das war die Schar, die zusammenströmte, wenn der «Slogan» (*sluagh gairm* = Volk-Ruf, Sammelruf, Schlachtruf) ertönte.[22] Plattformen lösen eine ähnliche Wirkung aus wie die alten Slogans: Sie ziehen Scharen zusammen. Sie konstituieren auf hochtechnologische Weise Gefolgschaften. Besonders offenkundig geschieht das bei jenen (meist sehr jungen) YouTubern, die nichts betreiben als hemmungslose Selbstdarstellung, und durch ihre exhibitionistische Art, ihre privaten Ansichten, Bilder, Hobbys, Wohnungen, Klamotten, Musikvorlieben zur Schau zu stellen, eine unfaßbar große Schar rekrutieren, die durch millionenfache Likes kundtut, daß sie liebend gern selbst so hemmungslos auftreten würde wie ihr Vorbild auf YouTube.

Aber auch jeder seriöse Blog zur Aufdeckung von Verstößen gegen Menschenrechte, jeder Twitter-Account zur Erörterung von Themen, die im Mainstream kein Gehör finden, braucht selbstverständlich einen Grundstock von Followern, die den Betreiber als Leitfigur wahrnehmen und ihn durch ihre Reaktionen ermuntern, weiterzumachen. Daran ist nichts

22 Mühlpfordt 2016, 65

auszusetzen. Wer sich öffentlich äußert, hofft auf Resonanz, neue Gemeinsamkeiten und Kontakte. Dem diente schon die herkömmliche Zeitung; aber sie tat es vermittelter. Es gab in ihr sozusagen eine Gewaltenteilung. Für Schreiben, Drucken und Verteilen waren verschiedene Abteilungen zuständig. Blogger müssen zwar nicht mehr drucken, alles andere aber gewöhnlich selbst machen: ihre eigenen politischen oder kulturellen Anliegen nicht nur artikulieren, sondern auch in die optimalen Kanäle lancieren; Follower nicht nur rekrutieren, sondern auch bei Laune halten; also ständig Netzverbindungen herstellen, Pointen zünden, Aufmerksamkeit erregen, wenn der Blog den Ablenkungskräften des Internets nicht erliegen soll. Während die Blogger Follower um sich scharen, folgen sie ihrerseits medialen Zwängen, leisten auf ihre Weise also selber digitale Gefolgschaft, um ihre Follower bei der Stange zu halten. Davon bleiben auch die besten Aufklärungs- und Politisierungsabsichten nicht ganz unberührt.

Aber erst in der globalen Makrodimension kommt die hochtechnologische Wiederbelebung archaischer Gefolgschafts- mentalität voll zum Tragen. Man stelle sich vor, Google würde einmal für einen Tag seine Suchmaschine komplett sperren. Es käme umgehend zu globalen Angst- und Panikattacken. Sie würden drastisch demonstrieren, was ohnehin auf der Hand liegt: daß Milliarden Nutzer von dieser Suchmaschine nicht minder abhängig sind als Heroinsüchtige von ihrem Stoff. Die Google-Nutzer stellen jetzt schon, längst ehe sich eine umfassende Google-Lebenswelt herausgebildet hat, eine große Gefolgschaft dar. Entstanden ist sie durch Schwarmsog. Je mehr Nutzer, desto besser für alle. Doch eigentlich sind Schwärme unstet und flüchtig; es sei denn, man weiß sie im Zustand des Schwarms festzuhalten. Google vermochte das durch die stupende Qualität seiner Suchmaschine. Wer sie nutzte, wollte ihre Bequemlichkeit und das Hochgefühl, von ihr kostenlos die Welt zu Füßen gelegt zu bekommen, nicht mehr missen.

Um dagegen aufzukommen, müssen die Konkurrenten mit anderen Bequemlichkeiten locken. Facebook etwa bietet denen, die ihre privaten und beruflichen Kontakte über seine Plattform laufen lassen, permanent zusätzliche Informations- und Recherchedienste, so daß sie nicht einmal für journalistische oder wissenschaftliche Arbeiten die Plattform verlassen müssen. Auch Amazon arbeitet daran, daß seine Klientel möglichst alles auf seiner Plattform erledigt.

Das sei «bequemer», heißt es. Nun ist es zwar tatsächlich entschieden bequemer, durch eine einzige Suchworteingabe bei Google im Nu herauszubekommen, was bei einer Bibliotheksrecherche Stunden dauern würde. Aber warum sollen die wenigen Tastenanschläge, die erforderlich sind, um von einer Plattform zur andern zu wechseln, so viel unbequemer sein als die viele Tastenanschläge innerhalb einer Plattform? Das ist ebenso fadenscheinig wie die Behauptung, an der Supermarktkasse sei das Hervorziehen von Bargeld unbequem, das einer Scheckkarte aber bequem. Das Wort «Bequemlichkeit» kaschiert hier lediglich, worum es eigentlich geht. Die konkurrierenden Plattformen suchen noch einmal die narzißtischen Potentiale zu mobilisieren, die Google und Facebook einst so unwiderstehlich machten: das Hochgefühl, die gesamte Welt der Information frei Haus geliefert zu bekommen (Google); das Hochgefühl, der großen Jury anzugehören, die ohne jede Rechenschaftspflicht öffentlich bekunden darf, was ihr «gefällt» und was nicht (Facebook). Wer aus Gefühlen dieser Art einmal die Genugtuung zog, wichtig, anerkannt, *up to date* zu sein, hat es nicht leicht, von ihnen wieder loszukommen. Ihr Kitzel ist prädisponiert dafür, psychische Abhängigkeit zu erzeugen. Und wer fühlte sich nicht narzißtisch gekitzelt, wenn ihm eine Plattform die Gesamtheit ihrer Dienste wie ein Universum unterbreitet?

Das Lustvolle daran ist nicht, daß man sich ein paar Anschläge und Klicks erspart, wenn man auf der Plattform bleibt, sondern das Hochgefühl, das einem, sozusagen als Treuebonus, fürs Bleiben zuteil wird. Wer auf verschiedenen Plattformen unterwegs ist, ist auf jeder nur zu Besuch. Wer alles auf einer erledigt, ist auf ihr vergleichsweise zu Hause und verfügt dabei auch noch über ein zusammenhängendes «Reich». Frei nach Goethe: Hier bin ich *King*, hier darf ichs sein. Das ist der Kitzel, der so ungemein bestechend wirkt, zumal er, anders als der Kick, den herkömmliche Drogen wie Heroin oder Alkohol verschaffen, hohes soziales Ansehen genießt. Er markiert die Spitze des Fortschritts. Deshalb hat er es vergleichsweise leicht, Nutzer an eine bestimmte Plattform zu fixieren – sie im genauen Sinn des Wortes anzufixen. Wo es dazu kommt, baut sich ein Suchtverhältnis auf. Der Wechsel zu andern Plattformen wird dann wie ein Entzug empfunden; und der ist allerdings unbequem. Technische Unbequemlichkeiten kommen hinzu. Jede Plattform stellt ihre Algorithmen so ein, daß man seine Daten und Kontakte nicht einfach zur Konkurrenz tragen kann.

Netz-Fundamentalismus

Für angefixte Nutzer ist die Plattform, die ihnen einen Way of Life bietet, mehr als nur ein nützliches Werkzeug und strategischer Orientierungspunkt. Sie gerät in die Rolle eines seelischen, um nicht zu sagen, existentiellen Halts. Suchtverhältnisse haben ihre eigene Autoritätsstruktur. Süchtige werden nicht durch äußeren Befehl abhängig. Sie sind es durch eigenen inneren Drang. Sie halten ihren Alltag ohne ein bestimmtes Suchtobjekt nicht mehr aus. Es erscheint ihnen als rettende Macht. Der Abhängige «glaubt» an sie, etwa wenn er sich die nächste Dosis Heroin verabreicht oder nach dem Aufwachen sogleich das Smartphone einschaltet. Andrerseits spürt er, daß diese Macht ihn nicht rettet, sondern nur abhängiger macht.

Insofern ist sein Glaube von Unglauben durchsetzt. An dieser Ambivalenz laboriert auch der religiöse Fundamentalismus. Er ist ein modernes Krisenphänomen, kein atavistisches Überbleibsel längst vergangener Zeiten. Fundamentalisten haben die neuzeitlichen Zweifel an ihrer Religion selbst tief eingeatmet. Sie glauben nicht zu sehr an einen göttlichen Daseinsgrund, sondern zu wenig. Sie heften sich an einen Halt, der am Wegbrechen ist. Sie spüren, daß er nicht hält. Um so heftiger klammern sie sich an ihn. Sie müssen den Zweifel in ihrem eigenen Inneren übertönen.[23]

Ähnlich verhalten sich die suchtbasierten Gefolgschaften globaler Plattformen. Eigentlich wissen sie, daß Plattformen keine Götter sind. Keine von ihnen hat die Welt geschaffen, vergibt Sünden oder sorgt für ewige Seligkeit. Dennoch ist es schier unausweichlich, daß eine Plattform, die einen Riesenschwarm von Menschen ansaugt und ihm einen ganzen Way of Life bietet, mehr darstellt als ein hilfreiches Algorithmengeflecht. Für ihre Follower ist sie die Macht, die sie davon errettet, nirgends hinzugehören und in jener unerschwinglichen Zwischenwelt zu leben, wo es all die Vergünstigungen, die die Plattform bietet, nicht gibt. Wenn sie von dieser Macht erwarten, daß sie «ihnen sagt, was sie als nächstes tun sollen», wie Google-Chef Schmidt prognostizierte: wer will es ihnen verdenken? Ist doch das, was die Plattform ihnen sagt, lediglich das, was ihr eigenes Datenprofil ihnen sagt, also sie selbst. Sie sind in der Plattform, die Plattform ist in ihnen. Die mystische Vereinigung, die die Theologie zwischen Seele und Gott lediglich imaginiert hat – hier ereignet sie sich real, ohne daß auch nur ein einziges theologisches Wort fallen muß. Plattform-Mystik ist zwar eine niedere Form von Mystik. Eine umfassende Erlösung von allem menschlichen Elend, wie sie etwa

23 Türcke ²2010, 253 ff.

die Hochreligionen verheißen, stellt sie erst gar nicht in Aussicht. Aber alle höheren Religionsformen können gut auf der Plattform-Mystik aufsatteln; die fundamentalistischen sind ihr sogar kongenial. Sie fliegen auf große Plattformen. Ein besseres Missionsmedium als Facebook können sie sich kaum wünschen.

Doch die Missionsinteressen fundamentalistischer Religionsströmungen sind nur ein Überbauphänomen. Die Basis ist die Art und Weise, wie die Plattformen selbst informelle Gemeinwesen stiften. Sie ziehen Schwärme von Menschen zusammen: durch eine neue Form von Kohäsion, die wenigen Jahren mit ungeheurem Tempo globale Ausmaße angenommen hat. Ihre Langzeitwirkungen sind noch gar nicht absehbar. Dennoch ist eines jetzt schon offensichtlich: Die psychischen Energien, Erwartungen, Hoffnungen, die milliardenfach von Plattformen angezogen werden, werden von andern sozialen Gebilden abgezogen. Es ist nicht schwer zu erraten, welche das vornehmlich sind: die formellen Gemeinwesen, die Staaten. Sie haben einst ihre eigene Deregulierung in Gang gesetzt und können sie nun kaum mehr aufhalten. Sie ist in schleichende Aushöhlung übergegangen. Wohlhabenden Ländern wie den USA, Deutschland, Frankreich oder Japan, deren Wirtschaft sich in einer anhaltenden Wachstumsphase befindet, deren Infrastruktur und Sozialleistungen so funktionieren, daß sich weltweit Millionen von Flüchtlingen danach sehnen, sieht man das noch nicht an. Wer wollte darauf wetten, daß diese Muster staatlicher Intaktheit in Kürze erodieren werden? Doch wer hätte 1980 auf den Zerfall der Sowjetunion gewettet? Momentaufnahmen des bestehenden Stabilitätsgrades eines Staates sind weniger aussagekräftig als Beobachtungen zu Langzeitentwicklungen.

In deren Verlauf erweisen sich unscheinbare kleine Ereignisse gelegentlich als folgenreiche Wendepunkte. Warum sollen wir Gebühren für einen öffentlich-rechtlichen Rundfunk

zahlen, den wir nicht nutzen, weil wir uns im Internet informieren? fragte zum Beispiel eine Schweizer Volksinitiative.[24]
Sie wurde abgewiesen, aber seither wird der Schweizer Rundfunk verschlankt; angeblich, damit er «effizienter» wird; faktisch zur Besänftigung seiner Gegner: Seht her, wir senken die
Kosten für ihn; gebt ihr dafür Ruhe. In einigen Jahren, bei der
nächsten Volksinitiative zu diesem Thema, wird genau dieses
Friedensangebot gegen seine Urheber gewendet werden. Habt
ihr durch die Verschlankung nicht selbst zugegeben, daß die
Ausgaben unverhältnismäßig waren? Inzwischen sind sie
noch unverhältnismäßiger; noch mehr Menschen sind vom
öffentlich-rechtlichen Rundfunk abgewandert. Schaffen wir
ihn endlich ab. Und sollte auch dieser zweite Versuch fehl-
schlagen, wird ein dritter nicht lange auf sich warten lassen.
Jedes Mal wird die Position der Rundfunkgegner stärker. Es
ist nicht abzusehen, wie der öffentlich-rechtliche Rundfunk
sich dagegen mittelfristig behaupten soll.

Politikverdrossenheit

Dies Vorgehen wird Schule machen, sobald Plattformgiganten
beginnen, Infrastruktur und Produktion in Regie zu nehmen.

---

24 Siehe oben, S. 76. Das Mißtrauen gegen den öffentlich-rechtlichen Rundfunk und die großen Tages- und Wochenzeitungen
ist nicht nur in der Schweiz auf dem Vormarsch. Für Deutschland
hat eine Untersuchung der Otto-Brenner-Stiftung dieses Mißtrauen in weitere Zusammenhänge gestellt. Es ist um so größer, je
mehr die Befragten politische Informationen aus dem Internet
ziehen, und es zeigt einige signifikante Korrelationen mit prekä-
ren Lebensverhältnissen und feindseligen Einstellungen gegenüber Muslimen und Sinti und Roma auf (cf. Decker et al. 2017,
22 ff.).

Es wird sich eine neue globale Bürgerrechtsbewegung bilden, die direkte Mitbestimmung über die Verwendung ihrer Steuergelder verlangt. Überall werden Steuerzahler-Initiativen fragen: Warum so hohe Abgaben für Transport und Verkehr, für medizinische Versorgung, für Bildung, wenn die Plattform, der wir angehören, diesen Job ungleich preisgünstiger erledigen könnte? Der Staat wird die ihm zustehenden Steuern nicht länger pauschal einziehen können, um dann in Regierung und Parlament zu verhandeln, welche Ressorts welchen Anteil davon bekommen. Er wird die Budgets, die er für seine Ministerien und Institutionen veranschlagt, gegenüber den neuen Bürgerrechtlern und Plattform-Anwälten, die mit kostengünstigeren Berechnungen aufwarten, direkt rechtfertigen müssen. Er wird diesen Berechnungen entgegenkommen und versuchen, seine Leistungen mit weniger Geld zu erbringen. Allmählich werden Plattformen im Auftrag des Staates diese Aufgaben übernehmen; schließlich werden sie sie selbständig durchführen.

Die neuen Bürgerrechtler, bei denen die Gesellschaftskritik zur Steuerkritik schrumpfen wird, werden sich zu den wahren Verbündeten der Finanzministerien erklären und hervorheben, daß jede Infrastrukturleistung, die der Staat nicht mehr finanzieren muß, sein Budget schont und ihn davor bewahrt, neue Schulden zu machen. Das kann den Finanzministern doch nur recht sein! Allerdings nur, solange es ein unbestrittenes staatliches Kerngeschäft gibt, für das sie unzweifelhaft zuständig bleiben. Doch dies Kerngeschäft erodiert, seit die Deregulierung Anstalten macht, in Transportwesen, medizinische Versorgung, Bildung und Währung vorzudringen. Selbst innere und äußere Sicherheit sind nicht sicher vor ihr. Die Volksarmee aus Wehrpflichtigen ist einer entschieden kostengünstigeren Söldnertruppe gewichen. Im Landesinneren übernehmen zunehmend private Dienste Sicherungsaufgaben, für die die Polizei nicht genügend Personal hat. Auch hier verlangt die Deregulierung nach Reregulierung. Wären Mega-plattformen, die die starre Trennung von Polizei und Militär, von öffentlichem und privatem Sicherheitsdienst aufheben und ihre Logistik ganz von den Notwendigkeiten des Einsatz-orts aus entwickeln, nicht genau das Richtige? Googles Ver-kehrsprogramm Waymo ist bereits so konzipiert. Sein Fokus ist der konkrete Ort, an dem eine Person ihr Carsharing-Fahr-zeug vorfinden, ein Taxi sich einfinden oder ein Stau vermie-den werden soll. Müßte man nicht auch sämtliche Sicherheits-dienste so fokussieren: sie als mobile Einheiten genau in der Größe und mit der Ausstattung in Fußballstadien, auf Demon-strationen oder zu Auslandseinsätzen schicken, die an Ort und Stelle gerade gebraucht werden? Plattformen, die hierfür die Logistik liefern, würden ein ganzes Ministerium einsparen helfen, weil sie zwischen innerer und äußerer Sicherheit nicht mehr unterscheiden. Zum staatlichen Sicherheitssektor aber würden sie sich ähnlich verhalten wie die Schul-Cloud zum Bildungssektor. Mit andern Worten: Sie liegen im Trend. Viel-leicht läßt schon die nächste globale Rezession die Steuerein-künfte so schrumpfen, daß Nationalstaaten, die gegenwärtig Facebook und Google mit schärferen Sanktionen verfolgen und als Konzerne sogar zerschlagen wollen, mit ebendiesen Unternehmen über eine Militär-Cloud verhandeln, weil nur Plattformen dieser Größenordnung das hierzu erforderliche algorithmische Know-how überhaupt entwickeln können.

Und was bleibt vom Staat? Das Gehäuse all der Funktio-nen, die er allmählich abtritt oder verliert. Seine demokrati-sche Verfassung, seine Wahlen, Volksvertreter, Regierungen, Gerichte werden noch über geraume Zeit Scharniere dieses Gehäuses sein. Er wird zudem alle Hände voll mit der Ab-wicklung der Funktionen zu tun haben, die er an nichtstaat-liche Akteure delegiert. Wieder wird sich dabei die kompli-zierte juristische Seite der Deregulierung geltend machen: mit all ihren Neu-, Sonder- und Übergangsbestimmungen samt den daraus erwachsenden Kompetenzstreitigkeiten. Für welche Aufgaben in Transport, medizinischer Versorgung, Erziehung und Bildung wird in der Übergangszeit noch der Staat, für welche schon die Plattform zuständig sein? Hier können beide Seiten in langwierigen juristischen Verfahren vor nationalen Gerichten und internationalen Jurys sich wechselseitig die Verantwortung zuschieben, während Straßen und Schienen nicht repariert, medizinische Behandlungen nicht durchgeführt, Kinder nicht beaufsichtigt, Unterrichtsmaterialien nicht zugänglich gemacht werden. Die Übergangszeiten, die sich da anbahnen, werden auch Verwahrlosungszeiten sein.

Solche Aussichten machen die Politik nicht attraktiver, aber sie lassen erahnen, daß die viel beklagte Politikverdrossenheit erst in den Anfängen ist. In den 1970er Jahren war es noch undenkbar, daß in Ländern mit freien Wahlen die Wahlbeteiligung unter 60 oder gar 50 Prozent sinken könnte. Ebensowenig war freilich absehbar, daß die Übertragung von ein paar staatlichen Aufgaben an private Firmen zu einer nicht enden wollenden Selbstabwicklung des Staates führen könnte, bei der sich der Arbeitsaufwand der Politiker stetig erhöht und ihre Gestaltungsmacht verringert. Unter dem Druck einer unbezahlbar hohen Staatsverschuldung und einer internetdominierten Öffentlichkeit steckt jede demokratisch gewählte Regierung vorab in Zwängen, die sie der vorangegangenen ähnlich machen. Ihr eigenes Profil verhält sich dazu wie die Zugabe zum Programm. Daß unter solchen Bedingungen viele Talentierte nicht mehr Politiker werden wollen und viele Bürger nicht mehr wählen gehen, gehört zusammen.

«Nicht mehr wählen gehen» ist allerdings nicht ganz zutreffend im Zeitalter von Googles Suchmaschine. Jeder, der sie nutzt, nimmt an einem Ranking teil, und das heißt: an einer Wahl. Jedes eingegebene Suchwort verschafft der gesuchten Sache eine Stimme mehr. Sie rückt im Anzeigesystem weiter nach vorn. Die Suchmaschine veranstaltet ein ständiges Plebiszit in globaler Öffentlichkeit. Jeder Nutzer wählt unablässig, nur wählt er nicht mehr Vermittler des eigenen Willens, sondern direkt das, was er will; nicht mehr Parteien oder Repräsentanten, sondern das, was ihn persönlich interessiert. Die Suchmaschine suggeriert ihm: Echte Demokratie gibt jedem das Seine direkt. Sie braucht keine Volksvertreter, keine Repräsentanten, keine *res publica* mehr. Und wer den Kitzel, den die direkte Dienstbarkeit der Suchmaschine erregt, einmal tief genossen hat, wer seelisch und beruflich abhängig von Google-Recherchen oder auch von Facebook-Kontakten geworden ist, wer zu diesen Plattformen ein Suchtverhältnis aufgebaut hat: woher soll der noch die Energien für die dauerhafte aufmerksame Teilnahme an der *res publica* und ihrem umständlichen, zermürbenden Alltagsgeschäft nehmen, sei es als Staatsbürger, sei es als Berufspolitiker? Nur eine psychosomatisch besonders robuste Minderheit ist dazu noch in der Lage.

Politikverdrossenheit ist nicht dadurch behebbar, daß die Politiker «wieder bürgernäher» agieren. Sie ist ein Problem psychosozialer Energieverteilung. Von Wahlurnen und politischen Parteien geht kein suchtartiger Magnetismus aus wie von globalen Plattformen, die mit ihrer neuen Form direkter Demokratie ohne *res publica* Milliarden von Followern anfixen. Im Gegenteil: Mit der Deregulierung hat auch die Erosion der großen Volksparteien begonnen. Alle Parteien werden in Kürze vor der Frage stehen, mit der der öffentlich-rechtliche Rundfunk schon konfrontiert ist: Was berechtigt sie zum Empfang von Steuergeldern? Sollen sie sich doch ganz durch Spenden finanzieren. Warum aber sollen sich junge Leute unter solchen Bedingungen in einer Partei hochdienen, sich um Gefolgschaften und Loyalitäten in Ortsvereinen und Landesverbänden bemühen, sich in langwierigen Willensbildungsprozessen aufreiben, wenn sich die großen Gefolgschaften, die eigentlich zählen, doch in einer ganz andern Dimension und mit einer Leichtigkeit herstellen, von der die Politik nur träumen kann? Politikverdrossenheit ist ein Auszehrungsphänomen. Wie das Internet den öffentlich-rechtlichen Rundfunk auszehrt, so die Dynamik der großen Plattformen das gesamte politische Geschäft.

Tribalistischer Nationalismus

Der neue Nationalismus, der derzeit den Zusammenhalt der Europäischen Union bedroht und ihre transatlantische Partnerschaft mit den USA auf eine ernste Bewährungsprobe stellt, ist eine Reaktion auf diese Auszehrung. Er zeigt, daß der Abzug von psychischen Energien, mit denen ein geschätztes Objekt besetzt war, kein reibungslos-schmerzfreier Prozeß ist. Bei persönlichen Liebesobjekten nennt man ihn Trauer.[25] Aber auch Objekte kollektiver Identifizierung hinterlassen, wenn sie verloren gehen, Entbehrungsgefühle. Aus ihnen speist sich der neue Nationalismus. Er wird nicht nur von Nachkommen alter Nationalkonservativer getragen, nicht nur von enttäuschten Sozialdemokraten und Sozialisten, die dem Sozialstaat nachtrauern und ihn sich wenigstens als Nationalstaat erhalten wollen, sondern auch von politisch zuvor Indifferenten, die nach einem Kontra- und Haltepunkt gegen die Suchtwirkung der digitalen Welt suchen, der sie sich ausgesetzt fühlen, ohne zu wissen, wie ihnen geschieht. Das Gemeinsame dieses diffusen Nationalismus ist, daß er den staatsauszehrenden Sog der Plattform-Welt spürt und sich gegen ihn sträubt, indem er sich an eben jenes nationalstaatliche Gehäuse klammert, das von der Auszehrung befallen ist. Woher

25 Freud 1975 [1917], 198 f.

sie kommt, will er nicht wissen. Um so mehr hadert er damit, wie sie den Nationalstaat schwächt. Er fühlt sich davon tief gekränkt und lastet sie den amtierenden Politikern als deren persönliche Unfähigkeit und Böswilligkeit an. *Sie* sind es, so sein Verdacht, die den Nationalstaat fremden Mächten ausliefern: den Finanzmärkten, bei denen sie hoch verschuldet sind; den Plattformen, von deren Logistik sie sich abhängig machen; den Flüchtlingen und Migranten, denen sie das Land öffnen. Sie dienen nicht dem nationalen Zusammenhalt, der Wahrung der nationalen Grenzen und der Versorgung der genuinen Staatsbürger, sondern ihren eigenen Interessen, und der öffentlich-rechtliche Rundfunk samt einer mit ihm verbandelten Presse unterstützt sie dabei.[26]

Diese Sichtweise macht sich ein neuer Typ von Demagogen zunutze. Sie erbieten sich, die amtierende politische Klasse abzulösen und den Wählerwillen wieder direkt auszuführen. Alles, was ihn ihrer Ansicht nach verwässert – Parlamente, Ausschüsse, Verfassungsgerichte –, suchen sie zu umgehen oder zu schwächen, notfalls durch Verfassungsänderungen, in einigen Ländern (Ungarn, Polen, Türkei) mit ausdrücklicher Unterstützung von Parlamentsmehrheiten, die der Regierung bereitwillig Befugnisse abtreten, damit sie die nationalen Belange «straffer» oder «effizienter» durchsetzen kann. Der neue Nationalismus mag sich auf einen älteren berufen und gelegentlich mit der *Grande Nation*, dem britischen *Empire* oder den Nazis kokettieren. Doch im Unterschied zu ihnen ist er nicht auf Expansion zu nationalen Großreichen aus, sondern eher auf Restauration des nationalstaatlichen Gehäu-

26 So etwa stellt sich in Deutschland die Gefühlslage der AfD dar. Die Anhänger von Donald Trump, Marine Le Pen, Geert Wilders, Victor Orbán oder Jaroslaw Kaczynski sind verblüffend ähnlich eingestellt.

ses und dessen Ausbau zu einer Festung in instabiler Umgebung.

Nationalistische Bewegungen dieser Art, die sich mit dem Zerfall der Sowjetunion im ganzen Ostblock zu manifestieren begannen und die es gegenwärtig in fast allen Ländern der Europäischen Union gibt, sind, wie Eric Hobsbawm früh gesehen hat, im wesentlichen «separatistisch». «Sie pochen auf ‹ethnische Zugehörigkeit› und sprachliche Unterschiede, zum Teil mit Religion verbunden. In mancher Hinsicht kann man in ihnen die Nachfolger oder gelegentlich die Erben der kleinstaatlichen Bewegungen sehen, die sich gegen das Habsburger, das Osmanische und das Zarenreich richteten». «Immer wieder erwecken sie den Eindruck, sie seien Reaktionen aus Schwäche und Angst, Versuche, Barrikaden gegen die Kräfte der modernen Welt zu errichten».[27] Allerdings tun sie das auf modernste Weise. Und das heißt heute: zu den Standards direkter Teilhabe, die Google und Facebook gesetzt haben. Gemessen an diesen Standards erscheint der herkömmliche Willensbildungsprozeß der *res publica* unnötig umständlich, verwirrend, desorientierend; die Aussicht auf eine neue Direktheit zwischen Volk und Regierung ohne vermittelnde Dritte hingegen beflügelnd.

Zum Kampfbegriff wird dabei «das Volk». Die nationalistischen Demagogen setzen es mit ihrer Wählerschaft gleich. In ihr, so behaupten sie, artikuliere sich der eigentliche Volkswille, selbst wenn die Wahlergebnisse das keineswegs bestätigen. Das Volk, an das sie appellieren, ist ein homogener, autochthoner Bevölkerungskern, der durch Migranten und Flüchtlinge überfremdet wurde und in transnationalen Zusammenschlüssen wie der EU zusätzlich seine Kontur verliert. Freilich ist dieser Bevölkerungskern bloß eine ethnische

27 Hobsbawm 1998 [1990], 194 f.

Wunschvorstellung. Die alteingesessenen Deutschen, Franzosen, Polen, Niederländer etc., nicht zu reden von den Amerikanern, sind selbst schon Mischungen aus Ansässigen und Zuwanderern, und die Ansässigen haben gewöhnlich ihrerseits Zuwanderer unter ihren Vorfahren. Von autochthonen Ethnien kann in Europa und Amerika schon lange nicht mehr die Rede sein. Auch in Afrika und Asien nimmt die ethnische Durchmischung zu. Erst recht ist kein Nationalstaat je mit einer einzigen Ethnie identisch gewesen. Und doch soll ein ethnisch gedachtes Volks-Wunschbild das real existierende, von Auszehrung befallene, in Abwicklung befindliche nationalstaatliche Gehäuse wieder mit Leben und Sinn erfüllen.[28] Der

28 Die Inanspruchnahme dieser Volks-Chimäre für das eigene politische Programm: das ist Populismus, wie Jan-Werner Müller überzeugend dargetan hat (Müller 2016). Und darauf sollte man diesen Begriff auch beschränken, sonst inflationiert er sich schnell bis zur Konturlosigkeit. Volksvertreter müssen sich permanent um den Volkswillen kümmern. Das ist ihr Job. Ständig sind sie versucht, diesen Willen, der immer bloß ein schwankendes Kräfteparallelogramm darstellt, zu ihren eigenen Gunsten auszulegen, ihren potentiellen Wählern die Lage einfacher darzustellen, als sie ist, ihnen Wahlversprechen zu machen, die sie nicht halten können. Das ist politischer Alltag, aber noch kein Populismus. Andernfalls wären alle Volksvertreter Populisten. Auch bestimmte schroffe Forderungen (kein Handelsabkommen zwischen der EU und den USA; keine Waffenexporte; keine Schuldenbremse; Spitzensteuersätze von 50 Prozent) sind nicht deswegen schon populistisch, weil sie radikal sind. Die Gleichsetzung von radikal und populistisch ist vielmehr demagogisch. Sie suggeriert, daß nur gemäßigte Positionen, also die der sogenannten politischen Mitte, das Etikett «demokratisch» verdienen. Populismus gehört zwar eng und scharf definiert, aber begriffliche Kämpfe darum, wer noch als Demokrat und wer schon als Populist zu gelten hat, sind unergiebig. Es ist mit dem Populismus wie mit einem mißra-

neue Nationalismus krallt sich an diesem Gehäuse fest, gerade weil er die Kräfte, die es mürbe machen, selbst schmerzlich verspürt – ähnlich wie es dem protestantischen Fundamentalismus mit der Übermacht der Evolutionstheorie erging, gegen die er sich mit einer Neubegründung der biblischen Schöpfungslehre zur Wehr setzte.

So tritt zum religiösen Fundamentalismus ein politischer hinzu: ein Nationalstaatsfundamentalismus. Gerade dadurch, wie er sich gegen die globalen Deregulierungskräfte sträubt, zeigt er seismographisch an, was auf die Nationalstaaten zukommt. Für die Auszehrung, von der sie befallen sind, hat er ein ungleich schärferes Gespür als die sogenannten gemäßigten Parteien, die zum Teil nicht einmal wahrhaben wollen, daß eine solche Auszehrung überhaupt stattfindet. Um so fremder bleibt ihm, wo sie herrührt, weil ihn nicht interessiert, was Deregulierung ist. Dabei pflegt er einen geradezu deregulierten Volksbegriff. Während jedes reale Staatsvolk aus Angehörigen verschiedener Schichten, Konfessionen, Interessengruppen besteht, von beruflichen und privaten Hierarchien durchzogen ist und bestimmte staatsbürgerliche Rechte und Pflichten hat, verschwimmen all diese Differenzen in dem homogenen, regionalen «Volk», welches der neue Nationalismus beschwört. Sein Volksbild formt sich nicht zufällig zu einer Zeit, da Schwärme auf große Plattformen fliegen. Noch ist das, was solche Schwärme zusammenhält, zwar vergleichsweise wenig: eine Suchmaschine, ein Kurznachrichtendienst, ein Massenversand- und -empfangsprogramm von Texten, Bildern und Tönen etc. Je mehr sich diese Gemeinsamkeit aber zu einer Rundumversorgung mit Gütern und Dienstleistun-

tenen Impfstoff. Man versteht ihn erst, wenn man begreift, wogegen er die falsche Dosierung ist. Wer von Populismus spricht, sollte daher von Deregulierung nicht schweigen.

gen, ja zu einem gemeinsamen Way of Life ausweiten wird, desto mehr wird der jeweilige Schwarm Clangefühle und -insignien entwickeln: Wir sind die von Google – im Gegensatz zu denen von Facebook – und dokumentieren das durch entsprechende Logos, Abzeichen, Fan- und Chatclubs, wie jetzt schon Nike-Mitarbeiter und Kunden ihre Zugehörigkeit zur globalen Nike-Familie dadurch bekunden, daß sie sich einen *Swoosh* eintätowieren lassen. Gemessen an den Strukturen, in die ein entwickeltes nationalstaatliches Gehäuse sein Staatsvolk faßt, sind diese Clans immer noch strukturschwach. Aber ein Schwarmzustand hat etwas Verheißungsvolles, suggeriert Aufbruch, Zusammengehörigkeit und Nähe ohne vermittelnde Dritte.[29] Und die Follower-Schwärme, die die Plattformen tatsächlich zusammenzuziehen vermögen, bieten den nationalistischen Demagogen ein faszinierendes Modell für die Formung ihrer eigenen Gefolgschaften. Ihr Volksbegriff ist, bei Lichte besehen, kein nationalstaatlicher, sondern ein tribalistischer.

Die USA unter Donald Trump fügen sich in dieses Szenario gut ein. Auch Trumps Nationalismus ist separatistisch-tribalistisch. Er arbeitet an der Auflösung aller internationalen Abkommen und Verpflichtungen, genauso wie er, wo immer es geht, Parlament, Ausschüsse, Gerichte zu umgehen oder zu schwächen sucht. Sie alle gehören zum «System», das zu zerschlagen er seinem «Volk», den autochthonen weißen Amerikanern, die vor ein paar Generationen allesamt noch Einwanderer waren und jetzt keine neuen Einwanderer mehr mögen, versprochen hat. Und bei der Einlösung dieses Versprechens

29 Michael Hardt und Antonio Negri haben den digitalen Schwarm «Multitude» genannt und ihn noch einmal mit allen revolutionären Hoffnungen aufgeladen, die im marxistischen Diskurs früher dem Proletariat galten. Siehe unten, S. 215, Fn. 41.

schreitet er trotz aller sonstigen Unberechenbarkeit atemberaubend konsequent voran. Sein Identitätszeichen ist Twitter. Er nutzt dieses Medium als direktes Vollzugsorgan seiner Politik, nicht bloß, wie bisher üblich, zur Vor- und Nachbereitung politischer Entscheidungen. Vorbei an seinen Beratern und Sprechern, am Regierungskollegium und am Parlament gibt er etwa die Entlassung seines Außenministers oder den Ausstieg aus einem soeben erst geschlossenen G-7-Abkommen per Twitter bekannt, handelt dabei als sein eigener Regierungssprecher, der sich direkt ans Volk, nicht erst an die Presse wendet. Jeder seiner Tweets steht für die Überflüssigkeit vermittelnder Dritter – des «Systems», das Regierungschefs gewöhnlich umgibt. Es soll verschwinden, das Volk direkt mitlesen, was sein Präsident für es tut, wie er sich gegen die «Hexenjagd» seiner Gegner im Inland und die «unfaire» Behandlung der USA durchs Ausland zur Wehr setzt, damit dieses sein Volk wieder «great» wird. Tweets machen den Präsidenten zum wahren Volkstribunen.

So Trumps Selbststilisierung. Dieser Mann verstehe überhaupt nicht, was Politik ist, habe keine Ahnung von den Aufgaben eines Staatsmanns und verwechsele die USA mit einer Firma, werfen ihm seine kultivierten Gegner vor. Und womöglich besteht sein Programm wirklich nur darin, sich als der größte CEO aller Zeiten zu spreizen. Das schließt aber nicht aus, daß in seiner Verwechslung von Staat und Firma eine gewisse Instinktschläue steckt: ein Gespür dafür, daß die USA als Vorreiter der Hochtechnologie von der Auszehrung des staatlichen Kerngeschäfts und vom Übergang staatlicher Funktionen an Großfirmen tatsächlich mehr betroffen sind als andere Nationalstaaten. Dagegen rebelliert Trump mit seiner rüpelhaften Aufkündigung von Verträgen, Abmachungen und Manieren, die sich auf dem politischen Parkett als vertrauensbildende Maßnahmen bewährt haben. Sein Benehmen ist unter jeglichem politischen Niveau, aber nicht ohne Strategie: Wenn die USA nicht zur Beute der globalen Riesenfirmen werden sollen, müssen sie selber zur Firma werden. Schwer zu sagen, ob Trump klar ist, daß er seinen Nationalstaat damit die Flucht nach vorn antreten läßt. Gelegentlich mutet dieser Präsident, wenn man es hegelianisch ausdrücken darf, wie ein blind-widerspenstiges Werkzeug des «Weltgeistes»[30] an, der im Begriff steht, aus dem Nationalstaat auszuziehen und sich in der Welt der großen Plattformen niederzulassen – und für den Umzug die Baufirma Trump bestellt hat, die anrückt, um ihn zu verhindern, allerdings mit Maßnahmen, die ihn mächtig vorantreiben. Ist doch ihr Versuch, den Nationalstaat ausgerechnet durch Zerschlagung des «Systems» zu restaurieren, vorab widersinnig. Jenes Netz politischer Diplomatie, das Trump «System» nennt, ist ja nicht die Ursache des nationalstaatlichen Niedergangs. Es moderiert ihn lediglich. Seine Zerstörung beschleunigt die Selbstabwicklung des staatlichen Kerngeschäfts, statt sie zu stoppen, und erhöht die Übernahmebedürftigkeit staatlicher Funktionen durch Privatfirmen. Zugleich übt der tribalistische Volksbegriff, um den die Nation sich erneut konsolidieren soll, bereits in die neue globale Stammeswelt der großen Plattformen ein.

Statt den Staat in eine Firma zu verwandeln, ist China den umgekehrten Weg gegangen. Es hat die Plattformökonomie, das raffinierteste Resultat neoliberaler Deregulierung, in größter Geschwindigkeit nachgebaut und in die Regie eines autoritären Staates genommen. In gewisser Weise verhält auch der sich separatistisch. Er will die technischen Früchte der Deregulierung ernten, die im Westen gesät wurden, ohne sich vom globalen Deregulierungssog erfassen zu lassen. Chinas Plattformen arbeiten strikt nach staatlichen Vorgaben. Die Nutzerdaten, die im Westen an private Firmen wie Google

---

30 Cf. Hegel 1970 [1840], 46

oder Facebook fallen, fließen in China direkt der Staatsmacht zu. Und sie weiß sie zu nutzen. «Sie plant, bis zum Jahr 2020 ein sogenanntes Social Credit System zu entwickeln. Dafür sollen aus allen gesellschaftlichen Bereichen Daten über individuelles Verhalten eingesammelt, ausgewertet und schließlich zu einem einheitlichen Score zusammengeführt werden. Aktivitäten im Internet, Konsum, Verkehrsdelikte, Arbeitsverträge, Bewertung von Lehrern oder Vorgesetzten, Konflikte mit dem Vermieter oder das Verhalten der eigenen Kinder – all das kann in dieses System einbezogen werden und Auswirkungen auf den individuellen Social Score haben. Das System soll jeden erfassen, ob er oder sie das will oder nicht. Es geht darum, ein Gesamtbild des Wertes einer Person zu erstellen, auf dessen Grundlage ihr dann wiederum bestimmte Möglichkeiten auf dem Wohnungsmarkt, im Arbeitsleben oder beim Zugang zu Krediten eingeräumt werden. […] Damit möchte die chinesische Regierung die Aufrichtigkeit ihrer Bürger belohnen und Unaufrichtigkeit sanktionieren. Das Vorhaben zielt erklärtermaßen auf die Herstellung von gesellschaftlichem Vertrauen, einer ‹Mentalität der Ehrlichkeit› – und zwar mit dem Mittel der totalen sozialen Kontrolle.»[31]

Um so bemerkenswerter, daß laut einer repräsentativen Umfrage der Freien Universität Berlin «achtzig Prozent der Chinesen ihre Erfassung in einem mit Künstlicher Intelligenz betriebenen Punktesystem gutheißen», vornehmlich «die Gebildeteren, Wohlhabenderen und etwas Älteren, die Stützen also jener Mittelschicht, von der einer bisher gültigen Politiktheorie zufolge das größte Verlangen nach Demokratisierung und Liberalisierung» ausgeht. Sie geben an, «dass der chinesische Sicherheitsapparat ohnehin alle Daten über sie habe oder haben könne. Wegen des neuen Systems machten sie sich des-

31 Mau 2017, 9

halb keine zusätzlichen Sorgen.» Hingegen beklagen sie «einen allgemeinen Mangel an Vertrauen, zumal Staat und Justiz gleichzeitig bemerkenswert schwach darin seien, etwa säumige Schuldner zur Rückzahlung ihrer Schulden zu zwingen. Beides zusammen stelle ein Hindernis für die Vergabe von Krediten und damit für das Funktionieren der Marktwirtschaft überhaupt dar. In dieser Lage versprechen sie sich von den verschiedenen Sozialkreditsystemen im Land eine transparente Messung ihrer Kreditwürdigkeit anhand eindeutiger und präziser Daten und Kriterien und mithin eine Steigerung der eigenen Lebenschancen.»[32]

Das Kalkül dieser Befragten ist das Echo des Staatskalküls. Insofern scheint die staatliche Rechnung aufzugehen: Nur eine Kontrolle, die die Kontrollierten selbst wollen, kann in die tiefsten Poren von Seele, Familie und Gesellschaft eindringen. Aber kann eine Verinnerlichung äußerer Kontrollzwänge je so weit gehen, daß sie aufhört, ambivalent zu sein? Freud hat das mit guten Gründen verneint. Jener Verinnerlichungsvorgang, den er als Konstitution des Über-Ich beschrieb, besteht zwar darin, daß das werdende kindliche Ich die Verhaltensweisen und Normen, die Eltern und andere Erwachsene ihm aufzwingen, zu den seinen macht. Es identifiziert sich mit ihnen, um sie auszuhalten.[33] Doch niemand kann solche Zwänge so lieben lernen, daß jeglicher Wunsch nach ihrer Beseitigung abstirbt. Solange Menschen empfindliche Wesen sind, wird es bei aller Identifikation mit Herrschaft und Kontrolle kein totales Einverständnis mit ihnen geben. Vertrauen und marktwirtschaftliche Mentalität durch ein umfassendes Kontrollsystem herstellen zu wollen, das Aufrichtigkeit mißt: so weit wäre übrigens nicht einmal der alte plumpe Behavio-

32 Siemons 2018, 11
33 Freud 1975 [1923], 296 ff.

rismus John B. Watsons gegangen. Aufrichtigkeit, Liebe, Skrupel erachtete er als innere Befindlichkeiten, die man zwar für Ursachen meßbaren Verhaltens (Pünktlichkeit, Zuverlässigkeit, Hilfs- und Verzichtbereitschaft etc.) halten, aber nicht selbst messen kann. Ein Punktesystem für moralische Befindlichkeiten ist selbst unter behavioristischen Voraussetzungen widersinnig,[34] und der Versuch, die behavioristische Verhaltensmessung noch über den Behaviorismus hinauszutreiben – bis ins Innerste von Person und Gewissen hinein –, wird im Entscheidenden erfolglos bleiben. Die durch Punktevergabe antrainierte Ehrlichkeit wird nie mehr sein als eine Fassade. An das, was dahinter vorgeht, kommt kein Sozialkreditsystem heran.

So mögen sich durch die neuen Maßnahmen zwar kurzfristig Kreditvergabeverfahren verbessern und Markterfolge einstellen. Langfristig wird die unablässige Benotung von Verhaltensweisen und inneren seelischen Zuständen heftige Burnout-Wirkungen mit sich bringen. Wie das Sozialkreditsystem nachhaltig marktwirtschaftliche Mentalität aufbauen und China zugleich gegen alle Erosionstendenzen der Deregulierung immunisieren könnte, ist nicht erkennbar. Zu sehr ist das Land in die Weltwirtschaft verflochten. Seine Firmen können den internationalen Markt zwar vorübergehend mit Billigprodukten fluten, wenn der Staat sie hoch subventioniert. In vielen Fällen ist *er* der eigentliche Marktakteur. Aber Dauerdumping kann auch der stärkste Staat nicht unbefristet finanzieren, und auch das große China kann auf dem deregulierten kapitalistischen Weltmarkt nur zu dessen Konditionen mithalten. Was aber bedeutet das für den globalen Showdown der großen Plattformen? Wird den chinesischen, weil sie am staatlichen Gängelband laufen, die Marktflexibilität fehlen,

---

34 Watson 1997 [1930], 36 ff.

ohne die sie gegen die in Eigenregie arbeitende amerikanische Konkurrenz nicht aufkommen können? Oder wird etwa der chinesische Plattformriese Alibaba einer der Überraschungssieger sein, weil der Staat, der hinter ihr steht, noch stark genug ist, um ihn so zu stützen, wie es die USA mit Google oder Facebook nie könnten? Und wenn ja: Wird eine chinesische Plattform, die sich ähnlich wie die anderen großen zu einer eigenen Lebenswelt schließt, dem chinesischen Sozialkreditsystem noch vorbehaltlos unterliegen können? Dies alles ist nicht vorhersehbar.

Deregulierung 2.0

Doch an den großen Plattformen wird kaum mehr jemand vorbeikommen. Für irgendeine von ihnen wird man sich entscheiden müssen, weil das Leben außerhalb von ihnen nicht mehr finanzierbar und im Grunde ohne Netzwerk sein wird: eine soziale Wüste. Ob die siegreichen Plattformen dann tatsächlich Google, Facebook und Amazon heißen, ob auch Alibaba zu ihnen zählt, oder ob einer dieser Konkurrenten längst vom andern geschluckt wurde oder sonstwie auf der Strecke blieb und dafür ein Überraschungssieger, an den jetzt noch niemand denkt, das Rennen gemacht hat – das wissen wir nicht. Aber Suchmaschinen werden, selbst wenn nicht mehr von Google betrieben, ebenso fortexistieren wie auf Like und Dislike gegründete Kommunikationssysteme, wenn sie nicht mehr Facebook gehören. Die Riesenclans, die sich um eine Plattform scharen, werden wiederum schier unendliche Möglichkeiten haben, sich in eine Vielzahl von größeren und kleineren Sippen nach Art von WhatsApp-Gruppen, Facebook-Freundeskreisen oder Chatportalen zu unterteilen. Das digitale Stammes-, Clan- und Sippengeflecht aber wird dank seines Suchtpotentials seinerseits Sogwirkung auf soziale Gebilde herkömmlicher Art ausüben: auf moderne Nationalstaaten und Familien, aber auch auf vormoderne Stämme, Clans und Sippen. Wie der rückständige «informelle Sektor», der in den Rand- und Einzugsgebieten asiatischer, afrikanischer und südamerikanischer Metropolen die Slumselbstverwaltung betreibt, mit seinem Gegenstück, der hochtechnologischen Informalisierung aus dem Silicon-Valley, alsbald Verbindungen einging, die die beiden Arten des Informellen gelegentlich schwer unterscheidbar machen,[35] so werden auch die rückständige und die digitale Stammeswelt gemeinsam Mischgebilde erzeugen, deren konkrete Gestalt sich noch kaum vorstellen läßt.

Und die ausgezehrten nationalstaatlichen Gehäuse? Was bleibt ihnen noch an Funktionen, wenn die Infrastrukturleistungen nach und nach an Plattformen übergehen und das Steuerzahlen sich nicht mehr von selbst versteht? Jede einzelne Aufgabe des staatlichen Kerngeschäfts ist im Zeitalter der Deregulierung privatisierbar, aber nicht alle zusammen. Wieviel Privatisierung dieses Kerngeschäft aushält, ohne zu kollabieren, ist schwer vorhersehbar – und womöglich von Staat zu Staat verschieden. So läßt sich eine Skizze des minimalen nationalstaatlichen Gehäuses kaum anfertigen. Gleichwohl kann man jetzt schon zwischen Afghanistan und Syrien, Ruanda und Libyen reichlich Länder besichtigen, in denen sich dieses Gehäuse am Existenzminimum oder darunter befindet. Hier waltet kein Nachtwächterstaat, der einer sich selbst regulierenden, von einem blühenden Bürgertum getragenen Wirtschaft lediglich den Rahmen ihrer Entfaltung liefert und sich dabei vornehm aufs Allernötigste beschränkt. Hier mangelt es vielmehr an elementarer Infrastruktur für ein menschenwürdiges Leben.

35 Siehe oben, S. 40 ff.

Nun sollen die neuen Lebenswelten der High-Tech-Plattformen diese Infrastrukturleistungen ja gerade in virtuoser Weise übernehmen. Aber Privatisierung läuft nie reibungslos und bringt immer rechtlich komplizierte Übergangszustände mit sich. Die Verhandlungen darüber, welche staatlichen Zuständigkeiten an welche Plattformen übergehen sollen, ob einzeln oder im Paket und zu welchen Gegenleistungen, werden umgehend in das juristisch-technische Dickicht von Deregulierung und Reregulierung führen. Und sollten Staat und Plattformen dabei zu glimpflichen Lösungen gelangen, dann wird sich auf deren Basis der Konkurrenzkampf zwischen den Plattformen, die verschiedene Versorgungspakete anbieten, erst voll entfalten. Sie werden jede kleinste Nutzermarotte und -vorliebe zu erkunden suchen, die ihnen neue Kundschaft bringen könnte. Und jeder Clan wird sich mit seiner Plattform identifizieren wie jetzt schon die Fanclubs mit ihren Fußballvereinen. In Fußballstadien pflegen die Sicherheitskräfte die Fanclubs der gegeneinander spielenden Mannschaften zu trennen. Wie aber, wenn im Alltag ständig Mitglieder des Google-Clans auf den von Facebook treffen: Angehörige zweier unterschiedlicher Ways of Life, die durchaus Anlaß haben, einander als ökonomische Bedrohung zu erachten? Wer übernimmt die Deeskalation, wenn der Staat die erforderlichen Polizeiaufgebote dann nicht mehr bezahlen kann?

Der Staat fällt auch noch in anderer Hinsicht aus. *Too big to fail:* Das ist die traditionelle Formel für Firmen, die zu groß sind, als daß der Staat, in dem sie ansässig sind, ihren Konkurs tatenlos hinnähme. Zu viele Arbeitsplätze gingen verloren, zu viel Kapital würde abgezogen; also interveniert er. Das kann er freilich nur, solange er eine gewisse Mindeststärke hat. Fonds und Banken aber werden sich hüten, ausgezehrten Staaten noch das Geld zur Abwendung großer Konkurse zu leihen. Je mehr sich die Plattform-Ökonomie staatliche Funktionen einverleibt, desto mehr raubt sie sich den staatlichen

Rückhalt des *too big to fail*. Was hingegen bleibt, ist die Gefahr des *too big to make profit*, die schon traditionellen Riesen wie IBM oder General Motors drohte. Sie machten die Erfahrung, daß Firmen von einer bestimmten Größe an in eine innere Spannung geraten – zwischen Segmenten, die mehr, und anderen, die minder profitabel arbeiten. Das war die Stunde des Outsourcing. Firmen begannen, unprofitable Sektoren an Zulieferfirmen auszulagern, und die Staaten lernten davon. Sie lagerten unprofitable Funktionen an Privatfirmen aus.

So fing um 1970 die Deregulierung an. Alle wurden schlanker, und allen schien geholfen. Nur daß die maximal schlanken Firmen, die Plattformen, es in ihrer virtuellen Gerippehaftigkeit nicht aushielten und, um sich gegeneinander zu behaupten, wieder Fleisch und Fett an den Sehnen und Knochen ihres Algorithmengeflechts ansetzten. Die Konkurrenzsituation drängte sie zurück in die physische Welt der materiellen Produktion und Infrastruktur, und in dem Maße, wie sie diese in den Bann ihrer logistischen Kapazität ziehen und sich zu riesigen Versorgungsanstalten und Clanbildnern erweitern, kehrt auch das Problem der Firmenübergröße wieder. Schon jetzt arbeiten die großen Plattformen mit bemerkenswerten Querfinanzierungen. Amazon etwa verdient mit seiner weltweiten Sofortlieferung, die sein Markenzeichen ist, so gut wie nichts, während es über seine Plattform AWS, in der seine Lieferlogistik steckt, für andere Firmen gegen hohe Gebühren Datenauswertung betreibt oder ihnen die Hard- und Software dafür zur Verfügung stellt. Das ist, neben den Werbeeinnahmen, derzeit seine Hauptgeldquelle. Google bot allen Smartphoneherstellern sein System Android gratis an, um so die Weichen für die Nutzung all der Dienste zu stellen, die dann allein über Android erreichbar sein würden. Facebook lockt in noch schwach vernetzten Ländern mit Free Basics: bietet kleineren Plattformen die kostenlose Nutzung seiner eigenen

Dienste, unter der Bedingung, daß diese ihre eigenen Dienste über die Facebook-Server laufen lassen. Da wird, in der Hoffnung, daß es sich irgendwann auszahlt, erst einmal in großem Stil nichts verdient.[36]

Die Spannung zwischen Verlust- und Gewinnposten, die durch firmeninterne Quersubventionierung abgebaut werden soll, ist in der Plattform-Welt noch um einiges krasser als in der traditionellen Firmenwelt. Je größer eine Plattform wird, desto größer denn auch die Gefahr, daß die Spannung steigt statt sinkt. Welches die unprofitablen Segmente sein werden, wenn die siegreichen Plattformen zu ganzen Lebenswelten geworden sind, läßt sich nicht vorhersagen. Aber die ökonomische Nötigung, Unprofitables loszuwerden, wird schwerlich ausbleiben und einschneidende Maßnahmen nahelegen. Was tun, wenn sich etwa Teile der medizinischen Versorgung oder Bildung nicht mehr rentieren? Wer wird sie übernehmen wollen? Wird man sie herausoperieren können, ohne die hochvernetzten Wertschöpfungsketten, bei denen jedes Detail ins andere greift, erheblich zu beeinträchtigen? Oder wird man jeweils das ganze Segment abstoßen müssen, und wie soll das gehen, ohne daß der Riesenclan, der auf es angewiesen ist, auseinanderfällt? Jedenfalls wird das *too big to make profit* die geschlossenen Plattform-Lebenswelten vor dramatische Zerreißproben stellen. Einige von ihnen werden sich auf ähnliche Weise wieder fragmentieren, wie ihre Entstehung einst das offene Internet fragmentiert hat. Die digitale Clan- und Sippenwelt wird vor Abspaltungen und Vervielfältigungen stehen wie einst die Nomadenstämme, als sie zu groß wurden, um sich länger gemeinsam zu ernähren – nur eben auf High-Tech-Niveau in globaler Dimension. Was dann ansteht, ist sozusagen Deregulierung 2.0 – ohne den Rückhalt jener herkömm-

36 Srnicek 2018, 91; 104f.; 110f.

lichen Rechtsstaaten, die ab 1970 die Deregulierung 1.0 mit vergleichsweise starken Verfassungen, Gesetzen, Gerichten und Sicherheitskräften moderierten. Die Verlaufsform einer Deregulierung 2.0 ist im voraus kaum skizzierbar, weil es sich weniger um eine Form als eine Entformung handeln würde. Wenn sie allerdings kommt, dann dürfte sie in den westlichen Zentren der Hochtechnologie, die heute von nationalstaatlichen Gehäusen noch fest eingefaßt erscheinen, eine ähnlich dissoziative Wirkung entfalten wie jetzt schon in den zerfallen(d)en Nationalstaaten weiter Regionen Afrikas und Asiens.[37]

37 Für das, was hier «Deregulierung 2.0» genannt wird, hat Wolfgang Streeck den Begriff «Interregnum» ins Spiel gebracht (Streeck 2016, 35), in Anspielung auf jene beiden Jahrzehnte im 13. Jahrhundert, als das «Heilige Römische Reich Deutscher Nation» keinen allgemein anerkannten Herrscher hatte. Damals beeilten sich Bischöfe und Reichsfürsten, ihre Ansprüche und Territorien zu vergrößern, unterdrückten den niederen Adel, der sich seinerseits durch Raubrittertum schadlos zu halten begann, und bekämpften das selbständige Bürgertum in den Städten, die sich ihrerseits zu Städtebünden zusammenschlossen. Das Fehlen der Zentralgewalt mobilisierte sogleich alte Partikularmächte neu gegeneinander, wie heute der Zerfall moderner Rechtsstaaten alte Stammes- und Clangebilde reanimiert. Der Vergleich mit dem mittelalterlichen Interregnum hat sicher Grenzen. Aber instruktiv ist er allemal. Nur wer weit genug in die Geschichte zurückzublicken imstande ist, wird Anhaltspunkte finden, die das Ausmaß des laufenden Deregulierungsprozesses verstehen helfen (siehe unten, S. 235 ff.).

«Homo sapiens verliert die Kontrolle»: so heißt das letzte Kapitel von Yuval Noah Hararis großem Zukunftsbuch *Homo Deus*. Menschen, so die These, haben durch die Entwicklung einer immer raffinierteren Technik ihre gesamten Lebensverhältnisse unter ihre Kontrolle bringen wollen und sich dabei als freie, gestaltende, sich selbst bestimmende Individuen erachtet. Nun aber, wo ihre Technologie sich ihrem algorithmischen Gipfel nähert, legen ihnen «die Biowissenschaften» das Gegenteil nahe: «Menschen sind keine Individuen», sondern «eine Ansammlung vieler verschiedener Algorithmen». Diese Algorithmen «sind nicht frei. Sie sind beeinflusst von Genen und Umweltzwängen». «Daraus folgt, daß ein externer Algorithmus theoretisch viel besser über mich Bescheid wissen könnte als ich selbst. Ein Algorithmus, der sämtliche Systeme überwacht, aus denen mein Körper und mein Gehirn bestehen, könnte genau wissen, wer ich bin, wie ich mich fühle und was ich will.» Ein solcher Algorithmus sei in Arbeit und werde Angelpunkt «einer ungeheuren Glaubensrevolution» sein. «In den Zeiten von Locke, Hume und Voltaire behaupteten Humanisten, Gott sei ‹ein Produkt der menschlichen Vorstellungskraft›. Heute zahlt es der Dataismus den Humanisten mit gleicher Münze heim und erklärt: ‹Ja, Gott ist ein Produkt der menschlichen Fantasie, aber die menschliche Vorstellungskraft ist ihrerseits ein Produkt biochemischer Algorithmen.›»[38]

Womit der Kontrollverlust, den sich die Menschen durch ihre selbst geschaffenen technischen Sachzwänge zugezogen haben, eigentlich gar keiner ist. Sie verlieren nicht die Kon-

---

38 Harari 2017 [2015], 444 und 527

trolle, sondern bloß die Illusion, sie je gehabt zu haben. Der «Dataismus» eröffnet ihnen nämlich, daß sie immer schon nichts anderes taten als Algorithmen auszuführen, nur daß sie auf ihre eigenen biochemischen nun noch neue, von ihnen selbst erfundene, intelligentere Algorithmen aufgesattelt haben, die in wenigen Jahren durch globale Teamarbeit derart komplex geworden sind, daß sie von keinem einzelnen Menschen mehr durchschaut werden. Um so mehr durchschauen sie die Menschen, weshalb letztere sich besser ihrer Lenkung anvertrauen sollten, statt sich an der eingebildeten Einmaligkeit ihrer individuellen Gedanken, Gefühle und Existenz festzuklammern.

Davon raten andere strikt ab. «Jedenfalls ist es noch nie vorgekommen, dass eine biologisch oder militärisch überlegene Spezies oder Kultur aus Sentimentalität gegenüber einem Ancien Régime darauf verzichtet hätte, ihren Entwicklungsvorsprung rücksichtslos in Herrschaft umzumünzen. Und wir Menschen sollten uns nicht der Illusion hingeben, dass uns ein solches Schicksal erspart bliebe, wenn wir unsere auf bislang konkurrenzlose Intelligenz gegründete globale Dominanz an irgendjemanden – oder irgendetwas – verlieren würden.» So der Humangenetiker Wolfram Henn. «Computer sind uns in unserem Ökosystem derzeit kognitiv noch weit unterlegen»; aber seit wir «‹selbstlernende Systeme› in unsere Gerätschaften einzubauen beginnen», kehrt sich das Verhältnis in atemberaubendem Tempo um. «Die rein elektrische Signalübertragung durch Halbleiter läuft physikalisch um ein Vielfaches schneller ab als die bioelektrische an neuronalen Synapsen; das Volumen der Hardware ist nicht durch die Größe der Schädelkapsel begrenzt; die einzelnen Schaltelemente sind zudem auf subzelluläre Größe verkleinerbar, und schließlich können durch Vernetzung in Echtzeit kooperierende multipolare Denksysteme praktisch unbegrenzter Größe entstehen.» Damit bereiten wir die «Ich-Werdung von Computern» vor «und geben mit der Einführung selbstlernender Systeme auch noch die Instrumente aus der Hand, sie unter Kontrolle zu halten.» «Sobald wir nur noch die Zweitklügsten auf der Erde sein werden, wird es uns wohl an den Kragen gehen.»[39]

Das ist nun wirklich eine Schreckensvision; nicht geregelte Abwicklung der Humanepoche durch eine transhumane höhere Intelligenz, wie bei Harari, sondern brutale Niederwerfung der Menschheit durch eine neue, von ihr selbst ausgeheckte Roboterspezies. Doch auch diese Vorstellung bleibt dem Glauben an die stetige Höherentwicklung von Intelligenz treu. Als würde sich die biologische Evolution in elektronischen Geräten einfach bloß fortsetzen; als würde die spezifische Intelligenz, die in Homo-sapiens-Organismen entstanden ist, munter so weitermachen wie bisher, wenn man ein mathematisch formalisiertes Destillat von ihr in anorganische Gehäuse auslagert; als könnte dies Destillat, versehen mit einem Selbstoptimierungsmechanismus und zu riesigen Rechenschleifen vernetzt, sich schließlich die Fähigkeiten organischer Intelligenz selbst antrainieren, also ausgerechnet durch die Perfektionierung seiner mathematischen Formalisierung dahin gelangen, daß seine digitalen 0–1-Schaltungen eines Tages eine eigene Art von Empfindungen, Gefühlen und Normen ansetzen, sie zu einem Ich synthetisieren und mit anderen Ichs gleicher Art zu einer neuen herrschenden Klasse zusammenschließen.

Das wird natürlich nie passieren. Das von lebendigen Organismen abgezogene, mathematisch formalisierte Destillat menschlicher Intelligenz ist und wird nie lebendige Intelligenz, genausowenig wie Schrift anfängt, zu sprechen oder Software zu Fleisch und Blut wird. Organische und mentale

39 Henn 2018, 15

Prozesse mögen sich verblüffend gut in Algorithmen darstellen lassen; aber sie *sind* keine Algorithmen. Jenen höheren Algorithmus, der genau «weiß», «wer ich bin, wie ich mich fühle und was ich will», wird es nicht geben, weil Algorithmen selbst gar nichts wissen. *Deep Blue*, der berühmte Schachcomputer, der den Weltmeister Kasparow schlug, hat keinen Schimmer von dem, was er tat. Ein Informatikerteam hat die Gesamtheit der auf einem Schachbrett möglichen Züge so in seine 0–1-Schaltungen eingegeben, daß er bei jeder neuen Figurenkonstellation in ungeheurer Geschwindigkeit die Antwortmöglichkeiten durchlaufen und die vorteilhafteste anzeigen konnte. Es ist dieses Team, das *durch* diesen Computer den Weltmeister geschlagen hat, nicht er selbst. Er kann auf atemberaubende Weise bestimmte Denkvorgänge simulieren, aber er selbst weiß davon nichts. Seine Schachkombinatorik befähigt ihn nicht, sich mit einem Futteral zu umgeben, einen Einkaufszettel zu entwerfen oder einen Strohhalm aufzuheben. Und hätte das Team ihn nicht zum Veranstaltungsort gebracht, eingeschaltet und seine Versorgung mit Strom gewährleistet, hätte nicht immer ein Mensch die jeweilige Schachfigur auf das Feld gesetzt, das er anzeigte – es hätte kein Schachkampf stattgefunden. Genauso sind es nicht Algorithmen, die meinen Blutdruck, meine Herzfrequenz oder die Zahl meiner täglichen Schritte kontrollieren, sondern ich kontrolliere sie *durch* Algorithmen. Nicht die Algorithmen der Geheimdienste kontrollieren die Bevölkerung, sondern die Geheimdienste kontrollieren die Bevölkerung *durch* Algorithmen.

Wie Algorithmen keine kontrollierenden Subjekte sind, so auch keine Pioniere eines postkapitalistischen oder gar kommunistischen Zusammenlebens. Letzteres aber ist die Hoffnung, die aus den Ruinen des Ostblock-Sozialismus erstand: daß die Mikroelektronik, die zum Zusammenbruch dieses Sozialismus entscheidend beigetragen hat, überhaupt erst die technischen Mittel liefert, mit denen er gelingen kann. Der

Computersozialismus geht seither als eine Art postumer Marxismus um. Er hält größte Stücke aufs Internet.[40] Es stelle lauter *Peer-to-Peer*-Verbindungen her, unterlaufe alle Hierarchien, stifte weltweit menschliche Nähe, biete den Zeitgenossen eine Informationsfülle, von der ihre Vorfahren nicht einmal träumen konnten, und verschaffe der jungen Generation, die von klein auf *Networking* lernt, wie von selbst die «Fähigkeit, alles miteinander zu verknüpfen und so den Ertrag aus dem Wissen zu steigern» (160). «Die vernetzten Individuen des frühen 21. Jahrhunderts – die Leute ‹mit den weißen Kabeln›» im Ohr – «sind die gebildeten universellen Personen. Sie sind nicht mehr auf eine technologisch-demografische Nische beschränkt. Jeder Barkeeper, Verwaltungsangestellte oder juristische Zeitarbeiter kann sich, sofern er das will, in eine gebildete universelle Person verwandeln. Alles, was er dafür braucht, ist eine Grundausbildung und ein Smartphone.» (162)

So einfach geht das. Sich durch Herumsurfen im Netz universal bilden und dadurch zugleich Träger einer Ökonomie werden, in der alle Beteiligten laufend Dinge produzieren und miteinander teilen, die nichts kosten und niemandem gehören: Datensätze. Der Datenkommunismus existiert bereits, nur muß die Gesellschaft das erst noch merken und ihn auf die physische Welt übertragen. «Technologisch sind wir auf dem Weg zu kostenlosen Gütern, nichtmessbarer Arbeit, exponentiellen Produktivitätszuwächsen und der umfassenden Automatisierung physikalischer Prozesse. Gesellschaftlich sind wir Gefangene einer Welt, die von Monopolen, Ineffizienz, den Ruinen eines vom Finanzsektor beherrschten freien Markts und der Ausbreitung von ‹Bullshit-Jobs› geprägt ist.» «Es tobt ein Krieg zwischen Netzwerk und Hierarchie» (196), man

---

40 Mason 2016 [2015]. Seitenzahlen im Text.

könnte auch sagen, zwischen Gut und Böse. In diesem Kampf erwächst dem «Internet der Dinge» eine geradezu historische Mission. Es soll als Transmissionsriemen zwischen Daten-kommunismus und physischer Welt fungieren, sowohl die Produktivität exponentiell erhöhen als auch Produktion und Verteilung materieller Güter reibungslos ineinandergreifen lassen und durch intelligente Logistik jedem das Lebensnot-wendige und noch etliches Angenehme darüber hinaus zu-gänglich machen. «Da Überfluss die Voraussetzung für den Postkapitalismus ist, wird er spontan soziale Gerechtigkeit herstellen» (197).[41]

Daß aber in der physischen Welt Rohstoffe nun einmal nicht aufhören, endlich und tendenziell knapp zu sein; daß sie sich weder vervielfältigen und downloaden lassen; daß sie eine spezifische materielle Beschaffenheit haben, der ihre Gewin-nung, ihr Transport, ihre Verarbeitung Rechnung tragen muß: das zählt kaum noch. Die zumeist menschenunwürdigen Be-dingungen, unter denen heutzutage die Gewinnung von Tee, Kaffee, Baumwolle, Edelmetallen und seltenen Erden stattfin-det, werden allein «unserer Sucht nach billigen Arbeitskräften und Ineffizienz» (366) zugeschrieben, als seien menschliche Arbeitskräfte hierfür technisch gar nicht mehr nötig und wür-den einzig noch zur Aufrechterhaltung von Ausbeutung ein-gesetzt, während das «Internet der Dinge» das alles überneh-

---

41 Was bei Mason das Netzwerk, ist bei Michael Hardt und Antonio Negri die «Multitude»: die über den Globus zerstreute Menge der Unterdrückten und Ausgebeuteten, die längst begonnen hat, sich mikroelektronisch zu verbinden und durch immer intensive-res Networking auf bestem Wege ist, das «Empire», die weltweite Verfilzung von Staatsmächten mit internationalem Kapital, auszu-höhlen und wie ein morsches Gehäuse platzen zu lassen (Hardt/ Negri 2004). Eine ausführliche kritische Sichtung des Computer-sozialismus bietet Giessler Furlan (2018, 263 ff.).

men könnte: Tee, Kaffee, Baumwolle pflücken, Gold, Silber, Kupfer, Koltan schürfen, das Gepflückte und Geschürfte von Beiwerk befreien, sortieren, verpacken, in alle Welt verschicken und genau denjenigen zukommen lassen, die gerade Bedarf dafür haben, weil Netzwerke, wenn man sie nur machen läßt, «spontan soziale Gerechtigkeit herstellen». Das ist kommunistische Datenreligion.[42]

Drei repräsentative dataistische Zukunftsszenarien kristallisierten sich heraus: die geordnete Übergabe der menschlichen Geschicke an die Algorithmen; die feindliche Übernahme dieser Geschicke durch eine Algorithmenspezies, die «Ich» zu sagen beginnt; und humane Algorithmen mit kommunistischer Potenz. In allen drei Szenarien fungieren die Algorithmen als höhere Vernunft: sei es, daß man sich an diesem Hö-

---

42 Zudem ist es wenig plausibel, die Ausbeutung menschlicher Arbeitskraft als kapitalistischen Selbstzweck darzustellen. Sie ist, wie Marx übrigens ganz nüchtern gesehen hat, nicht mehr als ein Mittel zur Profitmaximierung. Drecksarbeiten, die man effizienter durch Maschinen ausführen lassen kann, werden schwerlich aus «Sucht nach billigen Arbeitskräften und Ineffizienz» beibehalten. Allenfalls sind Kapitalisten süchtig nach ständiger Profiterhöhung. Deshalb der Hype um jede neue Maschine, die effizienter und billiger arbeitet als Menschen. Wenn etwa auf nordostbrasilianischen Plantagen das Zuckerrohr immer noch zu Hungerlöhnen mit der Machete geschnitten wird, so deshalb, weil die Zuckerbarone ihre Hauptgeschäfte längst im Bankensektor machen und ihre überkommenen Zuckerbetriebe als Zusatzgeschäft erachten, dessen Modernisierung nicht lohnt, zumal es auf dem Weltmarkt ohnehin nicht konkurrenzfähig ist. Sie beuten auf ineffiziente Weise Arbeitskräfte aus, weil es bequem für sie ist, aber sie halten nicht an veralteten Produktionsformen fest, *um* weiterhin ineffizient Arbeitskräfte ausbeuten zu können. So hat der Kapitalismus nie funktioniert; so wäre er nie ins Hochtechnologiestadium gelangt.

heren orientieren sollte, es fürchten muß oder die rettende Umwälzung von ihm erwarten darf. Doch alle drei machen die Rechnung ohne den Wirt: den globalen Deregulierungsprozeß, zu dessen Konditionen mikroelektronische Revolution und algorithmische Explosion überhaupt nur stattgefunden haben. Dieser Prozeß wird sich gewiß nicht durch Algorithmen, die uns angeblich besser kennen als wir selbst, bändigen lassen; erst recht wird er nicht durch das «Internet der Dinge» zu einer Quasi-gratis-Ökonomie mutieren; und schon gar nicht wird er mit der Machtergreifung einer von Menschen herangezüchteten Roboterspezies enden. Seine Gefahren sind banalere: etwa die Auszehrung des Rechtsstaats, die Auflösung der Öffentlichkeit, Fragmentierung des Internets, Bildung suchtbasierter digitaler Gefolgschaften, Hacker- und Terrorangriffe oder der exponentiell wachsende Schadstoffausstoß von Big-Data-Farmen. Nicht ein transhumaner Zustand droht, sondern ein subhumaner, nicht totale Algorithmenherrschaft, sondern ein algorithmenbasierter Machtkampf von rivalisierenden Plattformen, Stammesfürsten und Warlords in einem sozialen Dickicht aus digitalen und physischen Stammes-, Clan- und Sippengebilden. Die Deregulierung ist ja nicht zu Ende; ihre Version 2.0 steht vielmehr erst bevor. Und schon 1.0 trat in den 1970er Jahren nur deshalb ihren Siegeszug an, weil sie einer auf wirtschaftliches Wachstum fixierten Gesellschaft dank Mikroelektronik neue Gewinnräume öffnete. Dieser Siegeszug brachte enorme technische Fortschritte, aber sie haben die Menschheit eher weiter in die Wachstumszwangsgesellschaft, den globalen Kapitalismus, hineingeführt als daraus hinaus.

Deshalb ist der Dataismus so attraktiv. Er bietet, selbst in seiner Gruselvariante, wenigstens die Vision eines neuen Zeitalters. Wie groß die Sehnsucht nach einem solchen ist, läßt sich daran ablesen, daß seit Beginn der mikroelektronischen Revolution in Abständen von wenigen Jahren geradezu serienhaft neue Epochen ausgerufen werden: postindustrielle, postmoderne, postkapitalistische, Wissens-, Informationsgesellschaft etc. In jedem dieser Titel wünschen sich die Zeitgenossen das neue Zeitalter herbei, wie einst das Urchristentum die Wiederkehr Christi, und verraten dadurch, wie sehr es sie wurmt, immer noch in der alten Wachstumszwangsgesellschaft zu stecken, die sich seit dem 19. Jahrhundert von Europa aus über den ganzen Globus verbreitet hat, ständig neue Verwandlungen durchmacht, immer flexibler, informeller, distraktiver wird – und dennoch keine Anstalten macht, aufzuhören.

4. Ausblick

3-D-Druck

Oder doch? Gelegentlich entfalten ganz unscheinbare Ereignisse überraschende Langzeitbrisanz. In den 1980er Jahren arbeitete der Produktdesigner Charles Hull in einer Firma, die darauf spezialisiert war, «dünne, lichtempfindliche Polymerschichten mit ultraviolettem Laserlicht auszuhärten». Und er fragte sich: «Warum soll man dieses Verfahren lediglich zur Beschichtung von Dingen nutzen; warum nicht auch zur Herstellung? Hull schrieb ein Computerprogramm, das den Laserstrahl automatisch überall dorthin fokussierte, wo der Kunststoff erstarren sollte.» Schicht auftragen und lasern; nächste Schicht auftragen und lasern, bis aus hauchdünnen, bestens gehärteten Kunststoffschichten ein stabiler Gebrauchsgegenstand entsteht: das war das Verfahren, das er 1984 unter dem Namen Stereolithografie als Patent anmeldete. Sein erstes Werkstück war «ein dunkelbraunes geriffeltes Plastikschälchen». Weil aber das maschinelle Auftragen einer Schicht auf eine Fläche gewissermaßen ein Druckvorgang ist, nannte er das Addieren solcher Schichten zu dreidimensionalen Objekten später «3-D-Druck».[1]

Seine Firma erkannte das Potential dieser Erfindung nicht und wollte dafür nichts investieren. So gründete er ein eigenes Stereolithografie-Unternehmen. Erst allmählich aber erfaßte die Produktionstechnik und -forschung die enorme Variationsfähigkeit dieses sehr einfachen Verfahrens. Nicht nur

1 Lindinger 2018, N1

Kunststoffe, sondern alle Materialien, die sich vollständig verflüssigen und in dünnen Schichten wiederum härten lassen, kommen für den 3-D-Druck in Betracht. Seit 2010 boomen die Patentanmeldungen: Verfahren zum Verflüssigen und Wiederhärten von Metallen, Keramik, Sand und Glas, aber auch von Knochensubstanz und Zellgewebe. So dehnt sich der 3-D-Druck in die verschiedensten Richtungen aus. Zum einen ins Große: zu Fahrrädern, Autokarosserien, Flugzeugteilen, sogar bis zu ganzen Häusern; zum andern ins ganz Kleine: bis zu Halbleitern und Mikrochips. «‹Wer jetzt nicht mitmacht, ist in ein paar Jahren raus.› Denn vieles lässt sich im Druckverfahren besser, manches überhaupt erst fertigen. So können komplizierte Komponenten, die bisher aus vielen Einzelteilen zusammengesetzt werden, nun in einem Stück hergestellt werden. Konstruktion, Auftragsvergabe, Werkzeugbau, Montage, Transport und die Ersatzteillagerung entfallen. Zugleich sind jetzt aus einem Guss Geometrien machbar mit gewichtsparenden Hohlräumen und stabilisierenden Waben, ähnlich dem Aufbau eines Knochens.»[2] Zudem vereinfacht sich die Wartung von Geräten aller Art. Ersatzteile für jeden Bedarf können paßgenau gefertigt werden. Auch Prothesen oder Implantate sind ja gewissermaßen Ersatzteile. Der Medizin eröffnen sich für die Herstellung künstlicher Arme und Beine, Knie- und Hüftgelenke, Zähne und Kiefer ganz neue Möglichkeiten. Eine besondere Herausforderung ist das Bioprinting. Aus Knochenzement lassen sich Implantate herstellen, die sich dem körpereigenen Knochenwachstum anpassen. Sogar Körperzellen können in eine dünne Schicht einer flüssigen Spezialsubstanz so eingegeben werden, daß sie untereinander verwachsen und anfangen, Gewebe zu bilden, die als Schleimhaut- und Netzhautersatz verwen-

2 Weber 2016, T1

dungsfähig oder beschädigten inneren Organen implantierbar sind.[3]

Es ist verständlich, daß eine derart im Aufwind befindliche neue Technik zu kühnen Hochrechnungen reizt. Wenn man Gewebe tatsächlich «drucken» kann, warum dann nicht demnächst ganze Organe und schließlich komplexe Organismen? «Der gedruckte Mensch» ist derzeit die Standardüberschrift, unter der in den Medien über Bioprinting berichtet wird. Die meisten dazu befragten Wissenschaftler halten freilich einen Menschen generell nicht für druckbar. Mit guten Gründen. Isoliert erzeugten Geweben wird sich der integrale Stoffwechselzusammenhalt eines komplexen Organismus ebensowenig anzüchten lassen wie der formalisierten Intelligenz von Algorithmen jene lebendige Ich-Qualität, die nur der organische Gesamtzusammenhang einer intelligenten Spezies zustande bringt. Die Produktion von gewebeartigen Organsimulacra, die die Funktion von Herz, Lunge oder Leber übernehmen könnten, wäre zwar ein ungeheurer medizinischer Fortschritt, aber das Simulacrum eines Organs bleibt Simulacrum; es wird nicht zu diesem Organ selbst, so wenig wie die biochemische Substanz eines Organismus zu einem Algorithmus wird.

So zeigt der 3-D-Druck jetzt schon generelle Machbarkeitsgrenzen. Manches hingegen schafft er auf bewundernswerte Weise, nur vorerst mit völlig unverhältnismäßigem Aufwand. So hat eine Firma nach eigenen Angaben ein schmackhaftes Fleischstück gedruckt, das heißt, ein Gewebe, das wie Fleisch schmeckt. Aber seine Herstellung kostete rund 50000 Dollar. Dies Fleischsimulacrum ist also weit davon entfernt, alltägliches Nahrungsmittel zu werden. Ebenso sind bereits mehrstöckige Häuser gebaut worden. Doch der Zeitaufwand ist enorm, zentrale Probleme der Kanalisation, Dämmung und

3 Meißner 2018

Heizung sind noch ungelöst, so daß der Wohnungsbau, ähnlich wie der Flugzeugbau, sich lediglich auf die Fertigung 3-D-gedruckter Teile, aber nicht ganzer Objekte einstellt. 3-D-Druck-Städte wird es erst einmal nicht geben. Andere Erwartungen sind hingegen realitätstüchtig. «‹Geht die Entwicklung weiter, wird man in zwanzig Jahren sein Smartphone selbst ausdrucken können›, sagt Martin Wegener vom Karlsruher Institut für Technologie», «einer der Experten für den 3-D-Druck von Mikrostrukturen.»[4]

Und damit sind wir bei der sich abzeichnenden Geschichtsphilosophie dieser bemerkenswerten Technologie. Der 3-D-Druck war von Anfang an ein computergestütztes Verfahren; CAD *(computer-aided design)* ist das Fachwort dafür. Es muß erst einmal ein dreidimensionales Modell des herzustellenden Objekts errechnet und programmiert werden, ehe der Drukker, ausgerüstet mit den entsprechenden Baustoffen, eingeschaltet wird. Der 3-D-Druck ist gewissermaßen ein Abkömmling des PC. Das heißt aber auch: Bis er möglich wurde, hatten die Computer schon eine beträchtliche Entwicklung durchlaufen. Bekanntlich waren ihre ersten Exemplare mehrere Kubikmeter groß, nur von Fachleuten zu handhaben und Hilfsmittel des Militärs und der Großindustrie. Sie brauchten gut drei Jahrzehnte, bis sie so klein und handlich geworden waren, daß sie in normale Büros paßten und von Laien nach kurzer Anlernzeit bedient werden konnten. Dann erst ließ sich mit ihnen eine Unmenge Geld verdienen und ihre Verkleinerung bis zum Smartphone fortsetzen.

Diese Büroumgebung ist die Entstehungssphäre des 3-D-Drucks. Die ersten Drucker waren im Umfang nicht wesentlich verschieden von denjenigen, die heute in Hobbykellern stehen, und Charles Hulls erstes Werkstück, das geriffelte Pla-

4 Lindinger 2018, N1

stikschälchen, findet in all den Tassen und Tellern, Nippes-
und Spielzeugfiguren, die die Hobbydrucker emsig erzeugen,
kongeniale Nachfahren. Der 3-D-Druck dehnte sich dann
zwar ins Große und Komplizierte. Die Medizin nutzt ihn zur
Generierung von Schleim- oder Netzhautimplantaten. Die
Raumfahrtindustrie gedenkt ihn gar für einen Hausbau auf
dem Mond oder Mars einzusetzen. Dafür reichen PCs und ein
paar Kunststoffe natürlich nicht aus. Da müssen Großcomputer mit hoch spezialisierten Teams zusammenwirken. Diese
komplexen, exotischen Anwendungen des 3-D-Drucks ändern aber nichts an seiner verblüffend einfachen Grundstruktur. Es hat sich im Laufe dieses Buches mehrfach herausge-
stellt, wie erhellend für das Verständnis einer Technologie
deren Urszene sein kann: etwa das Arpanet für das Internet,
das Versessensein aufs Zitiertwerden für Google, das öffentliche Geschmacksurteil über Fotos für Facebook. Die Urszene
des 3-D-Drucks ist viel biederer: Dinge des persönlichen Ge-
brauchs wieder so herzustellen, wie es das vorindustrielle
Handwerk tat, nur mit den Mitteln der Hochtechnologie.
Eine gewisse Rückannäherung an vormoderne Arbeitsformen
begegnete uns bereits in der High-Tech-Heimarbeit. Ähnlich
wie zur Manufakturzeit Uhrmacher in ihrer eigenen Wohnung Uhrwerke zusammensetzten und dann bei einem Verleger ablieferten, so machen sich Programmierer und Clickwor-
ker am heimischen PC an Software zu schaffen. Freilich ist
ihre Arbeit immer schon auf den Markt bezogen: auf Käufer,
die an einer bestimmten Software interessiert sind, oder auf
Auftraggeber, die sie bearbeitet sehen wollen.

Personal Producer

Der 3-D-Druck hingegen reaktualisiert die handwerkliche
Selbstversorgung: das Produzieren von Hardware für den ei-

genen Bedarf. Selbstversorgung aber ist in der Netzwerkökonomie ein Fremdkörper. Dort kommen Dinge nur noch als Schmiermittel geldwerter Dienstleistungen vor. Als beispielhaft hierfür zeigte sich Googles Strategie in bezug auf Transport und Verkehr: Nicht etwa direkt ins Autogeschäft einsteigen, sondern die Logistik entwickeln, die dafür sorgt, daß Fahrzeuge stets zur rechten Zeit am rechten Ort sind; die Autoindustrie allmählich zum Bestandteil dieser Logistik machen; sich für die Dienstleistung des effizientesten Transports bezahlen lassen und der Autoindustrie einen Teil davon abgeben, wie heute schon der Uber-Fahrer seinen Anteil dafür bekommt, daß er mit seinem eigenen Fahrzeug Kunden transportiert. Ähnliches zeichnet sich auf dem Medizinsektor ab. Nicht mehr der Arzt zählt, sondern das Know-how, das ebensogut in einer App stecken und von dort aus womöglich effizienter wirken kann als im Behandlungszimmer. Entsprechendes gilt für die Bildung. Es kommt nicht mehr auf ihre Gegenstände an, sondern auf die Kompetenz, die sie verschaffen; nicht mehr auf die Person des Lehrers, sondern auf seine Effizienz als Lernbegleiter. Dinge, die man gebraucht, Personen, denen man sich anvertraut, kommen nur noch als Inputgeber für Leistungen in Betracht. Der umgekehrte Gedanke, daß Leistungen der Output von Dingen und Personen sind, ohne die es ja zu Leistungen gar nicht käme, hat in der Netzwerkökonomie keinen Ort mehr.

Dieses Ortlose, im wörtlichen Sinne U-topische, kommt in der Urszene des 3-D-Drucks wieder zum Vorschein. Die Netzwerkökonomie hat sich hier selbst ein Kuckucksei ins Nest gelegt, und es ist gar nicht ausgemacht, wie sie mit diesem Fremdkörper auf Dauer zurechtkommt. Solange die Selbstversorgung im Hobbykeller bleibt, ist sie harmlos; so lange ist allerdings auch das Geschäft mit 3-D-Druckern nicht wirklich lukrativ. Erst wenn es sich so entwickelt, wie es beim PC gelaufen ist; erst wenn aus dem 3-D-Drucker ein PP (Personal

Producer) wird, der ähnlich unentbehrlich ist wie jetzt der PC (Personal Computer): dann wird das große Geld an diejenigen fließen, die dieses Konzept beharrlich verfolgt und nicht geruht haben, um das träge Verfahren des 3-D-Drucks so zu beschleunigen und zu verbilligen, daß der größte Teil der Gebrauchsgüter, die zum jeweiligen Lebensstandard gehören, sich tatsächlich selbst produzieren läßt: Sämtliche Haushaltsgeräte und -maschinen, zu denen dann auch Computer, radio- und fernsehartige Empfangs- und Sendegeräte gehören werden, textile Gewebe (die sich leichter herstellen lassen dürften als Zellgewebe), Musikinstrumente, Fahrzeuge verschiedener Art (etwa neue Typen kleiner Elektroautos für den Großstadtverkehr) etc. Es bedürfte nur einiger weniger Typen von Endgeräten (oder womöglich nur eines einzigen?), wohinein sich, wie auf eine Plattform, die verschiedenen Blaupausen und Baumaterialien, die gerade gebraucht werden, eingeben lassen. Ob diese Geräte dann noch drucken werden oder eine höhere Stufe der PP-Technologie markieren, von der die Drucker bloß die Vorform waren, steht freilich dahin.

Zugegeben, eine komplette Selbstversorgung, wie sie früher einmal einer bäuerlichen Bevölkerung auf eigener Scholle möglich war, wird sich nicht wiederherstellen lassen. Hinter einen gewissen Grad von Lieferabhängigkeit wird keine Gesellschaft mehr zurückkehren können. Vor allem, was Nahrungsmittel betrifft. Daß sich bald schon jeder sein tägliches Quantum davon selbst ausdrucken werde, mit einem Nährstoffgehalt, der dem von herkömmlichen Wald- und Feldfrüchten, Milch- und Fleischprodukten entspricht, ist illusorisch. Das werden die Gegner einer neuen Selbstversorgung ins Feld führen. Sie werden den 3-D-Druck gutheißen, wo immer er sich in die Netzwerkökonomie einfügt: der Produktion paßgenauer Bau- und Ersatzteile dient, der Medizin oder der Raumfahrt neue Verfahren ermöglicht oder die Herstellung exotischer ästhetischer Gebilde gestattet. Aber 3-D-

Druck zur Selbstversorgung? Das würde ja die hochvernetzten Lieferketten, mit denen das «Internet der Dinge» seine Kundschaft beglücken möchte, an allen Ecken und Enden unterbrechen. Es würde den größten Teil der Gebrauchsgüterproduktion von Haushaltsgegenständen bis zu Kleinfahrzeugen überflüssig machen. Warenhäuser wie Walmart oder Karstadt würden sich ebenso erübrigen, wie es die Postämter schon getan haben. Baumärkte würden auf die Lieferung von 3-D-Druck-Materialien schrumpfen, Autofirmen auf den Verkauf von Großfahrzeugen. Und die Werbung, die diese Firmen für ihre Produkte machen, ginge den großen Plattformen verloren. Man stelle sich Google und Facebook ohne ihre Werbeeinnahmen vor. Sie wären am Ende. Nicht zuletzt, weil sie wissen, wie windig Werbeeinkünfte sind, begnügen sie sich nicht mit Informationsvermittlung, sondern greifen auf die Vermittlung materieller Produktions- und Dienstleistungsprozesse über. Aber ihre enormen Fortschritte auf diesem Sektor zehren von den Werbeeinnahmen. Deren Ausfall könnten sie nicht verkraften.

Der Ausbau einer umfassenden PP-Technologie würde die Plattformökonomie also vital bedrohen. Andrerseits öffnete er einen Ausweg aus ihr. Daß die Industrie 4.0 durch ihre neuen, «intelligenten» Maschinen weltweit Millionen von Jobs beseitigen wird, in nie gekannter Weise auch auf dem akademischen Arbeitsmarkt, ist schon jetzt absehbar; auch wenn nicht jeder Job, der heute unter «Routinearbeit» läuft, verschwinden wird, wie einige voreilige Hochrechnungen unterstellen, weil Routine keineswegs identisch mit Mechanik ist und nicht aufhört, in bestimmten Momenten Augenmaß und verantwortliche Entscheidung zu verlangen. Aber daß die Personalkostenersparnis die treibende Kraft bei 4.0 ist, und nicht der unternehmerische Herzenswunsch, das Leben für alle besser und sicherer zu machen, liegt auf der Hand, und die neue Arbeitslosigkeit wird, trotz aller Versuche, sie durch Statistiken zu schönen und in neue Formen der Prekarisierung einzubinden, dramatisch sein. Was also tun mit all den neuen Arbeitslosen? Erschwingliche Personal Producer können ihnen eine Selbstversorgung nach eigenen Vorstellungen ohne Auftraggeber und Vormünder ermöglichen, bei der sie zwar nicht eigens Geld erwirtschaften, aber ihre Lebenshaltungskosten drastisch senken. Sollten sie dennoch zuschußbedürftig sein, so durch entschieden geringere Beträge als die aktuelle Arbeitslosenunterstützung. Der Zuschuß wäre zudem durch die eigene Selbstversorgungstätigkeit gewissermaßen verdient und nicht bloß eine caritative Versorgungsleistung. Das Interesse an diesem Ausweg könnte enorm sein. Sofern der Staat noch über Gelder verfügt, ist es nicht abwegig, daß er zur Bewältigung des neuen Arbeitslosenproblems die Entwicklung einer umfassenden PP-Technologie hoch subventioniert. Unternehmer, die sich für sie engagieren, werden das natürlich mit Gewinnabsicht tun, aber mit ihrer Investition in die neue Technologie werden sie, ob bewußt oder nicht, zugleich für eine neue Produktionsweise optieren, die mit der Netzwerkökonomie konfligiert. Indem sie den normalen unternehmerischen Konkurrenzkampf mit Mitbewerbern führen, werden sie zugleich in einen sozialen Kampf gegen diejenigen geraten, denen die ganze neue Technologie nicht paßt, also in einen Kampf um eine gesamtgesellschaftliche Richtungsentscheidung – wie es früher der Klassenkampf war.

Kapitalistische Endzeit

Und in der Tat: In einer umfassenden PP-Technologie dämmert nichts Geringeres herauf als das Ende der kapitalistischen Produktionsweise. Bei allen Metamorphosen, die sie in den zwei Jahrhunderten ihrer Existenz durchgemacht hat, fußte sie stets auf dem Privateigentum an Produktionsmitteln, das wenigen gehört, aber die meisten nach der Pfeife ständiger Gewinnmaximierung tanzen läßt. Deshalb, so die berühmte Vorstellung von Marx, sollen diese Vielen jene Wenigen enteignen und die Produktionsmittel vergesellschaften. Wie aber, wenn die Produktionsgeräte so klein und erschwinglich geworden sind, daß tendenziell alle zu Eigentümern an Produktionsmitteln werden? Dann findet die Vergesellschaftung ganz anders statt als von Marx gedacht: nicht durch Enteignung, sondern durch Inflation, nicht durch die zentrale Übernahme und Steuerung der Produktionsmittel durchs Proletariat oder seiner Repräsentanten, sondern durch ihre dezentrale und unreglementierte Streuung zur hochtechnologischen Wiederherstellung von etwas sehr Altem: der Selbstversorgung. Ein solches Ende des Kapitalismus werden die Promotoren der PP-Technologie weit weniger im Blick haben als ihren eigenen Gewinn. Sollte daher die Entwicklung der neuen Technologie zu wünschen übrig lassen, oder ihre staatliche Subvention, oder ihr Beitrag zur Bewältigung der Arbeitslosigkeit, so ist es gut möglich, daß von ihr abgelassen wird, ehe sie das Stadium einer neuen Produktionsweise erreicht. Sollte sie hingegen gut vorankommen, so daß sich die Zeitgenossen tatsächlich die Mehrzahl ihrer Gebrauchsgüter selbst herstellen und zu einem Grad von Selbstversorgung gelangen, den die kapitalistischen Kategorien der Lohnarbeit und Arbeitslosigkeit gar nicht mehr erfassen können – so werden die Firmen, die mit der Durchsetzung der neuen Technologie viel Geld verdient haben, sehr darauf aus sein, im Geschäft zu bleiben: etwa indem sie die Endgeräte der neuen Technologie verkaufen, die Blaupausen der zu fertigenden Objekte aber hübsch einbehalten und lediglich vermieten. Das wäre ungefähr so, wie wenn Baumärkte den kompletten Bausatz eines Bettes oder Tisches liefern, nur nicht den unerläßlichen Spezialschraubenschlüssel, den man sich zu jedem Gebrauch kostenpflichtig bei ihnen leihen muß.

Solche Maßnahmen würden zu erheblichen Konflikten führen. Ein Kampf um die Blaupausen stünde an. Kämpfe dieser Art sind nicht neu. Seit es Buchdruck gibt, gibt es Raubdrucke. Aber im Zeitalter der Software, wo Original und Kopie nicht mehr unterscheidbar sind, wo man mit ein paar Tastenanschlägen riesige Dateien kopieren und zugleich an unzählige Empfänger versenden kann, hängt von legalem und illegalem Kopieren ungleich mehr ab. Große Schallplattenfirmen gerieten an den Rand des Ruins, als die Musikbörse Napster Musikdateien zum kostenlosen Herunterladen anbot. Das war illegal, aber Napster fand es legitim, ganz im Sinne der Open-Source-Bewegung: Was im Netz ist, soll allen gehören. Spotify hingegen arbeitet als eine Art Verleger der Musikindustrie, übernimmt von ihr gegen Gebühr alle erdenklichen Musikdateien, sperrt den direkten Zugang zu ihnen und vermietet sie an die Hörer. Facebook wiederum kommt ganz kommunistisch daher, verlangt keine Mitgliedsgebühren und ermuntert seine Teilnehmer, alle Datensätze, über die sie verfügen, mit möglichst vielen anderen zu «teilen». Aber Herr Zuckerberg wird sich hüten, die Algorithmenkonfiguration, auf der seine Plattform basiert, auf ebendieser Plattform zu posten, genauso wie Google niemals freiwillig die Schlüsselalgorithmen seiner Suchmaschine herausgäbe. Sie sind ebenso *top secret* wie einst die Inhalte des Arpanet.

Doch im Prinzip sind alle Algorithmen kopierbar. Es gibt Industriespionage, es gibt Whistleblower, die geheime Daten gern mit andern «teilen», es gibt die Open-Source-Bewegung, die jede Privatisierung von Software für einen Raub an der Allgemeinheit hält und der wir zum Beispiel den Firefox-Browser verdanken, der – vorerst jedenfalls – niemandem gehört und jedem, der es wünscht, freien Zugang zum Netz verschafft. Und es gibt die Informatiker der Konkurrenz, die zugängliche Oberfläche der Suchmaschine von Google oder der Lieferlogistik von SAW analysieren, von dort aus Schlüsse auf die dahinter befindliche Algorithmenkonfiguration ziehen und eigene logistische Maschinen entwickeln. Die Geheimhaltung von Software ist also porös. Und auch wenn man noch nicht weiß, wie die Blaupausen, mit denen Personal Producer einzelne Gebrauchsgegenstände herstellen, genau aussehen werden: auf jeden Fall werden sie weniger komplex, also leichter kopierbar sein als das Algorithmengeflecht einer Suchmaschine oder die Logistik eines Transportsystems. Und noch eines kommt hinzu: Gescheite Personal Producer werden in der Lage sein, Personal Producer herzustellen, die genauso aussehen und funktionieren wie sie selbst. Sie werden sich selbst kopieren können.

Verstaatlichung vs. Vergesellschaftung

In den Jahren des Kriegskommunismus sah Lenin im Schwarzmarkt das letzte Überbleibsel kapitalistischer Fäulnis. Er suchte es mit aller Gewalt auszutilgen. Ein Schwarzmarkt für PP-Blaupausen wäre hingegen ein Humusboden, auf dem die neue Technologie wuchern und sich zu einer gesellschaftlichen Produktionsweise verzweigen könnte. Überhaupt würde erst diese Technologie die Vergesellschaftung der Produktionsmittel in die Sphäre der Realisierbarkeit rücken. Nicht, daß ihr Gedanke vorher nichts getaugt hätte. Marx' Verdacht, daß erst mit der Vergesellschaftung der Produktionsmittel eine Gesellschaft entstehen kann, die über die kapitalistische hinausführt, ist aktueller denn je. Solange die großen Maschinen, an denen der gesellschaftliche Reichtum produziert wird, wenigen Privateigentümern gehören; solange die vielen, die an diesen Maschinen und in der um sie kreisenden Verwaltung arbeiten, an diesem Reichtum nur mangelhaft teilhaben, nämlich nur insofern er für die wenigen Gewinn abwirft, und nur über den Umweg des Markts, auf dem sie ihre Arbeitskraft feilbieten und ihren Arbeitslohn in Lebensmittel eintauschen müssen; und solange die Gewinnmacher sich auf ebendiesem Markt gegen andere Gewinnmacher durch den Verkauf ihrer Produkte behaupten müssen, was sie ohne ständigen Wettlauf um effizientere Produktions- und Verkaufsmethoden nicht tun können – so lange wird der kapitalistische Wachstumszwang und die in seinem Kraftfeld stattfindende Massenausbeutung von menschlichen und außermenschlichen Naturressourcen fortdauern.

Das gilt heute noch genauso wie vor hundert Jahren, als die russischen Revolutionäre um Lenin erstmals bitteren Ernst mit dem machten, was sie sich unter der Vergesellschaftung der Produktionsmittel vorstellten.[5] Sie enteigneten Latifundien und Industriebetriebe, verlangten von der bäuerlichen Bevölkerung die Ablieferung all ihrer Produkte über das Existenzminimum hinaus, schickten dafür aus städtischen Betrieben Landmaschinen und Industrieprodukte aufs Land und setzten an die Stelle des Markts die staatlich organisierte Verteilung des Lebensnotwendigen. Als aber Bauern auf ihrer eigenen Scholle zu verhungern begannen, während weder die ihnen entrissenen Naturalien wunschgemäß in den Städten ankamen, noch die aufs Land geschafften Maschinen und Industriegüter dort nennenswerte Hilfe brachten, ging in der ganzen Sowjetunion furchtbare Not um. Da schwenkte Lenin zur Neuen Ökonomischen Politik um: zur begrenzten Wiederzulassung von Kleinbetrieben, Privateigentum an Produktionsmitteln und Markt – womit der kapitalistische Bazillus offiziell zum Bestandteil der Planwirtschaft wurde. Sie ist ihn nie mehr losgeworden. Geld, Kleinhandel und Schwarzmarkt blieben an ihr haften wie Kletten, und die Sowjetunion bemühte sich krampfhaft, den Industrialisierungsvorsprung des

5 Siehe oben, S. 21 f.

Westens aufzuholen, um mit ihren Produkten auf dem Weltmarkt konkurrenzfähig zu werden. Als sie 1991 zusammenbrach, hatte der kapitalistische Bazillus sie zersetzt, und was an Staatsbetrieben noch funktionsfähig war, wurde von deren Leitern für ein Butterbrot gekauft und in Privateigentum verwandelt. Die alte Wirtschaftsordnung kehrte zurück, und es zeigte sich: Die neue hatte über den Kapitalismus nicht hinausgeführt; sie war in eklatanter Weise dahinter zurückgeblieben.

Aber warum? Weil sie die Produktionsmittel vergesellschaftet hatte? Keineswegs. Das war ihr ja gerade nicht gelungen. Sie hatte sie lediglich verstaatlicht. Und weiter als bis zu ihrer Verstaatlichung ist der gesamte Ostblock-Sozialismus nie gekommen, weder im Stalinismus noch im Maoismus noch in der jugoslawischen Arbeiterselbstverwaltung. Sie alle führten nicht über den Kapitalismus hinaus, und zwar nicht nur wegen der Machtgier und Skrupellosigkeit, mit der die Revolutionsführer in der Regel zu Werke gingen. Sie laborierten allesamt auch an einem Problem, das sich schon als unlösbar zeigt, wenn man noch einmal zu Marx zurückblättert. Dem war bewußt, daß, wenn «[d]ie Stunde des kapitalistischen Privateigentums schlägt» und seine große Enteignung stattfindet,[6] danach nicht sogleich alles wie geschmiert läuft, weil die neue Gesellschaft «aus der kapitalistischen Gesellschaft *hervorgeht*, also in jeder Beziehung, ökonomisch, sittlich, geistig, noch behaftet ist mit den Muttermalen der alten Gesellschaft, aus deren Schoß sie herkommt».[7] Die Arbeiter

---

6 «Die Expropriateurs werden expropriiert», sagt Marx (1979 [²1872], 791). Die wahren Enteigner sind für ihn die Privateigentümer der Produktionsmittel. Deren Enteignung gibt bloß dem Volk zurück, was sie ihm genommen haben.

7 Marx 1976 [1875], 20

verfügen nun zwar nominell gemeinsam über sämtliche Produktionsmittel, aber sie tun, was sie auch vor der großen Enteignung taten: arbeiten. Und von dem gesellschaftlichen Arbeitsertrag kann sich nun nicht jeder nehmen, was er braucht oder wünscht. Die Produkte landen in Vorratslagern. Jeder Arbeiter «erhält von der Gesellschaft einen Schein, daß er soundso viel Arbeit geliefert (nach Abzug seiner Arbeit für die gemeinschaftlichen Fonds), und zieht mit diesem Schein aus dem gesellschaftlichen Vorrat von Konsumtionsmitteln soviel heraus, als gleich viel Arbeit kostet». De facto ist es aber nicht «die Gesellschaft», die Arbeitsscheine verteilt und Vorrat lagert und bewacht; es sind dafür befugte und verantwortliche Personen: Staatsbedienstete.[8] Auch enteignete Produktionsmittel werden nicht von «der Gesellschaft» gehandhabt oder verwaltet, sondern von Personen. Wenn sie verantwortungsbewußt sind, handeln sie im Namen der Gesellschaft, aber lassen nicht alle an allen Geräten herumfingern, genauso wie verantwortliche Richter ihre Urteile zwar «im Namen des Volkes» sprechen, aber tunlichst nicht das Volk urteilen lassen.

Die Enteignung und Kollektivierung von Produktionsmitteln wird immer nur zu ihrer Verstaatlichung führen, was nicht in jedem Fall schlechter ist, als wenn sie Privateigentum bleiben, aber nicht an sich gut. Die Verstaatlichung verhält sich zur kapitalistischen Produktionsweise wie ein Ausfallsschritt, aber sie ist nicht der Schritt, der definitiv über sie hinausführt. Das täte erst die Vergesellschaftung der Produktionsmittel. Nur wird sich die, wenn es denn zu ihr kommen sollte, ganz anders vollziehen als marxistisch gedacht: nicht durch Enteignung, sondern durch Zueignung, nicht durch Kollektivierung, sondern durch dezentrales Vordringen

8 Giessler Furlan 2018, 110f.

hochtechnologischer, erschwinglicher Personal Producer über Markt, Schwarzmarkt, Selbstkopie und Open-Source-Bewegung in alle Poren der Gesellschaft.

Selbst dann jedoch könnte die PP-Technologie lediglich zur dominanten Produktionsweise werden, nicht zur ausschließlichen. Weiterhin werden die Selbstversorger Materialien für ihre Güterproduktion und Nahrungsmittel geliefert bekommen müssen. Zudem werden sich Häuser, Flugzeuge, Lastwagen, Forschungslaboratorien nicht durch Personal Producer herstellen lassen. Dennoch ist es ein großer Unterschied, ob Firmen, die solche Großobjekte produzieren und warten, lediglich als Zubehör einer Gesellschaft fungieren, die im wesentlichen aus Selbstversorgern besteht, oder ob umgekehrt die Selbstversorgung bloß Hobby und Anhängsel einer hochvernetzten Versorgungsökonomie ist. Und die kollektive Erfahrung – das Erfolgserlebnis –, daß man in der Lage ist, sich mit lebensnotwendiger Hardware selbst zu versorgen, wird unweigerlich die Frage aufwerfen: Warum nicht auch mit Nahrungsmitteln? Alles andere als abwegig, wenn unter den High-Tech-Selbstversorgern eine neue Art von Kleingärtnerbewegung entstünde – Gärtnern nicht als Hobby, sondern als Bestandteil einer neuen Produktionsweise –, die das Erscheinungsbild der Städte nachhaltig verändert. Selbstversorger müssen weniger hin- und herfahren als Angestellte, brauchen weniger Straßen, Schienen und Fahrzeuge. Eine Neudurchsetzung von urbanen Ballungszentren mit Gartenflächen böte sich da geradezu an. Es wäre nicht das erste Mal in der Geschichte, daß mit der Auflösung einer Produktionsweise, die viele Arbeitskräfte im Dienste weniger Herrschender kollektiviert hatte, zugleich eine umfassende Reruralisierung einträte.

Reruralisierung

So ist es, wie Max Weber wunderbar dargelegt hat,[9] schon einmal in der Zerfallsphase des Römischen Reiches geschehen. Solange Roms Truppen Italien eroberten, taten sie das vor allem, um Kolonien für Römer zu gründen. Als sie über Italien hinaus nach Dalmatien, Griechenland und Nordafrika vorstießen, änderten sich ihre Kriegsziele. Sie wollten möglichst viel Interessantes von dort mitbringen: Edelmetalle, Gewürze, Spezereien, vor allem aber Sklaven für die landwirtschaftlichen Betriebe im römischen Kernland. Die waren nämlich auf Expansionskurs. Die herkömmlichen kleinen Wirtschaftseinheiten, die «Häuser» *(domus)*, die der unumschränkten Gewalt eines Hausherrn *(dominus)* unterstanden, dehnten sich zu Latifundien. Die Herren wurden fein, ließen ihre Betriebe von Verwaltern besorgen, zogen das elegante Leben in der Stadt vor und wollten dort «vor allen Dingen Geldrente beziehen», die ihre Güter allerdings nur abwarfen, wenn sie hochwertige Produkte wie «Öl und Wein, daneben Gartengewächse, sowie Viehmast, Geflügelzucht und Spezialkulturen für Tafelbedürfnisse der allein kaufkräftigen obersten Schicht der römischen Gesellschaft» (296 f.) lieferten. Das ging nur mit Sklaven. Sie wurden auf Eroberungszügen eingefangen, verkauft und an ihrem Einsatzort brutal kaserniert – fast ohne Gelegenheit zur Fortpflanzung. So waren die Latifundien «auf den *fortwährenden Zukauf* von Sklaven zur Ergänzung angewiesen» (298).

Es genügte, daß Kaiser Tiberius «die Einstellung der Eroberungskriege am Rhein» anordnete, und bald schon, noch während seiner Regierungszeit, wurde ein «gewaltiger *akuter* Arbeitermangel» (299) spürbar. In wenigen Jahren setzte der

9 Weber ²1988 [1896], Seitenzahlen im Text

rückläufige Sklavenhandel eine Abwärtsspirale sondergleichen in Gang. Die Güter konnten den städtischen Markt nicht mehr wie gewohnt mit Luxusprodukten beliefern, die Rente der Gutsherren sank, ihre Teilhabe am städtischen Luxus ließ nach, ihre Auftragsvergabe ans städtische Handwerk stockte, die Steuereinnahmen gingen zurück, und es dauerte nicht lange, bis es den wichtigsten Posten im Staatshaushalt traf: die Finanzierung des Heers. Sein Grundstock bestand aus Söldnern. Auch sie wurden selbstverständlich aus dem Sklavenhandel bezahlt, und sie waren es, die ihn durch ihre Eroberungszüge aufrechterhielten. Damit war das römische Imperium in eine militärische Expansionsfalle geraten, sehr ähnlich der Wachstumsfalle, in der heute die kapitalistische Wirtschaft steckt.

Mit der Umstellung der Armee von Neueroberung auf Besitzstandswahrung untergrub Rom ebenso seine Sklavenwirtschaft wie sein Heer. Die Grundherren mußten die Sklavenkasernen auflösen, deren Insassen die Familiengründung gestatten und ihnen Arbeitsgeräte zur Selbstversorgung überlassen. Aus Sklaven wurden Erbuntertanen. Die Güter wurden Fronhöfe, begnügten sich mit Selbstversorgung und koppelten sich vom städtischen Markt ab. Die Städte verfielen. Die Gutsherren zogen sich aufs Land zurück, entrichteten ihre ländlichen Abgaben immer weniger in Geldform und suchten ihre Arbeitskräfte möglichst der militärischen Rekrutierung zu entziehen. So nahm es mit den Soldaten eine ähnliche Wendung wie zuvor bei den Sklaven. «Wie an die Stelle des ehelosen Kasernensklaven der Bauer im Schoße eigner Familie tritt, so – wenigstens zum Teil – an Stelle des ehelosen Kasernen- oder richtiger Lagersoldaten der in Soldatenehe stehende, faktisch erbliche Berufssöldner.» (307) In den entlegenen Provinzen des Reichs suchte man «die Heere möglichst aus dem Bezirk ihres Standorts zu rekrutieren» und ging schließlich dazu über, «durch Beleihung von Barbaren mit Land gegen Kriegsdienstpflicht die Grenzwache zu bestreiten» (307).

Geschichte wiederholt sich nicht. Aber sie ist ein Arsenal lehrreicher Ähnlichkeiten, und es fällt schwer, Webers Einsicht in die Logik des Zerfalls des Imperium Romanum anders zu lesen denn als Menetekel. Die strukturelle Ähnlichkeit zwischen dem militärischen Expansionszwang damals und dem ökonomischen heute, zwischen der damaligen Selbstauszehrung des Sklaven- und Söldnersystems und der heutigen des Nationalstaats, zwischen der Selbstversorgungswirtschaft, in die sich das römische Reich auflöste, und derjenigen, die sich in der PP-Technologie ankündigt – sie drängen sich förmlich auf. Der historische Rückblick bewahrt freilich auch vor der Illusion, daß Selbstversorgung an sich schon das gute Leben sei. Auch hier wäre, wie Marx sagt, die neue Gesellschaft «in jeder Beziehung, ökonomisch, sittlich, geistig, noch behaftet […] mit den Muttermalen der alten». Sollte sich die PP-Technologie tatsächlich zur dominanten gesellschaftlichen Produktionsweise auswachsen, so geschähe das zu den Konditionen fortlaufender Deregulierung und ihrer Retribalisierungstendenzen, der Fragmentierung und Vervielfältigung von clanartigen Plattform-Lebenswelten und ihren unvorhersehbaren Allianzen mit herkömmlichen Stammes-, Clan- und Sippenstrukturen. Die neue Produktionsweise wäre sowohl Motor wie Auffangstation dieses Zerfallsprozesses. Wie sich die Selbstversorgung tribalisierter Singles, Paare, Klein- und Großfamilien allerdings konkret vollzöge, ist gegenwärtig nicht absehbar. Würden die Selbstversorgungszellen zu einem Zellgewebe verwachsen? Würden sich darin Nationalstaatsinstitutionen mit demokratischen Rechtsstandards erhalten? Wie wären sie in das, was dann vom Internet noch übrig ist, verwickelt? Wie gingen sie damit um, daß leistungsfähige Personal Producer jedem, der es wünscht, auch seine eigenen Schußwaffen liefern würden? Lauter offene Fragen.

Und doch hätte die neue Produktionsweise einen enormen Vorzug: Sie stünde nicht mehr unter Wachstumszwang. Selbstversorger müssen nicht länger mit Konkurrenten um effizientere Produktion, höheren Output, geringere Kosten und geneigte Kunden wetteifern. Allerdings müßten sie selbst erst einmal lernen, daß alles dies nicht mehr notwendig ist, und das wäre ein nicht bloß intellektueller Lernprozeß. Hat doch seit gut zwei Jahrhunderten der Wachstumszwang der kapitalistischen Produktionsweise die gesamte Triebstruktur der Individuen darauf eingestellt, daß der Markt die Gesellschaft konstituiert und diejenigen segnet, die beim Tausch besser abschneiden als andere, mehr bekommen als geben, mehr herausholen als sie hineingesteckt haben. Die emotionale Fixierung auf den Komparativ als Sinnstifter verschwindet nicht einfach von selbst. Ihre Auflösung wäre aktive seelische Arbeit. Sie würde der von Freud so genannten «Trauerarbeit»[10] ähneln, die darin besteht, von einem geliebten Objekt, das nicht mehr existiert oder zugänglich ist, allmählich die Saugnäpfe der Libido abzuziehen, es loszulassen – und dadurch für das Leben ohne es realitätstüchtig zu werden. Trauerarbeit ist ein tiefenseelischer Lernprozeß, ein *deep learning*, wie es «selbstlernenden» Maschinen, auch wenn sie dank eingebauter Rückkopplungsschleifen noch so schnell auf ihre eigene Informationsverarbeitung reagieren, nie beschieden sein wird: ein humaner Ab- und Umkehrprozeß, der am ehesten dem entspricht, was im Neuen Testament *metánoia* heißt: Umdenken, Umkehr, Buße. Dieses *deep learning* würde auch eine Neubesinnung darüber einschließen, was Erziehung und Bildung, Dienstleistung und Pflege sind, wenn Zeit nicht mehr unbedingt Geld ist, wenn der Beschleunigungszwang nachläßt, wenn Individuen und Gruppen sich füreinander und für

10 Freud 1975 [1917], 199

Dinge, an denen sie hängen, in einer Weise Zeit und Muße nehmen können, die in der kapitalistischen Ära weitgehend verlernt wurde. Erst in diesem Stadium könnte ernstlich von «Postkapitalismus» die Rede sein.

Revision der Utopie

Dies Stadium ist weit entfernt, aber jedes Sträuben gegen die bedingungslose digitale Gefolgschaft, jede Reduktion der Computerarbeit aufs Nötigste, jedes Handyverbot an Schulen, jedes Nein zur Schul-Cloud, zum Software-Allgemeinmediziner, zur Abschaffung eines rechtsstaatlich basierten öffentlichen Rundfunks ist ein Impuls, der – ob beabsichtigt oder nicht – diesem fernen Stadium zuarbeitet. Es kann durchaus mentale Nähe gewinnen. «Eine andere Welt ist möglich»: dieser Slogan bleibt leer, wenn er für die Übertragung des Datenkommunismus auf die physische Welt stehen soll. Er füllt sich hingegen mit Inhalt durch die PP-Technologie. Daß die Vergesellschaftung der Produktionsmittel tatsächlich möglich ist, daß eine Selbstversorgungsgesellschaft noch einmal ein neuer Anfang sein könnte: das Wissen darum könnte einen neuen, Mut machenden, beflügelnden Geist konkreter Utopie entbinden, der gleichwohl nicht überschnappt. Die neue Gesellschaft wäre kein «Land, wo Milch und Honig fließt», sie wäre weniger produktiv als eine Gesellschaft ohne Wachstumszwang, weniger *up to date* und informationsversessen, gewissermaßen provinzieller – und vielleicht ländlicher. Aber das würde keine Angst vor Abgehängtwerden mehr auslösen, sondern eine Entspannung, wie sie Theodor W. Adorno in einem denkwürdigen Aphorismus vorausgefühlt hat.

«Auf die Frage nach dem Ziel der emanzipierten Gesellschaft erhält man Antworten wie die Erfüllung der menschlichen Möglichkeiten oder den Reichtum des Lebens. So ille-

gitim die unvermeidliche Frage, so unvermeidlich das Absto-
ßende, Auftrumpfende der Antwort» und ihrer «Vorstellung
vom fessellosen Tun, dem ununterbrochenen Zeugen, der
pausbäckigen Unersättlichkeit, der Freiheit als Hochbetrieb».
«Denkt man die emanzipierte Gesellschaft als Emanzipation
gerade von solcher Totalität, dann werden Fluchtlinien sichtbar, die mit der Steigerung der Produktion und ihren menschlichen Spiegelungen wenig gemein haben.» «Vielleicht wird
die wahre Gesellschaft der Entfaltung überdrüssig und läßt
aus Freiheit Möglichkeiten ungenutzt, anstatt unter irrem
Zwang auf fremde Sterne einzustürmen.» «Genuß selber würde davon berührt, so wie sein gegenwärtiges Schema von der
Betriebsamkeit, dem Planen, seinen Willen Haben, Unter-
jochen nicht getrennt werden kann. Rien faire comme une
bête, auf dem Wasser liegen und friedlich in den Himmel
schauen, ‹sein, sonst nichts, ohne alle weitere Bestimmung
und Erfüllung› könnte an die Stelle von Prozeß, Tun, Erfüllen
treten».[11]

«Auf dem Wasser liegen und friedlich in den Himmel schau-
en»: das ist kinderleicht – und im Zeitalter des Smartphone etwas vom Schwersten. Wer dazu fähig ist, ist aus der digitalen
Gefolgschaft schon ein wenig ausgeschert. Utopien des technisch perfekten Internets hingegen kennen nur die Inklusion
in den digitalen Stamm. «Das Erlebnis der Teilhabe wird so
überwältigend sein, dass man von *Teilhabe* eigentlich gar nicht
mehr sprechen kann. Es wird uns so vorkommen, als *beträten*
wir das Leben der anderen. Als lebten wir es. Als würden wir
uns buchstäblich in den anderen hineinversetzen. Wir kommunizieren dann nicht mehr, indem wir jemanden anrufen,
ihm eine Mail schreiben oder ein Foto schicken.» «Die anderen sind in Zukunft einfach immer da. Wir können sie aus-

11 Adorno 1976 [1951], 206 ff.

blenden, indem wir wegschauen, und einblenden, indem wir sie ansehen. Wie in einer Großfamilie, in der Gemeinsamkeit und Abgeschiedenheit auch nicht dadurch entstehen, dass jemand das gemeinsame Wohnzimmer verlässt, sondern indem er sich zu- oder abwendet. Wir werden ganz selbstverständlich in den Raum fragen: ‹Stefan, was hältst du denn davon?›, und das nächste Mikrofon in unserer Nähe erkennt aus dem Kontext, welchen Stefan wir meinen, und spielt ihm die Frage in Echtzeit zu. Gruppengespräche entstehen ganz einfach, indem wir mehrere Leute mit Namen anreden, so, als säßen sie neben uns. Das Unternehmen Voxer produziert eine solche Mischung aus Funk und Telefon schon heute. Mit dem Wischen des kleinen Fingers bestimmen wir, ob die nächstgelegene Zimmerwand das Videobild der Freunde anzeigt. Die Frage ‹Was machst du gerade, Yvonne?› blendet den Blick aus Yvonnes Augen ein, wenn sie uns dafür freigeschaltet hat.»[12]

Wie weit das technisch je machbar sein wird, steht dahin. Bemerkenswert ist dies Szenario aber, weil es als Utopie gelungener Mitmenschlichkeit daherkommt, und zwar vom alten Telefonmodell aus. Jeder Telefonanruf dringt in eine räumlich entfernte Umgebung und Atmosphäre ein, der er selbst nicht angehört. Er unterbricht die dort gerade laufende Beschäftigung, selbst wenn das dem Angerufenen willkommen ist. Der Anrufer verlangt *jetzt* Zuwendung. Ihm bedeuten, daß es «jetzt nicht paßt», kann man nur, indem man den Anruf annimmt und so seine Priorität anerkennt, oder einen Anrufbeantworter einschaltet, der die Unterbrechung immerhin verschiebt, aber nicht garantiert, daß man dem Anrufer gerade gelegen kommt, wenn man ihn zurückruft. Durch Skype oder noch raffiniertere audiovisuelle Verbindungen ändert sich an

12 Keese 2016, 252f.

dieser Unterbrechungslogik nichts. Und die Pointe der hier vorgetragenen Utopie besteht darin, die Hemmschwellen gegen die Unterbrechung auf null zu senken. Statt Anwählen oder Einloggen nur noch Ansprechen oder Hinsehen. Sich jemandem direkt «zuwenden». Faktisch ist diese Zuwendung ein Eindringen in eine Atmosphäre, der man nicht angehört. Stefan, der sich sonstwo befindet und sich vielleicht gerade sonnt oder ein Brot schmiert, soll mir *jetzt* sagen, was er über Problem X denkt; die Kollegen sollen mir *jetzt* als Diskussionsrunde zur Verfügung stehen, indem ich einfach auf sie einrede; Yvonne soll mir *jetzt* Auskunft geben, was sie gerade macht; und wen das stört, der muß sich verhalten wie früher jemand, der ans Telefon ging, um «jetzt nicht» zu sagen.

Ständig jedem Kontaktanspruch ausgeliefert sein, indem man entweder auf ihn eingeht oder signalisiert, daß man es gerade nicht möchte; ständig in andere Individualsphären eindringen beziehungsweise entscheiden müssen, ob andere in die eigene Sphäre eindringen sollen: das ist gerade *nicht* wie im Wohnzimmer der Großfamilie, wo sich die Familienmitglieder innerhalb eines begrenzten Raumes in einer gemeinsamen Atmosphäre aufeinander beziehen, wo es zwischen Zu- und Abwendung zahllose Übergänge und Schattierungen gibt, nicht nur Ein- und Ausschalten, Null und Eins, Stop und Go wie beim elektrischen Licht und in der ganzen digitalen Welt. Wo «die anderen einfach immer da» sind, da ist kein erweitertes Wohnzimmer, sondern totalisierte Internetöffentlichkeit. Was einmal damit angefangen hatte, daß jeder ohne die Zustimmung irgendwelcher Öffentlichkeitsaufseher ins Netz stellen kann, was ihm beliebt, kommt an sein utopisches Ende in der Vorstellung von einer Menschheit, die als ganze dauerveröffentlicht wird, vereint durch einen permanenten Sendemodus, gegen den sich niemand mehr schützen, den jeder nur noch durch ständiges Ein- und Ausschalten bedienen kann. In dieser Vorstellung ähnelt sich das gesamte Leben einem Arbeitstag im Call Center an – einer Burnout-Brutstätte, in der das Burnout der repräsentativen Öffentlichkeit durch Inflationierung zur Vollendung gelangt.[13]

Die Utopien, die eine Gesellschaft ausheckt, sind ein beredter Gradmesser ihrer Humanität. Und die Utopie einer durchs Internet zur Großfamilie vereinten Menschheit, wo «die anderen immer da sind», ergibt das Bild einer digitalen Hölle. Einen befriedeten Zustand kann man nicht in Netzkategorien denken, nicht als Dauerkontakt mit Millionen Netzfreunden auf dem gesamten Globus, sondern nur in der Dimension einer unaufgeregten, überschaubaren Umgebung, wo Landschaft, Dinge, Gerüche, Geräusche, Wind und Licht vertraut sind und wo man Menschen verbunden ist, mit denen man eine gemeinsamen Atmosphäre atmet und ungleich mehr teilt als Dateien. Es mag in einer solchen Vorstellung zwar der Wunsch nach Einbeziehung der ganzen Menschheit, ja der ganzen Natur vage mitschwingen, aber sie wird nicht Bild. Bilder des Friedens bleiben in bescheidenen Dimensionen, klein und intim. Sie knüpfen sich nicht an ein globales Netzwerk. Aber Selbstversorgungseinheiten, in denen auch *füreinander* gesorgt wird, wären ein nahezu idealer Nährboden für sie.

13 Siehe oben, S. 148

Literatur

Adorno 1976 [1951]: Theodor W. Adorno, *Minima Moralia. Reflexionen aus dem beschädigten Leben*, Suhrkamp, Frankfurt am Main

Altrichter/Haumann 1987: *Die Sowjetunion*, Band 2: *Wirtschaft und Gesellschaft*, herausgegeben von Helmut Altrichter und Heiko Haumann, Deutscher Taschenbuch Verlag, München

Bailes 1977: Kendall E. Bailes, *Alexei Gastev and the Soviet Controversy over Taylorism, 1918–24*, Soviet Studies, vol. XXIX, no. 3

Barlow 1996: John Perry Barlow, *Unabhängigkeitserklärung des Cyberspace*, in: Telepolis. Die Zeitschrift der Netzkultur, 0-Nummer, Bollmann, Mannheim

Benjamin 1974 [1936]: Walter Benjamin, *Das Kunstwerk im Zeitalter seiner technischen Reproduzierbarkeit*, Gesammelte Schriften (ed. Tiedemann/Schweppenhäuser), Band I 2, Suhrkamp, Frankfurt am Main

Berkeley 1979 [1869]: George Berkeley, *Eine Abhandlung über die Prinzipien der menschlichen Erkenntnis*, Meiner, Hamburg

Bittner u. a. 2018: Jochen Bittner/Paul Middelhoff/Heinrich Wefing, *Das wird man ja wohl noch twittern dürfen*, DIE ZEIT, 11.1.2018

Bloch 1959: Ernst Bloch, *Das Prinzip Hoffnung*, Suhrkamp, Frankfurt am Main

Bohn 2010: Cornelia Bohn, *Die Universität als Ort der Lektüre. Printkultur trifft Screenkultur*, Soziale System 16, Heft 2, Lucius & Lucius, Stuttgart

Brecht 1967 [1932]: Bertolt Brecht, *Der Rundfunk als Kommunikationsapparat*, in: derselbe: Gesammelte Schriften, Band 18, Suhrkamp, Frankfurt am Main

Bröckling 2007: Ulrich Bröckling, *Das unternehmerische Selbst*, Suhrkamp, Frankfurt am Main

Burckhardt 1977: Jacob Burckhardt, *Griechische Kulturgeschichte*, Band 1, Deutscher Taschenbuch Verlag, München

Decker et al. 2017: Oliver Decker/Alexander Yendell/Johannes

Kiess/Elmar Brähler, *Polarisiert und radikalisiert? Medienmiss-trauen und die Folgen für die Demokratie*, Otto-Brenner-Stiftung, OBS-Arbeitspapier 27, Frankfurt am Main

Deleuze 1987 [1972]: *Gespräch zwischen Michel Foucault und Gilles Deleuze: Die Intellektuellen und die Macht*, in: Michel Foucault, *Die Subversion des Wissens*, Fischer Taschenbuch Verlag, Frankfurt am Main

Deleuze/Guattari 1976: Gilles Deleuze/Félix Guattari, *Rhizom*, Merve, Berlin

Dohmen 2017: Caspar Dohmen, *Bezahlsystem Bitcoin. Wie die digitale Währung funktioniert*, Deutschlandfunk, 20.6.2017

Dürscheid/Frick 2016: Christa Dürscheid/Karina Frick, *Schreiben Digital. Wie das Internet unsere Alltagskommunikation verändert*, Kröner, Stuttgart

Elias ²1969: Norbert Elias, *Über den Prozeß der Zivilisation*, Band 1, Francke, Bern und München

Engler 2011: Wolfgang Engler, *Kontrastarm, selbstverliebt, unverzichtbar. Vier Fragen an das Stadttheater der Zukunft*, in: Theater der Zeit Arbeitsbuch, Heft 7/8, Verlag Theater der Zeit, Berlin

Freud 1970 [1905]: Sigmund Freud, *Der Witz und seine Beziehung zum Unbewußten*, Studienausgabe, Band IV, Fischer, Frankfurt am Main

Freud 1975 [1917]: Sigmund Freud, *Trauer und Melancholie*, Studienausgabe, Band III, Fischer, Frankfurt am Main

Freud 1975 [1923]: Sigmund Freud, *Das Ich und das Es*, Studienausgabe, Band III, Fischer, Frankfurt am Main

Gieseke 1991: Michael Gieseke, *Der Buchdruck in der frühen Neuzeit*, Suhrkamp, Frankfurt am Main

Giessler Furlan 2018: Hannes Giessler Furlan, *Verein freier Menschen? Idee und Realität kommunistischer Ökonomie*, zu Klampen, Springe

Greenwald 2014: Glenn Greenwald, *Die globale Überwachung*, Droemer, München

Haarmann ²1991: Harald Haarmann, *Universalgeschichte der Schrift*, Campus, Frankfurt am Main und New York

Habermas 1990 [1962]: Jürgen Habermas, *Strukturwandel der Öffentlichkeit*, Suhrkamp, Frankfurt am Main

Hafner/Lyon 2008 [1996]: *Arpa Kadabra. Die Anfänge des Internet*, dpunkt.verlag, Heidelberg

Harari 2011: Yuval Noah Harari, *Sapiens. A Brief History of Humankind*, Penguin Random House, London

Harari 2017 [2015]: Yuval Noah Harari, *Homo Deus. Eine Geschichte von Morgen*, C.H.Beck, München

Hardt/Negri 2004: Michael Hardt/Antonio Negri, *Multitude. Krieg und Demokratie im Empire*, Campus, Frankfurt am Main/New York

Hart 1971: Keith Hart, *Informal Income Opportunities and Urban Employment in Ghana*, in: The Journal of Modern African Studies 2

Hegel 1970 [1834]: Georg Wilhelm Friedrich Hegel, *Wissenschaft der Logik I*, Werke (hg. v. Eva Moldenhauer und Karl Markus Michel), Band 5, Suhrkamp, Frankfurt am Main

Hegel 1970 [1830]: Georg Wilhelm Friedrich Hegel, *Enzyklopädie der philosophischen Wissenschaften I*, Werke, Band 8, Suhrkamp, Frankfurt am Main

Hegel 1970 [1840]: Georg Wilhelm Friedrich Hegel, *Vorlesungen über die Philosophie der Geschichte*, Werke, Band 12, Frankfurt am Main

Henn 2018: Wolfram Henn, *Wehe, die Computer sagen einmal «ich»*, Frankfurter Allgemeine Zeitung, 25.6.2018

Hobbes 1984 [1651]: Thomas Hobbes, *Leviathan*, Suhrkamp, Frankfurt am Main

Hobsbawm 1998 [1990]: Eric J. Hobsbawm, *Nationen und Nationalismus. Mythos und Realität seit 1780*, Deutscher Taschenbuch Verlag, München

Jonson 1966 [1631]: Ben Jonson, *The Staple of News*, Gesammelte Werke, Band VI, Oxford University Press, Oxford

Kant 1968 [1781]: Immanuel Kant, *Kritik der reinen Vernunft*, Werke (hg. v. Wilhelm Weischedel), Band III, Suhrkamp, Frankfurt am Main

Kant 1968 [1784]: Immanuel Kant, *Beantwortung der Frage: Was ist Aufklärung?*, Werke (hg. v. Wilhelm Weischedel), Band XI, Suhrkamp, Frankfurt am Main

Keese 2016: Christoph Keese, *Silicon Valley*, Knaus, München

Klaue 2018: Magnus Klaue, *Affektroutinen des globalen Dorfes*, Frankfurter Allgemeine Zeitung, 9.3.2018

Klein 2016: Hans Peter Klein, *Vom Streifenhörnchen zum Nadelstreifen. Das deutsche Bildungswesen im Kompetenztaumel*, zu Klampen, Springe

Lankau 2018: Ralf Lankau, *Der Spion im Klassenzimmer*, Frankfurter Allgemeine Zeitung, 17.1.2018

Lehmann ⁵2011: Hans-Thies Lehmann, *Postdramatisches Theater*, Verlag der Autoren, Frankfurt am Main

Lindinger 2018: Manfred Lindinger, *Sinfonie der Stoffe*, Frankfurter Allgemeine Zeitung, 6.6.2018

Locke 1974 [1690]: John Locke, *Über die Regierung*, Reclam, Stuttgart

Luhmann 1998: Niklas Luhmann, *Die Gesellschaft der Gesellschaft*, Suhrkamp, Frankfurt am Main

Maak 2018: Niklas Maak, *Auch das Internet hat einen Auspuff*, Frankfurter Allgemeine Zeitung, 13.1.2018

Malebranche 1995 [1707]: Nicole Malebranche's *Traité de Morale*, Flammarion, Paris

Marx 1985 [1859]: Karl Marx, *Zur Kritik der Politischen Ökonomie*, Marx-Engels-Werke (MEW), Band 13, Dietz, Berlin

Marx 1976 [1875]: Karl Marx, *Kritik des Gothaer Programms*, MEW 19

Marx 1979 [²1872]: Karl Marx, *Das Kapital I*, MEW 23

Marx 1977 [1894]: Karl Marx, *Das Kapital III*, MEW 25

Marx/Giersberg 2018: Uwe Marx/Georg Giersberg, *Wer entwickkelt das Amazon der Industrie?*, Frankfurter Allgemeine Zeitung, 23.4.2018

Mason 2016 [2015]: Paul Mason, *Postkapitalismus. Grundrisse einer kommenden Ökonomie*, Suhrkamp, Berlin

Mau 2017: Steffen Mau, *Das metrische Wir. Über die Quantifizierung des Sozialen*, Suhrkamp, Berlin

McLuhan 1992 [1964]: Herbert Marshall McLuhan, *Die magischen Kanäle. Understanding Media*, Econ, Düsseldorf

Meißner 2018: Thomas Meißner, *Lebendes Gewebe aus dem Drukker*, Ärzte Zeitung online, 30.6.2018

Mitchell 1990: W. J. T. Mitchell, *Was ist ein Bild?*, in: Volker Bohn (Hg.), *Bildlichkeit*, Frankfurt am Main

Mühl 2017: Melanie Mühl, *Auf dem Sprung. Nigeria versinkt in Korruption und Misswirtschaft*. Frankfurter Allgemeine Zeitung, 9.12.2017

Mühlpfordt 2016: Monika Mühlpfordt, *Der Slogan als Abkömmling des Zauberspruchs*, Lit, Berlin

Müller 2016: Jan-Werner Müller, *Was ist Populismus?*, Suhrkamp, Berlin

Nachtwey 2016: Oliver Nachtwey, *Die Abstiegsgesellschaft*, Suhrkamp, Berlin

Nienhaus/Schieritz/Tönnesmann 2018: Lisa Nienhaus/Mark Schieritz/Jens Tönnesmann: *Der Blockchain-Code*, DIE ZEIT 1.3.2018

Nietzsche 1988 [1887]: Friedrich Nietzsche, *Zur Genealogie der Moral*, Kritische Studienausgabe (KSA), herausgegeben von Giorgio Colli und Mazzino Montinari, Band 5, Deutscher Taschenbuch Verlag, München

Nietzsche 1988 [1888]: Friedrich Nietzsche, *Götzen-Dämmerung*, KSA 6

Nietzsche 1988 [1889]: Friedrich Nietzsche, *Ecce Homo*, KSA 6

Obermaier 2017: Robert Obermaier, *Industrie 4.0 ist kein Programm zur Effizienzsteigerung*, Frankfurter Allgemeine Zeitung, 16.1.2017

Osius 2013: Anna Osius, *Die Vergewaltigungen am Tahrir Platz*, Deutschlandfunk 20.9.2013

Pariser 2012 [2011]: Eli Pariser, *Filter Bubble. Wie wir im Internet entmündigt werden*, Hanser, München

Polanyi 1978 [1944]: Karl Polanyi, *The Great Transformation. Politische und ökonomische Ursprünge von Gesellschaften und Wirtschaftssystemen*, Suhrkamp, Frankfurt am Main

Proust 1979: Marcel Proust, *In Swanns Welt. Auf der Suche nach der verlorenen Zeit*, Band 1, Suhrkamp, Frankfurt am Main

Roethlisberger/Dickson 1939: Fritz Jules Roethlisberger/William J. Dickson, *Management and the Worker. An Account of a Research Program Conducted by the Western Electric Company, Hawthorne Works, Chicago*, Harvard University Press, Cambridge

Rostovtzeff o.J. a: Michael Rostovtzeff, *Geschichte der Alten Welt. Der Orient und Griechenland*, Schibli-Doppler, Basel

Rostovtzeff o.J. b: Michael Rostovtzeff, *Geschichte der Alten Welt. Rom*, Schibli-Doppler, Basel

Rousseau 1977 [1762]: Jean-Jacques Rousseau, *Gesellschaftsvertrag*, Reclam, Stuttgart

Saroldi/Santoro 2017: Nina Saroldi/Flávia Santoro, *#narcissus_nomadic: The Bubble Filter in Perspective*, unveröffentlichtes Manuskript.

Scheller/Ullrich 2018: Jörg Scheller/Wolfgang Ullrich, *Der Geist zwitschert, wo er will*, DIE ZEIT, 24.5.2018

Schivelbusch 1989: Wolfgang Schivelbusch, *Geschichte der Eisenbahnreise*, Fischer Taschenbuch Verlag, Frankfurt am Main

Schlegel 1971 [1797/98]: Friedrich Schlegel, *Fragmente*, in: derselbe, Werke in einem Band, Hanser, München

Schmitt ³1979: Carl Schmitt, *Politische Theologie. Vier Kapitel zur Lehre von der Souveränität*, Duncker und Humblot, Berlin

Schmoll 2017: Heike Schmoll, *Gewichtige Argumente*, Frankfurter Allgemeine Zeitung, 17.12.2017

Schottenloher 1985 [1922]: Karl Schottenloher, *Flugblatt und Zeitung*, Band I, Klinkhardt & Biermann, München

Siemons 2018: Mark Siemons, *Die automatisierte Politik*, Frankfurter Allgemeine Zeitung, 6.8.2018

Spehr 2001: Christoph Spehr, *Gegenöffentlichkeit*, in: Historisch-kritisches Wörterbuch des Marxismus, Band 5, hg. v. Wolfgang Fritz Haug, Argument, Berlin

Srnicek 2018: Nick Srnicek, *Plattform-Kapitalismus*, Hamburger Edition, Verlag des Hamburger Instituts für Sozialforschung, Hamburg

Steppat 2018: Timo Steppat, *Leicht entflammbar*, Frankfurter Allgemeine Zeitung, 8.5.2018

Streeck 2016: Wolfgang Streeck, *How Will Capitalism End*, Verso, London, New York

Sussebach/Willeke 2005: Henning Sussebach/Stefan Willeke, *Operation Lohndrücken*, DIE ZEIT, Nr. 11/2005

Taylor 1911: Frederick Winslow Taylor, *The Principles of Scientific Management*, Harper & Brothers, London

Türcke 2005: Christoph Türcke, *Vom Kainszeichen zum genetischen Code. Kritische Theorie der Schrift*, C.H.Beck, München

Türcke ²2010: Christoph Türcke, *Erregte Gesellschaft. Philosophie der Sensation*, C.H.Beck, München

Türcke 2012: Christoph Türcke, *Hyperaktiv! Kritik der Aufmerksamkeitsdefizitkultur*, C.H.Beck, München

Türcke 2016: Christoph Türcke, *Lehrerdämmerung. Was die neue Lernkultur in den Schulen anrichtet*, C.H.Beck, München

Vereinte Nationen 2008: *Übereinkommen der Vereinten Nationen über die Rechte von Menschen mit Behinderungen*, 2. Mai, pdf

Watson 1997 [1930]: John B. Watson, *Behaviorismus*, Klotz, Eschborn

Weber 2016: Lukas Weber, *Schicht für Schicht. Der 3D-Druck könnte die Fertigung revolutionieren*, Frankfurter Allgemeine Zeitung, 23.2.2016

Weber ²1988 [1896]: Max Weber, *Die sozialen Gründe des Untergangs der antiken Kultur*, in: derselbe, Gesammelte Aufsätze zur Sozial- und Wirtschaftsgeschichte, J.C.B.Mohr (Paul Siebeck), Tübingen

Weel 2017: Adriaan van der Weel, *Stellt die Digitalisierung das Lesen auf den Kopf?*, Deutschlandfunk Kultur, 23.8.2017

Wolff 2018: Michael Wolff, *«Die Mitarbeiter versuchen Trump zu kontrollieren, obwohl sie wissen, dass sie ihn nicht kontrollieren können»*, DIE ZEIT, Nr. 3/2018

Wouters 1977: Cas Wouters, *Informalisierung und der Prozeß der Zivilisation*, in: Peter Gleichmann u. a., (Hg.), *Materialien zu Norbert Elias' Zivilisationstheorie*, Suhrkamp Taschenbuch Verlag, Frankfurt am Main

Yogeshwar 2018: Ranga Yogeshwar, *Ground Facebook!*, Frankfurter Allgemeine Zeitung, 26.3.2018

Zuboff 2014: Shoshana Zuboff, *Schürfrechte am Leben*, Frankfurter Allgemeine Zeitung, 30.4.2014

Zuin 2017: Antônio A. S. Zuin, *Cyberbulling contra professores*, Edições Loyola, São Paulo

Christoph Türcke bei C.H.Beck

Lehrerdämmerung
3. Auflage. 2016. 176 Seiten
C.H.Beck Paperback Band 6240

Mehr!
Philosophie des Geldes
2. Auflage. 2015. 480 Seiten
Gebunden

Hyperaktiv!
Kritik der Aufmerksamkeitsdefizitkultur
2., durchgesehene Auflage. 2012. 128 Seiten
Beck'sche Reihe Band 6032

Vom Kainszeichen zum genetischen Code
Kritische Theorie der Schrift
2. Auflage. 2013. 247 Seiten
Broschiert

Philosophie des Traums
Broschierte Sonderausgabe. 2011. 252 Seiten

Erregte Gesellschaft
Philosophie der Sensation
2. Auflage. 2011. 328 Seiten
Leinen

C.H.Beck

Lehmanns Media GmbH
Universitätsstraße 1
40225 Düsseldorf
Tel 0211/34 77 47 Fax 0211/34 09 40
dus@lehmanns.de

QUITTUNG

Name: ....

	EUR
Ramge, T.: Mensch und Maschine ISBN 9783150194997	6.00
Türcke, C.: Digitale Gefolgschaft ISBN 9783406731815	16.95

Gesamt EUR:		22.95
EC-Cash	EUR	22.95

Mwst. 7.0 %	1.50
Netto:	21.45

Datum: Zeit: Bon-Nr.:
20.03.19 10:50   163571/0001
Würde 230 Punkten entsprechen

Steuer-Nr. 5223/5804/0035
CKGABE nur mit QUITTUNG innerhalb von
14 Tagen gegen Gutschein oder Ware.
www.lehmanns.de

Lektionen für die Welt von morgen C.H.Beck

Die Welt im Jahr 2035
Gesehen von der CIA und dem National Intelligence Council
Aus dem Englischen von Christoph Bausum,
Enrico Heinemann und Karin Schuler
3. Auflage. 2018. 318 Seiten mit 18 Grafiken
C.H.Beck Paperback 6294

Yuval Noah Harari
Homo Deus
Eine Geschichte von Morgen
Aus dem Englischen von Andreas Wirthensohn
4. Auflage. 2018. 653 Seiten mit 55 Abbildungen
C.H.Beck Paperback Band 6329

Yuval Noah Harari
21 Lektionen für das 21. Jahrhundert
Aus dem Englischen von Andreas Wirthensohn
3. Auflage. 2018. 459 Seiten mit 1 Abbildung
Gebunden

Manuela Lenzen
Künstliche Intelligenz
Was sie kann und was uns erwartet
2. Auflage. 2018. 272 Seiten
C.H.Beck Paperback Band 6302

Stefan Mey
Darknet
Waffen, Drogen, Whistleblower
Wie die digitale Unterwelt funktioniert
2. Auflage. 2018. 239 Seiten
C.H.Beck Paperback Band 6288

C.H.Beck